艺术学论文写作教程

WRITING COURSE FOR ART THESIS

赵盼超 编著

中央民族大学出版社
China Minzu University Press

图书在版编目（CIP）数据
艺术学论文写作教程 / 赵盼超编著. —北京：中央民族大学出版社，2014.12
（2023.2 重印）
ISBN 978-7-5660-0851-0

Ⅰ.①艺… Ⅱ.①赵… Ⅲ.①艺术—论文—写作—教材 Ⅳ.①H152.3

中国版本图书馆CIP数据核字(2014) 第256007号

艺术学论文写作教程

编 著 者 赵盼超
责任编辑 黄修义
书籍设计 叶宝岩
出版发行 中央民族大学出版社
北京市海淀区中关村南大街27号 邮编：100081
电话：68472815（发行部） 传真：68932751（发行部）
68932218（总编室） 68932447（办公室）
经 销 者 全国各地新华书店
印 刷 者 北京鑫宇图源印刷科技有限公司
开 本 880×1230 1/16 印张：11
字 数 216 千字
版 次 2014年12月第1版 2023年2月第4次印刷
书 号 ISBN 978-7-5660-0851-0
定 价 45.00 元

总　序

中央民族大学美术学院是全国最主要的少数民族高级美术人才培养基地之一，自1959年建立至今，已经为国家输送了42个民族成分的本科、硕士、博士等不同学术层次的美术人才3000余名，为中国民族美术事业的发展做出了突出贡献。21世纪是中国文化艺术飞速发展的时代，在这种文化大发展、大繁荣的背景下，中央民族大学美术学院秉承突出民族特色和可持续发展的教学思路，形成了符合自身特点的教学、创作、科研三位一体的办学模式。

在教学层面，学院构建了符合学科发展需求的多层次教学结构，培养了专业方向全面、专业结构合理的优秀师资队伍，确立了艺术学和设计学两个学科的七个本科培养方向以及民族美术硕士和博士培养方向，新建并完善了“中国画临摹”、“丝网印刷”、“影像设计”、“服装工艺”等工作室和实验室。2011年，中央民族大学美术学院同中国美术家协会共同开办全国少数民族青年美术家创作高级研修班，继续对多层次人才培养进行深入探索。

在艺术创作方面，我院教师密切关注学科发展动向，在把握时代发展脉搏的同时，坚持探索具有中国民族特色的艺术创作道路。生活是艺术的源泉，学院教师每年暑期都会带领学生深入全国各地尤其是少数民族地区采风写生，体味民俗风情，感受民族文化。截至2011年5月，我院学生作品已在174个国际级、国家级、省部级赛事中入围，荣获包括金奖、银奖、铜奖、优秀奖和各类单项奖等奖项105个，得到社会各界的广泛认可。

在科研方面，中央民族大学美术学院重视对教师科研能力的培养，拓展了教学与科研相结合的研究新思路。进入21世纪以来，学院将教学科研纳入国家“211工程”、“985工程”的学科建设项目，陆续出版了“中国少数民族高等美术教育系列教材”、“中国少数民族美术教育五十年学术文库系列丛书”、《中央民族大学美术学院成立50周年师生作品集》和《中央民族大学美术学院成立50周年论文集》等学术书籍，召开了“民族美术教学发展论坛”等全国性学术会议。2011年6

月，学院推出了中国第一本专门宣传介绍、研究挖掘、继承发扬少数民族美术的学术专刊——《中国民族美术》，标志着学院民族高等美术教育与研究的新起点。

作为一个多民族国家，文化多样性是中国民族传统文化的基本特征。中国少数民族艺术是中国民族艺术的重要组成部分，对其发展创新的研究直接影响到中国当代艺术、原生态艺术保护、艺术文化传承等诸多领域，其研究成果对中国艺术与文化发展意义重大。中央民族大学美术学院对少数民族艺术的探索主要包括两个层面：一是对少数民族艺术的创作实践；二是对少数民族艺术的理论研究，"中国少数民族艺术发展创新研究系列丛书"在实践的基础上侧重于对理论的研究与探讨。

对中国少数民族艺术发展创新研究包括保护、传承和创新三个层面。保护是研究的前提和基础，传承是文化延续的保证，而创新是发展和前行的方向。"中国少数民族艺术发展创新研究系列丛书"牢牢把握"传统"与"现代"这一时代主题，涵盖了上述保护、传承和创新三方面内容，对当代少数民族艺术的发展具有重要的理论和现实意义。

"中国少数民族艺术发展创新研究系列丛书"由"中央民族大学'985工程'少数民族美术学科建设项目"和"中央民族大学'211工程'三期重点学科建设项目"两部分组成，运用了美术学、民族学、人类学、考古学、社会学、历史学等跨学科交叉研究的理论与方法，涉及艺术理论、绘画、造像、建筑、服装等诸多门类，涵盖了文化研究、原生态艺术保护、艺术实践等方面的内容。本系列丛书具有以下三个特点：一是构建了"中国少数民族艺术发展创新"的研究体系；二是突出对民族地区的实地田野调查；三是将学术探索性与工作应用性紧密结合，较为全面地反映了学院近年来的研究成果和对少数民族艺术的研究思路，是学院对少数民族艺术研究的一个阶段性总结，为推动中国少数民族艺术与文化向纵深发展做出新的贡献。

中国少数民族艺术非常丰富，对其的研究与探索任重而道远，我们还将继续前行。

殷会利

中央民族大学美术学院院长

目录

第1章 绪论

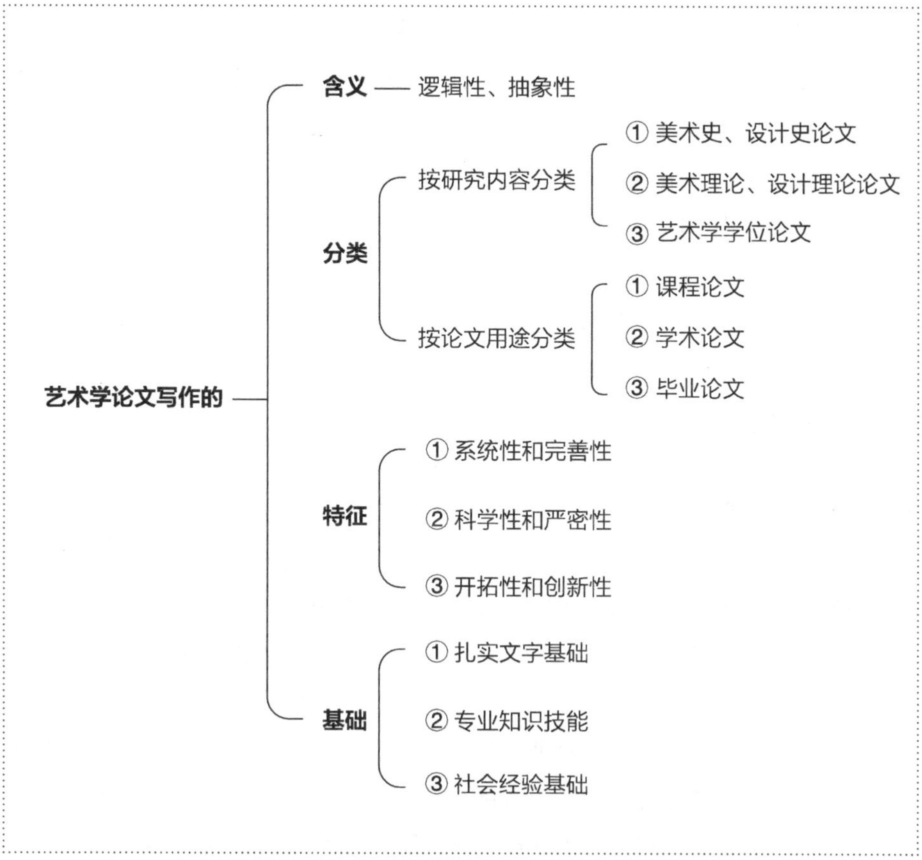

1.1 艺术学论文写作的含义

艺术，是人类所独有的一种精神性创作活动，是人类思想感情的集中表达和体现。它包括美术、设计、音乐、舞蹈、戏剧、电视、电影等艺术形式。可以说自人类诞生之日起，艺术就成了人们不可或缺的一部分，并一直伴随人类到了今天。所谓艺术学，概而言之，指的是以艺术作为研究对象的科学，包括研究艺术主体、艺术客体、艺术受体、艺术实践、艺术规律、艺术现象等带有理论性和学术性的人文科学。艺术学作为一门学科的历史，时间并不长。在西方，德国美术史家、艺术理论家康拉德·费德勒（Konrad Fiedler，1841—1895）主张把美学和艺术学区别开来，因此被称为“艺术学之父”。另有德国哲学家、美学家马克斯·德索（Max Dessoir,1867—1947）出版了《美学与艺术学理论》和创办了《美学与一般艺术学》杂志，主张把艺术研究与美的知觉研究进行区分。肯定了艺术的社会价值，并反对“为艺术而艺术”。自此以后，在西方“艺术学”逐渐独立于哲学（美学）之外，成为一门独立的科学。在中国，艺术学作为一门学问的历史始于1922年商务印书馆出版的《艺术学纲要》，此后，很多学者在研究中逐渐采用了“艺术学”的称谓，并一直沿用到今天。比较来看，历史上“艺术学”的含义中外不太相同。西方“艺术学”多与哲学发生关系，并与美学有着千丝万缕的联系。中国的“艺术学”则多与文学发生联系，并与文艺学密不可分。20世纪以来，随着高等教育的发展，艺术学科在高等院校中得以确立并逐渐发展。新中国成立以后，艺术类院校以及综合大学、师范大学中艺术类专业陆续设置，奠定了艺术学的学科基础。

进入21世纪以后，高校加大了艺术类专业招生力度，进而推动了艺术学学科建设的进程。从国家学科设置看，1990年和1997年，国务院学位委员会和国家教委颁布《授予博士、硕士学位和培养研究生的学科、专业目录》，皆将“艺术学”归类于“文学”门类下。2011年，国务院学位委员会和教育部颁布了最新的《学位授予和人才培养学科目录》，艺术学成为单独的门类，下属艺术学理论、音乐与舞蹈学、戏剧与影视学、美术学、设计学共计5个大的方向。这次调整，肯定了艺术学近些年来取得的成绩，同时也承认了艺术学作为一门学科具有独立的体系和价值，这一改变无疑对推动艺术学科的发展具有积极意义。从这一分类标准来看，艺术学理论方向侧重于对包括音乐舞蹈、戏剧影视、美术设计在内的所有艺术相关问题的研究，注重学理性建构及与其他学科的内在逻辑关系，注重一般性理论的研究，类似现在高校中设置的艺术史论专业。音乐与舞蹈学、戏剧与影视学、美术与设计学研究包括理论在内的所有相关问题，更加侧重于艺术实践方面。

按照以上学科分类标准，艺术学写作可以理解为既包括侧重逻辑性及抽象性的艺术学理论写作，又包括侧重实践性和实用性的其他艺术形式写作。本书主要讲述的，是具有逻辑性和抽象性的艺术学理论文章写作，即理论性较强的一种文体——学术论文写作。针对的对象，是美术学或设计学专业的本科生及研究生。

下面我们来了解一下什么是论文，什么是学术论文。

什么是论文？论文常指用来进行科学研究和描述科研成果的文章。这里的科学研究不仅指自然科学的研究，也包括社会科学的研究，艺术学所涵盖的范围大多数隶属于社会科学的范畴，但也有部分艺术学学科涉及自然科学的内容。论文是学术论文的泛称。什么是学术论文?按照国家标准GB 7713—87中的定义：“学术论文是某一学术课题在实验性、理论性或观测性上具有新的科学研究成果或创新见解和知识的科学记录；或是某种已知原理应用于实际中取得新进展的科学总结，用以提供学术会议上宣读、交流或讨论；或在学术刊物上发表；或作其他用途的书面文件。”学术论文包括两大类：一类是科学研究工作中的研究报告、科学论文、学术专著；二类是高校的课程论文、学术论文、毕业论文和学位论文。前者着重阐述作者的新发现、新见解，不重复一般的知识和成果。后者可以在已有知识和成果的基础上，提出自己的新见解。其实论文和学术论文可以理解为一回事，如果说不同的话，那么学术论文更加强调“学术性”，即需要具备一定学术规范性的论文。

案例点击——艺术学的研究范畴
陈池瑜《现代艺术学导论》序：

“艺术学或称艺术科学，是和哲学、美学紧密相连的人文科学的一个重要组成部分，它是研究艺术现象和艺术历史一般规律的科学。具体来说，艺术学要研究艺术产生和发展演变的历史规律，研究艺术创作与鉴赏、艺术家与艺术作品的形式表现和风格特征，研究艺术批评与艺术的社会文化功能等理论问题，同时还要研究艺术中的哲学问题和美学问题。此外，艺术学也要研究艺术媒体与传播、艺术市场与管理、艺术教育与大众美育，还要关注新的创作手段、媒介、新的艺术门类，以及先锋艺术、大众艺术和边缘艺术。艺术学还应研究艺术学科自身的发展历史以及艺术学科与相关学科如宗教学、社会学、心理学、人类学、考古学等的关系，建立艺术学史和艺术史学，以及建立新的交叉学科，如艺术社会学、艺术心理学、艺术考古学、艺术人类学、艺术文化学、艺术传播学等。”①

1.2 艺术学论文写作的分类

从研究内容上讲，艺术学论文写作包括美术或设计论文写作及学位论文写作两个大的方面。第一个方面涉及美术史、美术理论、美术评论写作以及设计史、设计理论写作等。美术或设计史侧重把历史中的人物、作品、现象等作为关注对象，研究其发展的历史轨迹及规律，往往落脚点在于人和事。美术或设计理论侧重把一般的、抽象的美术与设计原理作为关注对象，研究其科学性及普遍性，往往落脚点在于质与理。美术与设计史及其理论的写作属于学术论文写作的范畴，需要遵循学术论文写作的一般规律，包括文献查阅与整理、研究内容的创新性、语言表达的逻辑性以及研究方法的科学性等很多方面。第二个方面为艺术学学位

① 陈池瑜：《现代艺术学导论》总序，北京：清华大学出版社，2005年。

论文。学位论文是任何普通高校艺术专业学生都无法回避的。不管是本科生、硕士生还是博士生，都要进行学位论文的写作，通过开题、评阅、答辩等环节，才能毕业。对于艺术类学生而言，善于运用形象性的艺术语言表达思想感情，但对于文字性语言，则缺少必要的训练和指导，等到要写毕业论文时，才发现由于平时文字训练不够，难以顺利开展写作。这也是本书写作的目的所在。

从论文用途上讲，艺术学论文作为艺术专业学生在学习研究过程中写作的论文，主要包括课程论文、学术论文、毕业论文（学位论文）三个部分。课程论文指教师根据课程教学需要要求学生完成的论文。学术论文指学生在学习过程中，通过教师指导或者自己的理论学习与实践，在某一研究领域内发现的新看法、新见解。也包括大学要求硕士生或博士研究生在学期间完成的学术论文任务。毕业论文和学位论文具有相似的地方，相似处在于皆是在学业的最后阶段完成。毕业论文可以理解为为了达到毕业要求必须完成的论文。学位论文则是为了获得学位必须完成的论文。本科生、硕士生、博士生毕业必须进行学位论文写作。本科生因其主要学习内容和实践相关，因此本科毕业时写作的学士学位论文要求相对灵活一些。课程论文、学术论文、学位论文三者有区别，也有联系。课程论文如果具有一定的学术性和创新性，也是学术论文。平时写作的学术论文如果写的比较好，也可以扩展为毕业论文。三者只是功能和用途不同，其本质还是相似的。

课程论文主要指的是艺术学相关课程中需要完成的论文，包括老师平时布置的阶段性论文及课程结束后需要完成提交的论文。史论类课程（中外美术史、设计史、美术理论与批评、设计理论）需要在学习过程中掌握一定的史论知识并为我所用，故需要通过学术论文这种形式来检测学习效果。很多同学在准备老师布置的课程论文时并不清楚学术论文的概念，写作的文章一点都不具备“学术性”，而是像流水账似的抄录一些现成的文字，或者带有散文性质地发表自己的感想，这些都不具备学术论文的要求，当然就不能很好地完成课程论文的写作。学期末的课程论文是对该课程平时学习情况的检验，需要查阅很多资料，同时又需要具备一定的文字写作能力和独到见解，和平时作业比，其有更高的要求。现在所有艺术类专业学生都需要进行艺术史论课程的学习，理论知识对于艺术实践来说具有重要作用。史论课程论文是锻炼论文写作的很好的机会。因此应该引起重视。平时应多和老师交流，多和同学讨论，多查阅资料，多思考，进而得到有效的论文写作锻炼。这种锻炼日积月累，会逐渐提高，到写作毕业论文时，也就不会感到无所适从了。

在学习阶段，艺术学大多数专业的本科生往往不需要进行课程以外的学术论文写作，学校也不会对此项进行要求。美术史论专业的本科生，则需要在完成课程论文以外，进行更多的学术论文写作训练。硕士研究生和博士研究生阶段，要求完成一定数量的学术论文写作。这些学术论文需要发表在相关专业期刊上，以证明其研究能力。正规专业学术期刊对于论文的要求较为严格，因此投稿的学术论文必须具备基本的文字规范和一定的创新性观点，并同时符合该期刊的相关要求。有很多同学认为艺术学专业注重实践训练，理论学习不重要，从而得出艺术学专业论文要求较其他学科低的观点。其实这是一种误解，艺术学学科的发展历史虽然并不长，但也逐步走向了体系化和系统化。艺术学作为社会科学的分支，也像哲学、历史、文学等学科一样，需要具备学术论文的相关要求。

案例点击——“写”与“思”的关系

尉天骄《基础写作教程》：

“通常夸赞写作快捷的话是‘下笔前言’，‘文不加点，一挥而就’，因此有人认为写作活动就是从落笔成文开始，从而把写作能力也主要看成是文字表达能力，所谓写得好就是笔头灵活，反之就是笔头笨。这当然是不对的。写作并不仅仅是个‘写’的过程，它首先要有一个‘思’的阶段。思维是表达的基础，想得好才有可能写得好，这是写作的基本道理。凡是有过一些写作经历的人，都能体会到这一点。反之，如果写作之前不作思索，习惯于信笔野马，是很难写出好文章来的。”①

1.3 艺术学论文写作的特征

艺术学学术论文与其他学科门类一样，需要具备学术论文的基本要求，符合学术论文的一般特点。艺术学论文写作是运用语言文字对艺术历史或现状、艺术思想或理论、艺术现象或规律、艺术实践或创作、艺术技术或规范进行分析、论证的创作活动。艺术学论文写作以文字为载体，与其他专业论文写作有相同的地方，也有独特的地方。

总体而言，艺术学学术论文具有以下几个特点：

一、理论体系的系统性和完善性

学术论文是科学研究的重要组成部分和表现形式，不同于一般的文章，需要建立在一定的理论体系之上。比如写作美术史类学术论文，就必须具备系统的美术史知识，包括美术史及美术理论的内容。需要掌握诸如中外美术发展史、美术基础理论，同时还需要具备科学的美术史观。美术史知识不是浅尝辄止地了解，而是能够对美术史中不同时期的风格、流派、代表人物及时代特征有所掌握，并

① 尉天骄主编：《基础写作教程》，北京：高等教育出版社，2010年，第4页。

在学习过程不断分析总结，提出问题。只有系统掌握了美术史知识，才会有比较，能够在比较过程中发现哪些问题是显性问题，或者是他人已经研究并有定论的问题，哪些是他人并没有涉及过的问题。美术史观念对于美术史学术论文写作也非常重要，它起到引导作用，甚至直接影响到结论的正确与否。另外还有美术史研究的方法，也是需要系统学习的。如果理论体系存在缺陷，就会出现“一叶障目，不见泰山”的情况。可能其他人已经对此进行了深入研究，但是因为自己并没有看到这些研究成果，就以为发现了“新大陆”，可实际上没有什么创新性可言。举个很浅显的例子，现在世界上有关达·芬奇《蒙娜丽莎》这幅世界名画的研究著作大约有500本，但实际翻译到中国的却寥寥无几，很多同学没有机会看到这些书籍，仅凭观看《蒙娜丽莎》这幅作品的电子图片或者画册的直观经验，再加上一点从外国美术简史中掌握的知识，就写作有关《蒙娜丽莎》的专业学术论文，显然难出新意。这个例子给我们的启示是：研究美术作品尽量能够看到原件（而且需要反复看很多遍），要不难以展开研究；研究美术史问题必须充分掌握当前研究进展情况，否则毫无新意可言；研究学术问题找到他人没有研究过的问题很关键，这样会避免重复劳动。这些问题解决的办法只有一个，那就是需要不断学习扩充自己的专业知识背景，打好理论基础，充分占有资料，从而发现新问题，并借助一定研究方法，变成论文。艺术学学术论文属于人文社会科学研究的范畴，只有少数诸如工业设计及部分工艺美术门类的研究涉及自然科学。故其更加重视理论的科学性和系统性。

二、论证过程的科学性和严密性

艺术学研究的主体是研究者，研究者是研究过程的实施者，那么在研究过程中必然带有人为因素。包括研究者的看法、观点、认识，这也正是论文的精华所在。论文的结论是否正确，往往与论证的过程有直接的关系。学术论文要求论证过程的科学性与严密性，就是为了保证得出结果的正确性。这里的论证过程包括两个部分，一个部分是前期的，即论文写作之前的。在写作之前，需要实地考察、调研、采样，在这一过程中，如果调查取样方式不正确，或者统计分析方式不正确，都会使结果有天壤之别。拿不可靠的结果写作论文，就会得出错误的结论。作为研究者，应该实事求是，尊重数据，不能为了得出自己想要的结论编造事实，改动数据。学术论文写作过程中，也需要科学性和严密性。写作过程中运用材料进行分析论证，就必须要保证论证方法的科学性。比如运用比较的方法，就要考虑到比较的两个事物是否具有可比性。如果没有任何共同点及相似点，牵强地进行比较，就会得出啼笑皆非的结论。有这样一个笑话，科举考试曾有一个题目《论项羽与拿仑》，有个书生提笔写道：（项羽）“拿全轮而不胜，而况于破轮也哉？”闹了笑话。把不在同一个历史时空中的两个人物进行比较，会感觉到比较没有什么意义。除非是具有某种限定，也就是说在一定前提下进行比较，才会具有一定价值。学术论文写作过程中还要注意语言组织的严密性，注意上下文之间的衔接关系及对应关系，注意在逻辑上的通顺性，这些都是好的论文必备的要求。

三、研究结果的开拓性和创新性

从功能或用途来讲，论文写作的目的是对研究进行总结，并付诸应用，服务于社会。艺术学论文写作也是如此，它不是为了应付课程作业或毕业而进行的一种无意义劳动，不能搞形式。要考虑到论文的价值。对于学习阶段的写作者而言，虽然不能说写作的论文能够具有多大的社会效应和影响力，但起码具有一定的开拓性。虽然不一定能够对某一问题提出新的见解，起码可以尝试一种新的角度。如果很难找到切入点，就充分考虑自身的专业优势，在自己较为熟悉的领域中，结合自己艺术实践过程中的思考与困惑展开写作。同时，如果很难在理论上有所突破，就在研究方法和研究视角上做文章，尝试运用一些新的研究方法，尝试从一个新的角度看问题，这样可能会得出出人意料的结果。还是拿《蒙娜丽莎》这幅世界名画举例。面对同一张作品，不同的研究者切入点不同，得出的结论也会各不相同。据英国《每日邮报》报道，考古学家在意大利佛罗伦萨一处废弃的修道院中发掘出了一名女性头骨。由于这座修道院据悉为蒙娜丽莎的生活原型盖拉尔迪尼的最后容身之所，因此推定有可能是蒙娜丽莎的头骨，进而有可能解开500年前这位神秘女人的身世之谜。另外一则新闻是，艺术历史学家在达·芬奇的《蒙娜丽莎》高清图中，发现蒙娜丽莎的眼睛里隐藏着微小的数字和字母，并对这些字母的寓意进行了推断和解释。意大利一家医学机构则对这幅名画进行了细致研究并得出结论说蒙娜丽莎患有“高胆固醇”病，认为其微笑和自身的疾病有关系。以上三则新闻，通过考古学家、艺术历史学家、医学家不同视角的研究，得出千奇百怪的结论。这些仅仅是有关《蒙娜丽莎》研究的冰山一角，从中可以看出即使是人们已经耳熟能详的作品，如果找到一个好的切入点，也会有新的发现。在毕业生论文答辩过程中，答辩委员经常问的一句话是“你论文的创新性在什么地方”，就是问论文在哪些地方有所突破，不是照搬他人成果，而是有新的发现。因此，研究结果的开拓性和创新性是艺术学论文必不可少的要素。

案例点击——历史的理论

[美]莫提默·J.艾德勒、查尔斯·范多伦《如何阅读一本书》：

“一个好的历史学家是不会编造过去的。他认为自己对某些观念、事实，做精确的陈述责无旁贷。不过，有一点不能忘记的是，历史学家一定要编纂一些事情。他不是在许多事件中找出一个共同的模式，就是要套上一个模式。他一定要假设他知道为什么这些历史上的人物会做出这些事。他可能有一套理论或哲学，像是上帝掌管人间的事物一样，编纂出适合他理论的历史。或者，他会放弃任何置身事外或置身事上的模式，强调他只是在如实报道发生过的事件。但是即使如此，他也总不免要指出事件发生的原因及行为的动机。你在读历史书时，最基本的认识就是要知道作者在运作的是哪一条路。”①

1.4 艺术学论文写作的基础

首先，艺术学论文写作需要写作者有较为扎实的文字基础。对于艺术类专业学生来说，文字基础往往不够牢固，平时缺少这方面的专门训练。进入大学以后，主要是进行艺术专业学习，几乎很少和文字打交道，这样一来，每当遇到文字类的作业时就会备感头疼，不知道如何下手，更别说进行对文字要求比较高的学位论文写作了。也正因如此，美术设计类专业才根据艺术类学生面临的实际情况，开设了《艺术学写作》或者是《艺术学论文写作》这样的课程，教授艺术学学术论文的写法。其实写文章并没有想象的那样难，只是大多数艺术类学生缺少必要的训练而已。语言文字的组织能力不是先天具备的，是可以通过训练获得的。人们常说文字需要“琢磨”、“推敲”、“穷而后工”，就是这个意思。在平时，应该养成写作的习惯，随时准备一个本子，把自己看书之后的心得或体会写下来，这是一种很好的锻炼方式。历史上很多艺术大家都非常注重文字素养的训练，并把文字记录与创作结合起来，产生了很好的效果。比如著名美术家吴冠中，不仅艺术造诣高深，绘画水平高超，而且在语言文字方面，也勤写不辍，一生积累的大量散文、诗歌、杂记等文字，为后人留下了宝贵财富。现出版《吴冠中画语录》、《短笛》、《背影风格》、《画里阴晴》、《美丑缘》等自述、艺术理论、散文随笔文字近百万字，这显然与其平时的积累是分不开的。吴冠中正是在文字记录的过程中锻炼了文笔，形成了其洒脱飘逸的文风。

其次，艺术学论文写作需要写作者具有专业知识和技能。艺术学写作的对象是艺术作品，这就要求写作者对艺术作品有深刻的理解与把握，必须深谙与该专业相关的理论知识，并能上升到一定高度，对其进行研究与分析。以设计史写

---

① [美]莫提默·J.艾德勒、查尔斯·范多伦：《如何阅读一本书》，郝明义、朱衣译，北京：商务印书馆，2013年，第207页。

作为例，如果要写一篇专门的设计史文章，就需要具备基础的设计史知识，对古今中外设计发展演变的历史，要有深刻的了解，进而发现问题，展开写作。美术理论类的文章需要上升到一定的理论高度，对艺术作品、艺术现象、艺术家等进行研究，需要具备必需的哲学、历史甚至心理学知识，同时需要对古今中外艺术理论有深入的了解，进而提出自己的见解。现在艺术类专业皆开设美术史论、设计史论相关课程，对于提高理论修养很有帮助。俗话说“理论指导实践”，理论素养对于从事任何一门行业的人来说都是必需的。只有具备了较为深厚的理论基础，才能在实践过程中找到问题的症结点，旁征博引，说明问题。对于艺术实践类的学生来说，应该注重理论学习，以便补充自己知识结构的不足。对于史论专业的同学来说，美术设计实践较少，对于美术技法、设计软件操作及流程并不十分熟悉，这样一来，一旦要求进行与之相关专业的写作，就往往云里雾里、东拼西凑，停留在泛泛的理论层面，缺少一针见血的认识。因此应该在平时适当进行一些专业实践类的训练，多和美术设计实践专业的同学交流，以弥补实践方面的不足。理论和实践并不冲突，扎实的专业理论基础能够提高艺术实践，反过来，丰富的美术设计实践经验也可以促进理论水平的提高，二者是相辅相成、相得益彰的。

最后，艺术学论文写作需要写作者具备一定的社会经验基础。俗语说“实践出真知”，社会实践经验对于写作来说是必不可少的。文学写作非常注重社会经验的重要作用，正所谓“读万卷书，行万里路”、“不经历风雨，怎么见彩虹”，皆是这个道理。社会经验是一个人在人生发展历程中不断积累的一种社会认识及处理问题的一种能力，它对于一个人认识问题的深刻性、判断问题的准确性具有重要的作用。艺术学写作也是如此。拿美术写作来说，如果要写一篇关于创作感悟的文章，谈一谈对自己创作的感想，有很多同学不知道怎么下手，寥寥数语，就结尾了。其实任何一个有价值的创作都不是凭空产生的，从搜集素材、整理素材、提炼加工、构思起草、创作修改等，经历很多个环节，在这一过程中，无不浸透了创作者的劳动和智慧。特别是前期阶段，选什么主题进行创作、用什么工具材料进行创作、从什么角度进行表现等，皆反映了艺术家对大千世界的认识。这种认识的深刻程度，就与个人的社会经验发生密切联系。当然，丰富的社会经验有助于提升艺术创作的精神感染力。设计写作以设计策划方案为例。设计策划方案是为设计能够顺利进行采取的前期行为，其价值体现在决定设计目标是否能够通过和顺利实施。因此需要很强的逻辑性和说服力。对于设计策划方案的作者来说，需要具备三个方面的知识，第一个知识是设计专业知识，这是保证设计策划案最基本的条件。例如写一个博物馆展示厅的设计策划方案，那么写作者必须具备一定的室内设计知识和展示设计知识。第二要具备一定的设计实践经验。只有这样，在策划书中写作设计方案实施环节时，才能够有的放矢，既具有一定的创新性和可执行性，又避免了不切实际的空想。第三个是具备一定的文字表达能力和语言表达能力。这样才能够保证策划书的逻辑性和说服力，获得更多的中标机会。以上几个方面，都牵涉到了社会经验基础的积累。所以说平时多积累一些社会实践经验，对于艺术学写作来说是必不可少的。

案例点击——提高学术文章写作水平的十条建议（摘录）
迈克尔·芒格《提高学术文章写作水平的十条建议》：

1. 写作是一种训练。只有通过练习才能写得更好、更快。

2. 制定产出目标而不是输入目标。"我要学习三小时"是一种幻觉，而"我要写出双倍行距的三页文章"才是目标。

3. 找到一种声音，不要仅仅满足于"发表"。当你真正对所写的东西感兴趣时，写作往往就变得更容易一些。

4. 给你自己时间。如果你给自己充足的时间，写作可能有神奇的魔力，因为你能把自己思想中特定时刻的想法的形象刻画出来，让在时间和空间上都非常遥远的地方的人看得到。

5. 还未写出来的著作都是最精彩的。当你真正在写作，为了成功努力工作时，你会感到自己太愚蠢、水平太臭、疲惫不堪。如果你没有这样感觉，那说明你还不够努力。

6. 找一个谜语。描绘甚至设想你的著作是在猜谜。

7. 写作优先，有多余时间再做其他事。不要在忙完别的事后再写作，也不要安慰自己有了整块儿时间后再写作。先写作，有时间再做其他事。

8. 你的思想不一定都很深刻。重新描述问题，准确定义术语，了解论证如何起作用等是很困难的，除非你实际上把它们写出来。

9. 你最深刻的思想往往是错误的，或至少不完全是对的。

10. 一次次地编辑你的作品。文章写出来后请他人看看。谁的初稿都不好，成功的学者和失败者的区别不一定是他们写得好，常常是这些人的编辑工作做得好。[①]

思考与练习

1. 什么是艺术学？什么是艺术学论文？
2. 艺术学论文写作的主要特征有哪些？
3. 艺术学论文写作需要具备哪些基础？

---

① 《高等教育纪事报》2010年12月6日，原标题：《10 Tips on How to Write Less Badly》，吴万伟译。链接：http://www.guancha.cn/Michael-Munger/2013_12_09_191401.shtml.

第2章 艺术学论文的基本结构及规范

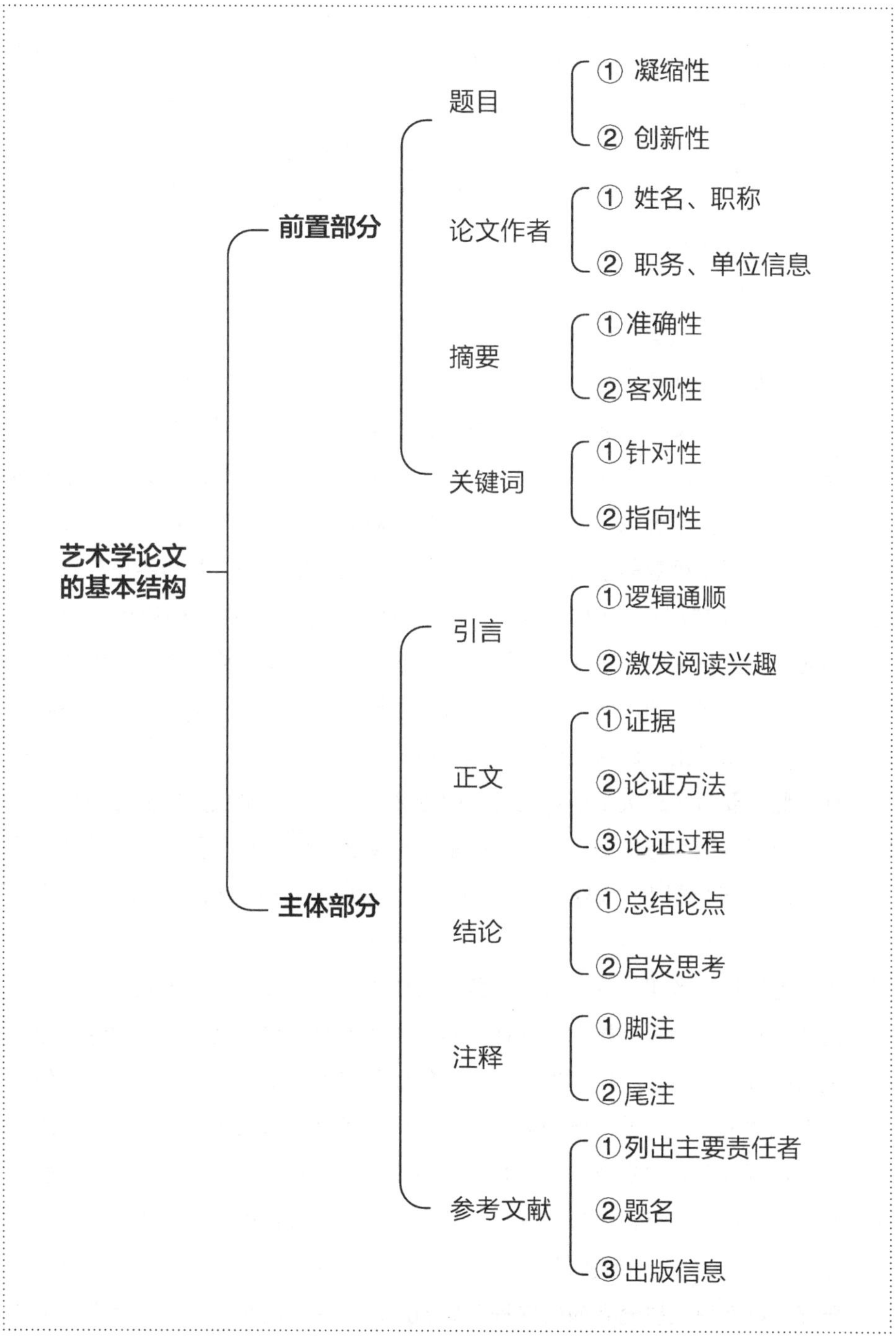

2.1 艺术学论文的基本结构

国家标准GB7713—87规定了科学技术报告、学位论文和学术论文的编写格式，指明报告与论文由前置部分和主体部分两大部分构成。艺术学论文属于人文社科范畴，论文的基本结构与其他人文学科并无不同。对于学术论文来说，包含4个必要的组成部分。前置部分包括：题名、论文作者、摘要、关键词；主体部分包括：引言、正文、结论、参考文献。以上各部分先后排列，组成了论文的基本结构。通常，文科类的学术论文包括以下几个部分：题目、署名、摘要、关键词、正文、参考文献。其中正文一般包括引言、正文、注释、结论等部分。下面对其进行一一讲述。

2.1.1 题目（Title，Topic）

题目又称为标题或者题名，是一篇论文不可缺少的部分。题目是研究者运用最恰当简明的词语反映论文中最重要内容的逻辑组合。题目对一篇论文来说是至关重要的，甚至有的专家在评阅论文时仅靠论文的题目就能判断出论文的学术价值如何。为什么这样说呢？因为论文的题目是对论文核心内容及创新性观点的凝缩性表达，用屈指可数的字数涵盖整篇论文的内涵，确实不是那么容易的事情。选定论文题目需要用词准确得体、字数长短适当。所谓用词准确得体，即需要“文题对应”。论文的内容和题目要能对应起来，这样才能让读者一看到题目，就能够知道论文研究的大致内容。这也就要求论文的题目具有很强的涵盖性和对应性。涵盖性要求论文题目不能太具体，用一个字、一个词来做论文的题目，肯定不行。假定要写一篇关于秦代兵马俑的论文，我们想从秦代兵马俑造型特点入手写作，分析其造型特征形成的内在因素。如果题目叫《兵马俑》、《兵马俑造型特点》，或者题目叫《震撼》、《生动》之类，不管是用名词、动词、形容词，单一的词语不适合当作论文的题目，因为这种题目过于概括与简单，涵盖范围过大，无法让读者明了论文研究的角度与切入点。最好采用的方式是采取一个完整的或缺省的“动宾结构”，这样更容易表达清楚。这也是中国学术论文题目经常采用的方式。比如我们根据论文研究的切入点拟一个题目叫《论秦兵马俑造型特征形成的内在因素》，更为贴切一些。这一题目采用的形式是“论……的内在因素”，既具有一定宽泛性，同时又容易让读者了解研究者的侧重点。当然，如果想研究再深入一点，这样的题目还显宽泛，可以再具体一点，变成《论秦代兵马俑写实性造型特征形成的内在因素》，把兵马俑造型的某一特征抽离出来，进行研究，显然说明研究者的研究程度更加深入一些。现在论文题目经常采用的动宾结构形式有“论……”、“试析……”、“试论……”、“浅析……”，以及“关于……几点看法（建议、思考）”、“……研究”、“ ……刍议”等。

创新是论文的灵魂，那么题目也要有创新性。以上所列题目的形式只是参考，并不能完全当作套用的模板。论文题目采用什么样的形式好，还要由论文的内容决定。不要为了引人注意而牵强附会，要不“题不对文”，让读者产生误会。平素朴实的题目为好。比如刘海粟曾经写过《艺术是生命的表现》这样一篇论文，题目感觉平素，但却把自己的观点直接表露出来，让读者一目了然。

论文题目的拟定需要一些技巧。大多数人都是拟定题目之后开始写论文，实际上好的论文往往一开始并没有题目，或者说并没有形成最终的题目。一般会确立一个研究对象、研究方法，在研究过程（包括资料搜集过程）中，发现了问题并逐步解决了问题。论文的题目开始拟定时可以不受拟题原则的限制，或者说不过分拘泥于形式。在论文写完以后，结合论文内容核查论文题目是否准确，然后再凝缩成一个短语来作为题目。论文的题目字数不能太多，一般不能超过24个字，其实过了20个字，就很拗口了。论文题目毕竟不是一句话，而是一个短语，一个短语如果超过24个字。就很难做到连贯和逻辑顺畅。如果在限定字数内实在难以清楚表达意思，可以考虑采用主标题加副标题的形式来作为题目。格式为“主标题——副标题”或者“主标题：副标题”等形式。这种形式既可以让学术论文的题目不致因追求“真”而显得枯燥呆板，又不致因追求空灵而使题目显得华而不实。主副标题的形式很好地解决了这一问题。因为艺术类论文属于人文科学范畴，为了增强可读性，主标题可以起的“虚”一点，空灵一点，副标题可以“实”一点，有的放矢一点。比如[美]巫鸿曾有论文起名《玉骨冰心：中国艺术中的仙山概念和形象》，就是采取的主、副标题相结合的形式，既用主标题表达出了中国艺术中仙山形象的内在韵味，又用副标题把研究的内容及范围进行了明确的界定。所以通过这样的标题，不仅可以知道论文的研究内容与范畴，还知道其关注点在什么地方。现在，这种虚实结合的标题受到很多研究者的青睐。当然，也有很多研究者反对过于华丽的标题，而是主张越具体越好，越平素越好。其实论文题目没有定式，上文已经讲过，最好的方式是根据论文的研究内容拟定切合的题目。如果是侧重理论、观念、思想的研究，往往需要用稍微“虚”一点的题目来概括论文的核心思想。如果是侧重具体历史史实的研究，在题目中把研究的对象交代清楚就很有必要，题目要“实”一点。

案例点击——艺术学论文题目举例

美术学类题目：《黄宾虹对中国美术史学研究的贡献》、《略论浙江和新安画派》、《形象·符号·语言——中国画艺术语言初探》、《中西诗画中的时空意识之比较》、《徐悲鸿美术课程教学观念研究》

设计学类题目：《庞薰琹·与中国现代设计的起源》、《探索之路里程之碑——论雷圭元的工艺美术思想》、《试论服装的民族性与时代感》、《可穿戴设备交互设计研究》、《基于人性化理念的养老建筑设计——中、日养老设施设计实例分析》

2.1.2 作者姓名和单位（Author and Department）

在我们翻看一些专业期刊时，会发现在论文题目之下有一行小字，标明论文的作者和单位信息。也有标注在论文最后的情况，格式类似。包括作者姓名、职称、职务、学位以及单位信息等。这些信息一方面表明论文作者，拥有该论文的知识产权，同时，也为了方便读者在论文数据库中能够检索到该作者论文的信息。作者姓名单位信息标注格式不一，不同的期刊、学位论文对作者信息标注的格式略有不同，或单位在前，或姓名在前，只需按照要求排列标注即可。

自然科学的论文建立在实验和数据基础上，往往需要科研团队甚至几代研究者共同努力来完成，所以自然科学论文在署名时会出现两个或两个以上的名字。这种情况下署名作者的排序往往由研究者们自己讨论决定排名顺序。第一个署名的叫"第一作者"，第二个署名的叫"第二作者"，以此类推。第一作者往往是论文的第一责任人。署名越靠前，说明在该研究中贡献越大，同时也要承担论文版权及学术方面的责任。人文科学的论文与自然科学的论文相比，多人署名的情况相对少一些。艺术学专业论文作为人文学科的论文，多人署名的情况亦少。除了研究性课题需要多人完成外，篇幅较短的学术论文基本都是由个人完成的，署名只署个人名字就可以了。研究生阶段的论文写作如果在导师指导下完成，在投稿时可以把导师排到"第一作者"的位置。如果是独立完成的，也可以不署导师的名字。论文的署名是一件非常严肃的事情，它是确定论文责任人的第一要素，所以不能马虎对待。署名时，不能很多人完成结果只署一个人的名字，也不能一个人完成署很多人的名字。应本着实事求是的原则，把论文责任人标注清楚。

2.1.3 摘要（Abstract）与关键词（Key words）

所谓摘要，即是作者运用不加注释和评论的简短语言，对论文的主要内容进行概括性陈述。摘要的内容一般包括：从事这一研究的目的和重要性；研究的主要内容和指明完成了哪些工作；获得的基本结论和研究成果；突出论文的新见解；结论或结果的意义等。论文摘要的字数一般是论文的5%左右，最多不超过8%。比如一篇5000字的论文，摘要的字数约300字左右为宜。运用如此少的字数，把一篇几千字论文的核心内容表述清楚，确实不是一件容易的事情，需要深思熟虑，反复修改删减方可。摘要作为出现在论文之前的文字，力求简洁，不能出现图表、注释等，也尽量避免用过于感情色彩的描述，而是运用逻辑性较强的客观性语言，依照论文结构，把论文的主要研究内容，特别是研究的新发现、新成果、新见解表达出来。

摘要的语言不要求华丽，只要求准确性和客观性。一些专业性较强的学术期刊，有时候还要作者提供英文摘要，目的是让国外读者也可以检索到该论文的相关信息。摘要不是可有可无的附加摆设。有经验的作者会花很多时间撰写只有寥寥数语的摘要。对于有经验的论文评审者来说，往往通过论文的摘要就可以判断出论文的价值。待论文发表以后，读者通过电子数据库检索到该论文时，也往往是通过摘要确定是否下载该论文，以作为学术研究的参考。另外值得一提的是，英文摘要的撰写力求符合英文的语法习惯，不能采用“中式英语”，要不然在信息发达的今天，当外国读者检索到该论文时，会无法捕获该论文的有效信息。

关键词（Key words）是表示文献关键主题内容的主题词。关键词是从论文中选取出来，用以表示全文主要内容信息的单词或术语。关键词就是体现在这个“关键”上，一般而言，关键词会在论文中出现多次，并与论文表述的主要内容紧密相联。关键词可能是一个单词，也可能是一个术语，具有较强的灵活性。关键词的数量根据论文的字数而定，篇幅较小的论文，关键词较少，相反则增多。少则2至3个，多则5～8个，但最多不宜超过8个。关键词可以从论文摘要中或者论文题目中摘取，也可以从论文内容中摘取。应该注意论文的题目、摘要与关键词之间的联系，以上三者作为论文的前置部分，是论文内容的核心体现。在关键词摘取时，要尽量选取指向性比较明确的词语，不宜选取范围过大、指向不明确的词语。比如像“中国”、“艺术”、“传统”、“现代”、“当代”、“风格”、“贡献”、“意义”、“研究”等，都不宜作为关键词使用。其实想一想关键词的作用，就差不多知道怎么选取关键词了。关键词是论文电子化以后，便于读者通过关键词检索到该篇论文而存在的。试想如果读者在论文数据库中检索诸如“当代”、“艺术”之类的词语，会有海量的信息呈现在读者面前，在这些数以万计的论文中，很难检索到他需要的内容。关键词可以是一个术语，但不宜采用一个句子。所谓术语就是某一专业领域内概念称谓的集合，比如“芥子园画谱”、“徐黄体异”、“六法”、“三远”等可以作为关键词使用，但是诸如“齐白石的艺术经历”、“人与环境的关系”之类的句子不能作为关键词使用。专业的读者在论文检索时会避免检索范围过于庞大的词语，专业的读者也不会选取没有指向性的词语作为关键词。当然，如果论文写完之后，通篇无法找到针对性强、指向明确的词语或术语当作关键词，那么就应该反思该论文的研究是否有意义了。

学位论文要求有英文关键词。要注意英文关键词与汉语关键词的对应关系，特别要注意一些时间概念的词语，在翻译时要考虑到英文习惯。如果没有统一的标准，或者该关键词的英文有混用的情况，就采用较为通用的。比如“中华民国”，可以翻译为“the Republic of China ”，也可以翻译为“the Minguo Period”或“the Ming Guo Period”（主要指1949年新中国成立以前的民国时期）。现在一般采用“the Republic of China ”，但如果研究的时间范围是1949年以前的民国时期，则大多采用后面的翻译方式。这也提示我们，在检索论文信息时，有时候把一个关键词以及与之相类似的关键词都检索一下，就不至于遗漏想要的信息。

案例点击——摘要、关键词举例

黄厚明：《中国早期艺术史研究的方法论问题——以商周青铜器饕餮纹图像为例》（摘自《民族艺术》，2006年第4期）

【摘要】 问题意识是科学研究的灵魂,而问题的提出及解答则取决于研究者采用何种方法论范式。由于不同的理论和方法总是与特定的本体论、认识论相连,故运用跨学科理论和方法从事科学研究时,必须立足于特定学科的认知逻辑范式并据之做出相应的调适。文章以商周青铜器饕餮纹图像研究为例,就中国早期艺术史研究中的图像分类、图像命名、图像阐释、图像功能所涉及的一些方法论问题进行了初步的探讨和反思,以期在当下多维交叉的跨学科语境中关注和加强中国艺术史学理论范式和学科话语的建设。

【关键词】 问题意识； 方法论； 中国早期艺术史； 饕餮纹图像； 艺术考古

2.1.4 正文（Main body）

正文是论文的主体部分，占据主要篇幅。正文是论文内容的集中体现，是研究者运用论据，并按照一定的层次与结构进行论证，最终得出结论的整个过程。一般包括引言、正文、注释、结论、参考文献等内容。以上内容除了注释以外，是先后关系。先有引言，然后正文，然后结论。

引言是放置在正文前面的导语，又可以称为“引论”或者“导言”。对于较大篇幅的论文来说，正文内容较长，往往在论文前面加引言，对研究的理由、背景、大体内容及思路进行概括性的描述，类似在论证之前设置的一个大的设问。引言文字一般较少，虽然字数没有固定要求，但是如果过长，就会喧宾夺主。打个比方来说明，引言就像正餐前的茶点。虽然量小，但是精致与否，口味如何，大致就可判断出这顿正餐的品位及价值。热心的服务员会介绍餐前茶点的做法及特色，引发食客饕餮的欲望，这即是引言的妙处。作为一篇论文来讲，既然是引言，就不能写得太直白，更不能直接把结论说出来。论文是通过摆事实、拿论据进行论证的过程，在论证以前就把结论写出来，就会显得本末倒置，也不科学。从文风上来讲，文科论文不像自然科学论文那样讲究数据。引言毕竟不是论文最核心的部分，作用是引导读者更顺利地阅读论文的主体部分，因此不能写得太枯燥，不能写成论文摘要。在语言上，保证逻辑通顺的基础上，适当讲究一点辞藻和文采，会激发读者阅读的兴趣。学位论文有些学校要求必须有引言，并作为论文前置部分独立于论文主体之外。也有很多学位论文各个章节前面设置引言，作为论文主体部分的导语。普通学术论文根据作者需要，可有可无。字数较少的论文一般不设置引言，直接把论文正文开头第一段作为引言也是可以的。

[德]雷德侯 (Lothar Ledderose)《万物：中国艺术中的模件化和规模化生产》一书的导言写得非常精彩，摘录如下：

有史以来，中国人创造了数量庞大的艺术品：公元前5世纪的一座墓葬出土了总重十吨的青铜器；公元前3世纪的秦始皇兵马俑以拥有七千武士而傲视天下；公元1世纪制造的漆盘编号多达数千；公元11世纪的木塔，由大约三万件分别加工的木构件建造而成；17—18世纪，中国向西方出口了数以亿计的瓷器。这一切之所以能够成为现实，都是因为中国人发明了以标准化的零件组装物品的生产体系。零件可以大量预制，并且能以不同的组合方式迅速装配在一起，从而用有限的常备构件创造出变化无穷的单元。在本书中，这些构件被称为“模件”。

《万物》拟就古代中国的青铜器、兵马俑、漆器、瓷器、建筑、印刷和绘画的创作加工，对模件体系作一番考察。本书还将探讨所有这些领域的技术进步与历史演变，以及模件体系对于特定的制造者和社会整体的意义。沿着这条线索，读者们将会发现西方曾向中国学习模件化生产的知识，而最终要加以讨论的，则是艺术在中国的定义。①

正文也即是论文的主体部分，是体现作者论证过程的总记录。正文的写作需要列出提纲，理清结构，并按照一定逻辑关系展开论述。特别要注意充分利用论据，把握好论据与论点之间的对应关系，以及论据在论证过程中与论证方法之间的配合关系。如果把论文写作比喻成一场法庭辩论，作者就是辩护律师，在这一过程中，有三个核心要素：证据、论证方法、论证过程。好的辩护律师会深思熟虑，并让手中的证据在最合适的时机呈现出来，并最终赢得官司。不同类型的学

① [德]雷德侯：《万物》，张总等译，北京：生活·读书·新知三联书店，2005年，第4页。

术论文组织结构也是不同的。艺术史类的学术论文更加注重历史事实包括文献资料、图像资料、实物资料作为论据的可信性，艺术理论注重学理性基础及理论内在的逻辑关系。相对而言，艺术史类的论文对事实论据有严格的要求，而艺术理论类的论文，则更加注重逻辑的严密性。很多艺术专业的同学对理论性很强的论文望而生畏，不理解所谓“逻辑”是什么东西。还是打个比方，艺术理论文章讲究的逻辑性就像是数学中的公式，要有一套演算的方法和过程，在这一过程中，上一步的论证必须能为下一步的结论做好铺垫，然后以此类推，最后得出结论。在这一过程中，立论的基础很重要，如果一开始就错了，往往结果就会成为谬论。即使理论性很强的论文，也需要论据，这个论据可能不是历史事实，而是一个公认的较为客观的理论。对于人文科学而言，这一点是比较难的，因为人文科学的理论基础具有时代的局限性，没有“放之四海而皆准的真理”。大多数同学没有阅读过大量文史哲书籍，特别是抽象性理论的著作阅读的更是少之又少，更别谈形成一个系统的理论体系。这样写理论性较强的学术论文时，往往会遇到困难，不知从何说起。这样一来，更需要有一个基本的理论基础作为指导来写作。在具体写作过程中，可以考虑翻阅较有影响力理论家的著作，或者历史上较有影响力的理论著述，学习他们论证的思路与方法，然后有意识对较为经典的论点做一些卡片记录，以备不时之需。在自己写作理论性较强的论文时，把这些学术界公认的研究者的观点摆出来充当理论性论据，会增强说服力。比如写作一篇《论写生在国画创作中的重要作用》，可以引用清代画家石涛《画语录》中关于“搜尽奇峰打草稿”的论点，作为理论性论据。需要注意的是，理论性的论据一般起到的是基础性、引领性作用，用的时候要考虑到与结论的因果关系，考虑到说话者所处的历史环境及该论点的上下语境，不能断章取义。最好能结合一些事实论据来论证，会更加有说服力。

例如，陈池瑜在《现代艺术学导论》一书中，有一章节论述《中西诗画中的时空特征》。他在文中言道：“诗是流动的一维的时间艺术，画是静止的二维平面上的空间艺术，这是由诗与画不同的表现手段和物质媒介所决定的。但时间和空间在诗画中如何得到表现，诗是否在某种意义上能表现时间等问题，中国和西方在艺术创作和艺术理论上也存在许多不同的看法。”①在提出问题以后，他列举了西方理论家比如毕达哥拉斯、达•芬奇、莱辛、阿尔伯蒂等人的观点，同时还列举了中国理论家比如宗炳、王微、郭熙、石涛等人的观点。他通过比较东西方理论家、艺术家对诗画所体现的时间、空间概念的不同认识，论证了自己的

① 陈池瑜：《现代艺术学导论》，北京：清华大学出版社，2005年，第147页。

观点，即西方绘画对时间的表现侧重于一瞬间，而中国画则可以把时间和空间同时在一幅画中展现出来，呈现出连续性和互相渗透的特征。像这种理论性较强的论文，需要作者掌握大量中外理论文献，方能做到旁征博引、引经据典、言之有据。

学术论文正文最后要有结论，也就是正文中论证过程的结果。几乎所有学术论文都需要有结论部分，可见结论在论文中的重要作用。可能有些同学会说我的论文只是观测了许多数据，采集了很多标本，只是一个记录、观测、整理的过程，这样岂不是没有结论吗？其实不然，对于文科类的论文来讲，虽然也需要数据采集、标本采样、过程记录等工作，特别是设计学专业，这方面的内容会更多一些，但不能说这样的学术论文就没有结论。只要这一过程与人发生关系，就不可避免地受到人为因素的影响。人的思维习惯、观测角度与方法，无处不在都对所谓“客观”观测产生影响，在这一过程中实际潜移默化地已经体现出了研究者的论点。比如有的摄影工作者用相机拍摄了很多留守儿童的图片。虽然图片中的人物是现实中的人物，似乎任何人拿起摄影机都可以拍出这样的图片来，其实不然。为什么这位摄影师选择去拍摄留守儿童而不是海边美丽的风景？为什么他在拍摄时选择了这样的光线、视角？为什么他这样进行剪裁？这些无不反映出拍摄者的思想与观念。说明即使是数据性很强的记录性学术论文，也是需要有结论的。只不过这个结论可能并不是表达一种最终的观点，也有可能是说明研究方法的某种可行性及必要性等，这样的结论类似于“结语”，即引人思考及说明该工作的意义。几乎任何文字形式呈现的学术论文都需要有结论，对于较长篇幅的学位论文，一般会把结论单独列为一章。小篇幅的非学位论文，诸如课堂作业这样的只有几千字的论文，不用把结论单独列出来，可以放到论文最后作为总结，也可以融汇在论文的整个篇幅之中，形式上具有灵活性。

论文的结论根据论文的篇幅长度调整。学位论文的结论一般需要单独列出来，以把研究的论点、结果呈现出来。结论部分虽然篇幅小，文字少，但是却和摘要一样，是论文最精华部分的凝缩，需要体现出准确、完整、凝练的效果。一般结论部分不用或尽量少用引文或注释，要把重点放到自己的观点上面。结论部分与摘要一样，不要用太多感情色彩浓厚的散文式语言，尽量朴素明了。如果是“结语”或“余论”的形式，则较“结论”灵活，可以让辞藻华丽一点，让文字文学性强一点，表达作者对所关注问题的感悟、期许等。比较而言，“结论”侧重于对正文中论证过程中的总结，故需要准确明了。“结语”则更侧重于启发式思考，不一定需要明确的结论。结论中尽量不要出现论据或引用他人观点，结语则可以。总之二者有相似性，也有不同，在写作过程中要灵活使用。

结论的写作要注意与论文主体的承接关系，特别是要做到首尾呼应，前后一致。这一要求是由论文的特点决定的。论文写作的过程即是提出问题、分析问题、解决问题的过程。结论要说明问题解决的怎么样，实际上是回答论文开篇引言或者绪论导语中提出的问题。专业研究者在写作结论时，会充分考虑到结论是否能够概括全文的核心论点并延伸出新的思考。例如，美国演化生物学家戴蒙德（Diamond）《枪炮、病菌与钢铁：人类社会的命运》一书的“前言”，借助新几内亚黑人耶利之口提出问题，即“为什么是欧亚大陆人征服、赶走或大批杀死印第安人、澳大利亚人和非洲人，而不是相反？为什么小麦和玉米、牛和猪以及现代世界的其他一些‘了不起的’作物和牲畜出现在这些特定地区，而不是其他地区？”随后，整本书围绕以上问题展开论述。在该书的“后记”部分，作者总结道：“耶利的问题触及了人类现状的实质，也是更新世后人类历史的关键所在。既然我们已经完成了这次对各大陆的短暂的巡视，我们将怎样来回答耶利呢？我会对耶利说：各大陆民族长期历史之间的显著差异，不是由于这些民族本身的天生差异，而是由于他们环境的差异。”①该书的最后部分与前言形成了呼应关系，有一气呵成之感。

案例点击——论文结语举例

（1） 陈池瑜《林风眠、张仃与吴冠中水墨画创作的现代性之路》结语：

“林风眠、张仃、吴冠中在中国画创作中以水墨和彩墨的方式进行了现代性探索，他们的作品的共同点是参考西方现代艺术精神与形式，同时又重视结合中国民间艺术、古代装饰艺术以及书法艺术等方面的特点，用以表现中国民族题材，或人物，或花鸟，或民居，或戏剧脸谱，或少数民族风貌，取得重大成果。他们的水墨艺术既是现代的又是民族的，将古代与现代，将中国与西方，将民间艺术之‘土’与西方现代艺术之‘洋’，结合起来，开拓出一条中国画革新创造的现代新路，它是有别于徐悲鸿等人用西方古典写实油画方式改造中国画的另一条道路，这条道路具有更加顽强的生命活力，在21世纪可能具有更加广阔的发展前景。”②

（2） 乔晓光《村寨里的纸文明：〈中国少数民族剪纸艺术传统调查与研究〉项目综述》结语：

“村庄是一本沉默寡言的文明之书，也是一部充满着艰辛苦难、包含着人伦幸福的生活之书。对偶思维成为村社文化的实用哲学。人在村庄里有信仰的生活就是文明的真实存在。剪纸的调查与研究是从进入村庄开始的，这是活态文化研究的一个起点，把不同民族的剪纸还原到该民族具体村社文化传统中去研究，发现村庄里的剪纸传统如何存在，发现有血有肉的地方知识传统，发现剪纸作为艺术在人与自然和神灵之间充当了什么角色，产生了什么样的作用。让村社里的活态文化成为文明的阐释者，把村庄里的故事讲出来，而

---

① [美]贾雷德·戴蒙德（Jared Diamond）：《枪炮、病菌与钢铁：人类社会的命运》，上海译文出版社，2011年，第435页。

② 陈池瑜：《林风眠、张仃与吴冠中水墨画创作的现代性之路》，《美术》，2011年第2期，第101页。

不是用村庄里的故事去填充编织学术的梦想，我们要去发现剪纸作为一个文化物种的真实价值和艺术特色。当我们把一个个来自不同民族村庄里的剪花故事并置在一起时，一个多彩的人性世界呈现在我们面前。项目结束了可中国多民族的剪纸研究才刚刚开始。”①

2.1.5 注释（Annotation）参考文献（Reference）

注释用最通俗的语言来讲，就是对论文中部分内容的标注与解释。这一词语来源于中国古代人在研读文献资料时在文字旁做的文字标注记录，有批、注、释、笺、疏等形式，后人往往通过这些文字标注来了解原文献的意思。在中国古代历史上，对经典文献的批注代不乏人，而且有些经典的注解成为后人研究、整理、理解经典文献的重要参考。最有名诸如西晋郭象的《庄子注》，把庄子的理论延伸扩展，几乎“别成一书”，致使“儒墨之迹见于鄙，道家之言遂盛焉”。《脂砚斋评石头记》，则成为后人研究《红楼梦》最重要的参考资料。由此可见注释在中国古代文献中的重要作用。

在当前，论文写作也需要用到注释。现在注释的意思与古代有重合的地方，或者涵盖中国古代注释的范畴，同时又有新的扩充。特别是重视对征引文献的标注，变得更为严格和科学。学术论文的注释可以有两种形式，一种是脚注，一种是尾注。脚注即在论文内容的“当前页”下面标注，这是中国人文社科研究者以前惯于采用的一种方式。这种方式简单明了，易于读者参照。但如果注释内容过多，则容易影响正文逻辑的连贯性，同时也为现代书刊的排版带来困难。尾注的形式是把注释放到论文的最后，按照注释在论文中出现的顺序编号，依次排列。这种放置到论文结尾的形式便于排版编辑，同时也能避免对同一个征引文献重复标注的情况，便于读者检索利用。尾注即是类似于现在常说的“参考文献”。

参考文献是列于论文之后的对于论文中引用他人成果的说明，一般会列出文献主要责任者、题名、出版地和出版者、出版年、引文页码等信息。参考文献的作用体现在以下几个方面：一是通过标明征引文献出处的方式，明晰知识产权，尊重他人劳动成果，体现了研究的科学态度。二是对论文中不便于在正文中表述的内容进行解释说明。包括字词释义、时间地点、历史背景、社会背景等，与正文表述内容关系不密切，但是为了帮助读者更加准确理解文中意思而有必要进行解释说明的一种存在。三是便于检索。文后列出的参考文献便于读者检索相关信息，以更加深入全面地了解论文相关研究情况，为进一步研究提供方便。

---

① 殷会利主编：《中国民族美术发展论坛论文集》（第1集），石家庄：河北美术出版社，2014年，第47页。

在当前，很多研究者无法明确注释与参考文献区别，这与当前专业报刊、书籍在出版时仍然注释与参考文献混用有密切联系。在当前，虽然很多专业期刊有用“参考文献”来完全代替“注释”的趋向，但尚未完全统一。按照当前的理解，我们可以这样来进行区分。首先，从位置上看，参考文献的位置只能在论文之后。注释可以出现在论文之中页面之下以脚注的形式出现，也可以列于论文之后以尾注的形式出现。其次，从内容上看，参考文献是舶来品，符合外国人的著录习惯，侧重于明晰知识产权的作用，对征引文献的来源要标注清楚。注释则符合中国人的著录习惯，侧重于对论文内容的说明解释。这里需要说明的是，有人以为注释多的论文就会是好论文，其实不然。注释的多少并不是判断论文好坏的依据。必须考虑到注释的必要性。判断是否需要加注释的原则是一不加有可能阻碍大多数读者（特别是专业研究者）对论文内容的理解。对于一些常识性的内容，除非特殊情况，可以不加注释。从这一点上来说，注释标注的程度与读者有密切关系。比如一篇中国画论文《“吴带当风”再研究》，文中出现“吴道子”这个画家的名字，如果在专业期刊发表，针对的读者都是该领域的专业研究者，就不需要加以解释说明。如果是普及性刊物或大众群体，可加注释对吴道子其人、其艺进行简要解释。事实上，普及性刊物中的论文，往往不算严格的学术论文，不需要加注释或参考文献，因为语言较为通俗，容易理解。即使碰到需要加注释的情况，也可以考虑直接在文中说明，而不需要采用注释的形式。最后，从词义演化趋向来看，参考文献有逐渐代替注释的趋势。这当然也是为了科学研究与国际交流的需要而做出的选择。概而言之，如果注释与参考文献同时出现在一篇论文中，注释侧重于解释说明或不适合列入文后参考文献的引文及来源，参考文献则侧重于对公开发表的有明确知识产权的文献进行逐一说明。对于初学的论文写作者而言，如果要投稿的论文，最好的方式是从要投稿的专业期刊中找几篇样稿，然后仿照其论文的标注方式。如果论文对著录规则并没有明确要求，就按照国家《文后参考文献著录规则》的要求，养成规范的标注习惯。

《文后参考文献著录规则》（GB/T　7714—2005）是国家为了统一论文的著录格式所作的规范。在开始使用过程中因不太符合中国的著录习惯而没有顺利推行，从而出现了注释与参考文献两种形式并存的情况。初学者应该充分认识到参考文献格式的规范对于论文的学术价值有至关重要的影响。一篇注释、参考文献著录不规范的论文，反映出作者不严谨、不科学的研究态度，同时也会使读者对文章论证方法的科学性、论据的可信度产生怀疑。因此，一开始就养成严谨的著录规范是非常重要的。可能对于很多同学来讲，感觉这个规则复杂不宜掌握，其实只要多练习，严格按照著录的规范来标注，久而久之，就会变得习惯和方便。

按照《文后参考文献著录规则》（GB/T 7714—2005）的标准，参考文献涉及的标注项目有专著、专著中析出的文献、连续出版物（主要指期刊）、连续出版物中析出的文献、电子文献等。简单来讲，如果你在论文中引用的文献来源于一本书，或者来源于某本杂志中的文章，或者来源于某电子文献，都需要把该文献的各项细节标注清楚。包括文献的主要责任者、题名、版本、引文页码等。文献类型不同，标注的项目顺序也有不同。

文献类型标志参考国家标准 GB/T 7714—2005

文献类型	标志代码
普通图书	M
会议录	C
汇编	G
报纸	N
期刊	J
学位论文	D
报告	R
标准	S
专利	P
数据库	DB
计算机程序	CP
电子公告	EB

按照引用的文献类型不同使用不同的方法，示例如下：

（1）普通图书参考文献标注格式

[序号] 主要责任者.题名[文献类型].出版地：出版者，出版年：引文页码.

示例：

[1] 余敏.出版集团研究[M].北京:中国书籍出版社，2001:179-193.

[2] 孙玉文.汉语变调构词研究[D].北京:北京大学出版社，2000.

（2） 期刊中析出的文献标注格式

[序号] 主要责任者.题名[文献类型].连续出版物题名，年，卷（期）:页码

[1] 李炳穆.理想的图书馆员和信息专家的素质与形象[J].图书情报工作,2000(2):5-8.

[2] 陶仁骥.密码学与数学[J].自然杂志,1984,7(7):527.

以上所列只是最频繁使用的参考文献标注类型，还有其他参考文献标注类型，可以到《文后参考文献著录规则》中查阅使用。

明确某个标注项目后，还需了解整体参考文献的标注形式和标注顺序，即如果论文中出现多个参考文献，那么这参考文献的标注形式和标注顺序是什么样的。按照国家著录规则标准，列于论文后面的参考文献可以采取两种标注形式：顺序编码制、著者—出版年制。具体采用何种标注形式，要根据论文采录方（出版物、学校）的要求选定。学位论文参考文献标注形式，可到学校教务处网站下载，或者到图书馆查阅往届同学学位论文，作为格式参考。

案例点击——正文中参考文献标注法示例（顺序编码制）

顺序编码制，即引文采用序号标注，参考文献表按引文的序号排序。按文章正文部分引用的文献出现的先后顺序连续编码，将序号置于方括号中、右上标。引用多篇文献时，只需将各篇文献的序号在方括号内全部列出，各序号间用逗号。连续序号可标注起讫序号。例如：张三[1]指出……李四[2-3]认为……形成了多种数学模型[7,9,11-13] ……同一文献在论文中被引用多次，只编1个序号，引文页码放在“[ ]”外，文献表中不再重复著录页码。例如：张中国等[4]15-17……张中国等[4]55认为……

举例：

关于主题法的起源众说不一。国内有人认为“国外最早采用主题法来组织目录索引的是杜威十进分类法的相关主题索引……”[1]，也有人认为“美国的贝加逊·富兰克林出借图书馆第一个使用了主题法”[2]。

参考文献：

[1] 刘湘生．关于我国主题法和分类法检索体系标准化的浅见．北图通讯，1980（2）：19-23.

[2] 杨沛霆，赵连城．建立检索系统的几个问题（初稿）．北京：中国科技情报研究所，1963.

2.2 艺术学论文的规范

常言说“没有规矩不成方圆”，规范即是一种规则或标准。论文写作的最终目的是把自己研究的成果通过一定的传媒渠道与读者见面，让读者通过文字信息理解作者的研究思路及成果。这一过程实际上就是一个信息是否能够有效传播的过程。这就需要对论文进行一定规范性的要求。“学术规范是从事学术活动的行为规范，是学术共同体成员必须遵循的准则，是保证学术共同体科学、高效、公正运行的条件，它从学术活动中约定俗成地产生，成为相对独立的规范系统”①。学术论文的规范可以归结为两种：技术性规范与道德规范。

所谓技术性规范，就是论文写作需要遵循的技术性要求或标准。这种要求或标准也即是为了有效传播需要的规范。就如上文所说的论文的基本结构，包括题目、摘要、关键词、正文、注释、参考文献等都有一定要求，其实这就是规范。除了这些以外，还包括学术语言的规范性。学术性的语言与大众的语言是不同的。它为了有效地把内容表达清楚，需要一定的规范性。首先，语言要符合语法标准，不使用违反基本语法的句子。如果使用了诸如方言一样的句子，最好能用注释加以说明。有一些行业专业术语不需要加注释，同时尽量避免随便编造一些所谓的“专业术语”或者“名词”。其次，尽量使用平素语言。有些人有一个误解，以为学术语言就要“学术”一点，不能用过于直白的语言，而是应该句子尽量长，句子结构和逻辑关系尽量复杂。其实这是一种误解，学术论文中拗口的复杂句有时候是为了更准确性地表达清楚作者思想，不得已做出的选择，而不是有意为之。如果一个意思用平素的语言能够表达清楚，就没必要用过于复杂的句子。有时候过犹不及，过于复杂的句子不但不能够把意思表达清楚，反而让人读后云里雾里，不知所云。这种情况也普遍存在于从国外翻译过来的书籍中。翻译者往往为了追求所谓的专业性术语，用可能连自己都不清楚的语言把外国书籍翻译过来，让读者误解了原作者的意思。中国人做翻译工作讲究“信、达、雅”，“信”是第一位的，如果连第一个要求都做不到，就谈不到“雅”了。写论文也是这样，如果想要表达的意思用一句话说不清楚，就用两句，两句不行，就用三句。没必要有意压缩成一句不知所云的带有语病的句子。最后，注意语言的逻辑性与专业性。这里有另外一个极端。就是有些人写论文不会用专业性语言或者逻辑性较强的语言，不理解书面语言与口头语言的差异性，从而导致写出来的论文过于直白，像散文或者记叙文，也是不行的。论文从行文标准来说，更像是说明文和议论文。说明文的语言特点是语言平白，议论文的语言特点是逻辑性强，这两点结合，就接近论文写作的语言特点了。“细节决定成败”，写作论文是一件非常神圣而严肃的事情，不容半点马虎。平时养成使用规范性语言的习惯，是非常有必要的。

好的研究者能够把握好论文写作与文学写作的不同，并很好地融会贯通，形成或活泼，或严谨的不同文风。比如东方学家、语言学家季羡林，写的学术论文可能只有该领域内的人才能看懂，但是其写的散文却平实朴素，没有一点学术味

① 教育部科学技术委员会学风建设委员会组编：《高等学校科学技术学术规范指南》，北京：人民大学出版社，2010年，第2页。

道。他曾在自传中写道："在这一条十分漫长的路上，我走过阳关大道，也走过独木小桥。路旁有深山大泽，也有平坡宜人；有杏花春雨，也有塞北秋风；有山重水复，也有柳暗花明；有迷途知返，也有绝处逢生。路太长了，影子太多了，回忆太重了。我真正感觉到，我负担不了，也忍受不了，我想摆脱掉这一切，还我一个自由自在身。"①

下面我们引用一段季羡林《糖史》中的文字，属于学术论文用语，可以和上面比较一下。

"我认为，在先秦时代，人民喜欢吃甜的东西，除了天然产生的蜜以外，人工制造的主要有两种：一种叫yi，一种叫tang。人民群众的方言最初是只有音的。两者都是开头用米，特别是糯米，来制作的，后来（其中也可能包括一些地域的原因），也用小麦或大麦。这样制作出来的东西，清者也就是软一点、湿一点、稀一点的叫yi。yi这个音写法有分歧，有的写作飴，有的写作鍚。稠者也就是硬一点、干一点的叫tang。tang这个音写法也有分歧，有的写作餳，有的写作餹，有的干脆用拼音（反切）的方法来表示，这就是餦餭……"②

通过比较我们可以看出，文学语言与学术语言的不同。散文讲究"形散神不散"，所谓"形"，指的是作者思绪的跳跃性以及语言组织形式的灵活性。散文的语言可以用对仗，也可以用排比，可以是客观描述，也可以是即兴抒发，不一而足。散文中体现出来的作者思绪也是跳跃的。而学术论文则不一样。论文为了把一件事情讲述清楚，就要求思维逻辑的连贯性和一致性，思维不能跳跃性太大，应注意前后文的逻辑关系。同时，论文写作的语言往往不带感情色彩，注重客观事实的描述，很少用文学性的修辞方法。从季羡林《糖史》中引用的这个片段，我们可以看出，其没有用过于复杂的句子，几乎每个单句的字数都不超过20字，平白清楚。同时，使用了拼音、繁体字以及加括号的形式，就是为了把意思表达准确。

除了论文结构规范、语言规范外，还有诸如排版规范、印刷规范等为了适应某种媒介载体而制定的标准。比如排版规范中的字体规范。不同级别标题的字体大小往往是不一样的，大标题的字体大一些，小标题或正文的字体小一些。有时候论文题目的字体与正文的字体是不一样的。还包括字距、行距等。这些规范往往根据发表单位的不同略有差别。高校对学位论文往往会有较为详细的技术规范要求，不同学校对学位论文格式规范的要求会略有不同，这些都可以从教务部门

---

① 季羡林：《我这一生》，北京：中国青年出版社，2008年，第423页。

② 季羡林：《季羡林文集第九卷·糖史（一）》，南昌：江西教育出版社，1998年，第6页。

发布的信息中找到。杂志期刊也会有他们自己的排版要求，这就需要论文作者提前对投稿杂志的论文格式有一个详细的了解，以便减少编辑的劳动。打一个比方，论文的技术规范就像是一种操作规则或技术要求，就像篮球比赛对球员的要求一样，要把自身的技术与比赛的规则结合起来，在规则允许的范围内充分地把自己的技术发挥到极致。如果不按照这个规则来，就会犯规受到处罚。论文技术上不规范的后果当然就是无法达到发表的要求。所以说论文的技术规范是保证论文学术质量的重要因素之一。

还有另外一种规范，叫道德规范。学术论文作为创新性研究成果的载体，其价值就体现在作者的原创性和创新性上。因此，论文写作者必须保证论文的研究成果为自己原创，而不是从他人的成果中“搬来”的。如果把别人的劳动成果（知识产权）据为己有，就是抄袭，这就不是专业问题了，而变成道德问题了。最近几年，有关学术论文造假、抄袭的新闻屡见不鲜，这一方面反映出当前研究界学术道德有待提高，另一方面也反映出人们的知识产权维护意识在提高。学术道德规范体现在学术论文写作中有两点最为突出，一是造假，一是抄袭。

造假就是无中生有，把没有的东西说成是有的东西，以博得众彩。比如2007年的“华南虎事件”。一个农民用年画中老虎的形象合成了一幅假照片，然后就说发现了真的华南虎，把照片公布出来之后不久，该照片“拍摄”地区就被划成了“华南虎保护区”。美国的权威专业期刊《科学》还刊登了这幅颇有争议的华南虎照片，引起轰动。当然结果现在大家都知道了，照片是假的，这个农民被判了刑、罚了款，林业局的官员也处分了10多个。虽然事情的真相已经查明，但是大家有没有想过，从地方政府到国家机关，从社会大众到专家学者，为了这一个子虚乌有的事件付出了多少劳动？这就是学术造假造成的恶劣后果。牛顿说，如果说我比别人看得更远些，那是因为我站在巨人的肩上。这个“巨人之肩”就是前人的研究基础。科学的发展正是通过几代人甚至几十代人积累努力不断推进的结果。试想如果这个“巨人之肩”是个纸糊的假货，那就像猪八戒请了假观音，最后结果可想而知。这就提醒我们，要学会辨别提防一些错误虚假的信息。专业的研究者在引用他人论据时会首先考虑一些认知度较高的核心期刊，就是这个道理。同时，也提醒我们不能为了哗众取宠或急于求成而编造数据。对于艺术专业的研究者来讲，当然不会像自然科学那样牵扯到一些数据，但有时候也会碰到摆事实、讲道理的情况。那就要注意所摆的事实必须是真实可信的，不是空穴来风。有些研究者并不是有意造假，可能是不注意辨别文献的真伪，从一部没有事实依据的文献中征引内容来充作论据，也会得出错误的结论。

学术规范中的道德规范牵扯到的另外一个问题是抄袭，或者说侵犯知识产权问题。不管是自然科学研究，还是社会科学研究，都会涉及他人研究成果，这是不可避免的。没有哪个研究者是凭空出世，完全不依赖于他人研究成果做研究。这样一来，就牵扯到利用他人研究成果是否规范的问题。利用他人研究成果首先要做到的是标明研究成果的所有人，这是前提。比如说我们在研究过程中引用了某某人的论据或论点，都需要加以说明，不要让读者误以为这是你本人的研究成果。论文中加注释及参考文献，就是为了对他人的劳动成果进行说明，以免引起误会。我们应该从一开始就养成尊重他人知识产权的习惯，对论文中引用的他人观点、材料加以标注说明。现在有专业机构开发出了学术论文抄袭检测软件，以检测论文是否涉及抄袭他人学术成果的情况。虽然这种检测不一定完全准确，但确实是有一定效果的。论文离不开资料，在论文写作以前，往往需要翻阅大量资料。这就需要大家在论文资料搜集过程中养成做卡片的习惯，把资料文献的来源在卡片上标注清楚，以免出现混淆和误用的情况。

岭南派画家贺天健曾经写过一篇《艺术论文价值问题》的文章，认为艺术论文的价值体现最核心者乃是作文须能负责任。认为作文须有深切与忠实的研究，能负人类道德责任。能负责任而又能具忠实态度以尽力其使命，则为有价值之文字。艺术论文如何能有价值，他总结如下：

（一）当其作文之前，应审度当时之弊因，适应时代之需要，而后本其研究所得，以抒发其见。

（二）莫为主观力量所占有，凡遇一问题，先提出所见以待商讨。

（三）整理历史上之零乱者，须博稽详考，不得徒凭臆见。

（四）凡各种学说纷陈于前时，宜斟酌优劣，权衡长短，不得为一派一家所拘。

（五）毋剿袭陈说，以博虚名，而为欺诈之谋。

（六）宜重理智，不宜重感情。①

总之，学术规范是论文学术质量的保障。技术规范可以让研究者的研究成果更加有效快捷地传播。道德规范则是检测论文学术价值的“试金石。”一开始就养成严格的学术规范对于研究者至为重要。虽然不能说符合学术规范的论文一定就是好论文，但是可以说不符合学术规范，特别是违背道德规范的论文一定是没有价值的论文。后人研究须以前人研究作为基础的。在此基础上有所创新和开拓，才能体现学术研究的真正价值。

---

① 郎绍君、水天中编：《二十世纪中国美术文选》（上卷），上海书画出版社，1999年，第391页。

案例点击——学术成果必须具备的特点

教育部科学技术委员会学风建设委员会组编《高等学校科学技术学术规范指南》：

“按照国家科技部《关于科学技术研究成果管理的规定》，学术成果必须同时具备新颖性、先进性和实用价值(或学术意义)三个特点。1)新颖性指成果在发现新物质、阐明物质运动规律方面，应有新的内容和创见；对已知原理的应用，应是开拓新的领域或在技术发展中的新的突破等。2)先进性是指成果的技术水平或学术水平必须是先进的。确定一项成果是否具有先进性，需用该成果与此前的同类成果的学术水平或技术水平进行比较，证明该成果具有突出的特点和明显的进步。3)实用价值包括经济价值和社会价值(或学术意义)，指成果可以在国民经济或国防建设上得到应用，可获得显著的经济或社会效果，或者在科学上具有一定的学术意义。”①

思考与练习

1. 学术论文的基本结构主要包括几个部分，分别是什么？
2. 学术论文写作要遵循哪些规范？
3. 选择一篇所学专业的学术论文，对其基本要件及规范性进行评点。

---

① 教育部科学技术委员会学风建设委员会组编：《高等学校科学技术学术规范指南》，北京：人民大学出版社，2010年，第3页。

第3章 美术学论文写作

- 美术学论文写作
  - 美术史
    - 研究方法
      - ① 艺术风格学
      - ② 图像学
      - ③ 比较研究
      - ④ 理论研究
      - ⑤ 内容研究
      - ⑥ 情境研究
    - 写作要点
      - ① 确立美术史观和研究视角
      - ② 文献资料的获得及整理
      - ③ 研究内容的逻辑关系
  - 美术理论
    - 特点
      - ① 思维过程的抽象性
      - ② 论证过程的逻辑性
      - ③ 理论体系的系统性
    - 写作要点
      - ① 具备一定理论基础
      - ② 具备一定实践基础
      - ③ 选题要具有创新性
  - 美术批评
    - 特点
      - ① 表达的情感性特点
      - ② 语言的多样性特点
      - ③ 结构的灵活性特点
    - 写作要点
      - ① 美术批评的立场
      - ② 美术批评的方法
      - ③ 美术批评的标准
      - ④ 美术批评的语言

3.1 美术史论文写作

3.1.1 美术史研究对象与范围

在论文写作之前，首先要能够界定美术学的对象与范围。美术学是由美术史、美术理论与美术批评所构成的有关美术的学科。美术史作为美术学下属的一个分支，是研究包括绘画、版画、雕塑、书法、摄影等美术种类在内的美术发展轨迹及规律的历史。美术学类论文从写作内容上可以分为美术史、美术理论、美术批评三个大的部分。从研究内容上，可以分为中国美术史、外国美术史两个大的部分，也可以分为专门史研究与通史研究两个部分。具体到研究过程中，比如中国美术史的研究，可以是针对某一朝代某一美术门类的研究，可以是针对某一朝代的整体美术历史的研究，可以是针对某一个案的专门性研究，当然也可以是通史的研究。举例来说明。比如像薄松年等编著的《中国美术史教程》（陕西人民美术出版社），从原始时期一直写作到元明清时期，涵盖包括绘画、雕塑、书法、工艺等多个美术门类，就属于美术通史的类型。诸如尚刚《隋唐五代工艺美术史》（人民美术出版社），对隋唐五代时期工艺美术，结合时代背景、文化意义、传承影响等各个方面，进行了细致研究，属于断代史的研究范畴。例如巫鸿《武梁祠：中国古代画像艺术的思想性》（三联书店），通过重新检验发掘记录、以往著录以及复原设计等，试图还原武梁祠原本所处的环境，以揭示汉代丧葬艺术的本质和演变规律，属于个案研究。不管是通史研究、断代史研究还是个案研究，都试图借助历史文献资料和研究分析还原当时的历史情境。

美术史的研究对象概而言之，是有关美术发展的历史。包括美术创作者、美术创作过程、美术作品、美术作品的影响及评价等各个方面。美术史的研究者一方面需要搜集、挖掘、整理被时间湮没的历史资料，发现新的有价值的材料，以有助于后人还原历史的真相。另一方面，不得不面临因资料缺乏造成的对某一历史时期的模糊认识与判断，试图通过模拟还原、推理演绎等方式推断原始情景，并借用一定的史学观念去解读历史的谜团。英国艺术史家贡布里希用了这样一个比方来说明艺术史的作用。他说道："假如你去看电影，发现影片已经开演，往往就难以理解银幕上的人为什么如此激动，为什么互相射击乃至互相开战。如果可以，你宁愿等下一场，那时可以从头看起，以便理解全剧。如果不行，你可能会找一位友善的邻座，让他说明前面发生了什么，你所看到的情景表示什么。任何一位历史学家都想成为这样的友善邻座。倘若他是个艺术史家，他就会告诉你过去发生了什么以及何以会产生目前的情境。倘若你有兴趣，这就会对你有所助益。虽然并非每个人都会对艺术史感兴趣，但绝大多数人至少会对我们生活中的某些方面感兴趣，并且想理解它们是怎样产生的。”① 这只是一个比方，艺术史家的作用当然不能完全等同于这位“友善的邻座”，因为早来的观众可以很迅速地凭借记忆回忆起刚刚看过的电影故事，可历史学家们面对的则只是片段或只言片语。历史学家讲述的历史要比刚刚看过的电影故事久远得多，这样一来，历史学家只好借助推断与想象，来还原过去的场景。艺术史家的作用或许更像是一位具有丰富经验的刑侦专家，针对罪犯留下的蛛丝马迹去还原当时发生时的场景，推断罪犯的体貌特征、性格长相。在这一推断过程中，最有说服力的是数据，如果这位刑侦专家能够采集到罪犯的脚印，那么就能够准确地推断出罪犯的性别和身高，或者如果有指纹的话，就可以从数据库中搜索相关的资料，来查找他是否有前科。搜集的数据越多，对犯罪场景的推断就越接近真相。这一过程和历史研究有很多相似的地方。比如考古学家挖掘古墓，要确认墓主人的身份，最有力的证据就是能够找到证明墓主人身份的名章或刻有铭文的陪葬品。如果没有，就只能通过墓葬的形制及出土的地点、土层年代等信息来推断墓主人可能的身份。大多数情况下，我们不能完全把历史学家讲述的历史等同于过去实际发生的事件。对于美术史研究而言，也是如此。坦而言之，虽然几乎每一个历史学家都有还原历史真相的抱负，但现实是每一个历史研究者都不得不站在一定的史学观念或立场上去看待历史问题，从而得出了只有在特定条件下才存在的“历史真相”。

历史研究者的立场就是所谓的历史观。既然历史遗留的确凿证据少得可怜，既然研究者要进行推断与想象，那么研究者的观念就会潜移默化地对历史的研究过程产生影响。研究者带着一定观点去看待历史是不可避免的问题，不同艺术史研究者也不可避免地会带有不同的艺术史观。这也就提醒我们，在美术史的研究过程中要明了个人美术观念、历史观念会对美术史的研究产生影响，这种影响不一定是消极的，有时候恰恰是论文的价值所在。张敢在《改革开放以来中国的外国美术史研究》一文中，提到研究外国美术史是否全部接受西方学者看法时，他认为：“首先，由于文化背景不同，一个中国人根本不可能拥有西方人的观点和立场，如果一定如此，中国人何苦去研究外国美术史，请个外国专家便全部解决了；其次，做外国美术史研究的终极目的还是要服务于中国，让更多国人了解丰富多彩的世界艺术，为中国艺术家的创作提供更多可资借鉴的内容和素材。”② 从中可以看出，中国人研究外国美术史，和外国人研究他们自己的历史有很大不

---

① [英]贡布里希：《艺术发展史》，范景中译，天津人民美术出版社，1998年，前言页。
② 张敢：《改革开放以来中国的外国美术史研究》，《美术》，2010年第3期，第109页。

同，反过来，外国人研究中国美术，与中国人研究自己的美术，即使面对同样的美术作品，结论往往也是不同的。

艺术史写作与艺术史研究一样，同样有东西方的差异，任何一个研究者都不可能用完全中立客观的写作方式进行写作。大卫·卡里尔认为可能所有艺术写作的目的都是真实地描述作品。“一个真实的描述就是忠实于事实。但通常有关一件艺术品的真实本身就是存在争议的。既然跟某一艺术品相关的其他艺术品、文本和时代文化等事实都是有待商榷的，那么，就没有哪一种简单地对事实的诉求能够告诉我们如何在相互矛盾的阐释中进行选择。”① 按照他的观点，艺术史写作与艺术史研究一样，也存在着风格的差异，在写作过程中，即使研究者试图真实地描述作品，也是不可能的。因为在描述过程中，与描述对象相关的文本、时代文化等本身存在着值得商榷的非客观性。这并不意味着我们放弃阐释，而是提醒我们在阐释过程中要注意修辞的维度以及叙述的限度。对于某些研究，因资料缺乏或者为了标新立异，导致有些研究者过度阐释，从而会得出令人啼笑皆非的结论。

案例点击——美术学研究对象及其研究方法的初步界定

陈池瑜《美术学的研究对象——兼论美术批评、美术史与美术理论的区别与联系》：

“美术学是人文科学的一个组成部分，是一门研究美术现象及其规律，研究美术历史的演变过程、研究美术理论及其批评的科学，换句话说，美术学要研究美术家、美术创作、美术鉴赏、美术活动等美术现象，同时也要研究美术思潮、美术理论、美术美学、美术史学。此外，美术学还要研究本身的历史(即美术学史)，就像哲学要研究哲学史一样。美术学既可以运用自己特有的方法进行研究，也可以借鉴哲学、美学、心理学、社会学、文艺学的方法进行研究，因此对美术学的研究还可以同其他学科的研究结合起来，形成美术学研究的边缘地带或者形成新的交叉学科，例如美术社会学、美术心理学、美术市场学、美术管理学等。

在这一界定中，美术学的基本研究对象包括美术史、美术批评与美术理论。美术批评学可以作为美术学的一个重要的分支加以研究，当然在批评学领域，美术批评学也可以作为批评学的一个分支，与文学批评学、音乐批评学等并列。美术批评与美术史、美术理论是三个既有区别又有联系的学科，什么是美术批评呢？美术批评是由批评家、哲学美学家，艺术理论家及美术家等人，运用一定的批评方法与原则，对美术作品的形式、语言、风格、题材、内容进行品析、评判，揭示其思想价值与艺术价值，或者对美术现象、美术思潮、美术家群体及美术流派，美术活动进行分析评价，揭示其内在规律和美术发展趋势，这种活动就是美术批评或者叫美术评论。美术评论和当前的创作实践活动联系比较紧密，批评家要参与美术活动，及时了解创作动向，推动创作活动的发展，美术批评家有时还可参与策划美术展览，组织创作研讨等活动，因此美术评论也是一项操作性、现实性比较强的活动。而美术批评学则是从理论上总结批评规律，提出批评观念、批评标准和方

---

① [美] 大卫·卡里尔：《艺术史写作原理》，北京：中国人民大学出版社，2006年，第2页。

法，或者总结历史上的批评成果，建立理论形态的批评学科。”[①]

案例点击——打破艺术史研究中的西方中心主义

方闻《心印》跋：

“从‘西欧中心’（Eurocentric）角度来说，叙述东方（中国、日本、韩国）艺术史的困难，本始于19世纪黑格尔所谓‘中国是文化之外人，她生长在世界历史的边缘’的一种观念。东亚文化跟西欧文化有不同的图绘语汇，风格造型，更有各种不同的内容表现。文化间的转借，多在认同(identity)及区别(diversity)上起作用。我们必须认清转借与本国特点的关联性。诚如伊斯兰艺术家欧莱·格巴(Oleg Grabar)所说：‘当今艺术史家必须要发现各种文化视觉语言特点。不能强用所谓有普遍性的体系，来统一文化不同的造义。这种普遍体系本是西方文化的构设，可说是一种帝国主义的工具。许多老世界、新国家的艺术史，与西方文化无关；相反，这类艺术史有独立不同的长处。’”[②]

3.1.2 美术史研究方法

美术史研究，需要有一定的研究方法。所谓研究方法，就是在研究过程中采取的研究方式和手段。一般包括调查法、文献法、比较法、个案法等。研究方式不同，得出的结果就会有很大差异。研究方法不是一成不变的，研究方法的背后，反映出美术观念的不同。不同的哲学观、历史观、社会观会影响研究方式的选择。比如在新中国成立以后，我们以马克思主义唯物观为指导进行研究，那么美术史的研究就立足现实，立足劳动人民在美术发展过程中的价值和作用。美术作品的分析，也是采取内容决定形式的现实主义标准来进行分析。而同时期西方一些美术史的研究者，则采用诸如形式分析、风格学、心理分析、图像学等研究方法。

在中国古代，非常重视对历史的记录和整理，从而形成了中国的史学传统。美术史也是如此。早在唐代，有张彦远的《历代名画记》，记录自轩辕至唐会昌年间画家一千多人，是中国古代第一部绘画通史著作，对后世产生了重要的影响。以后又有宋代郭若虚《图画见闻志》、米芾《画史》、邓椿《画继》，元代汤垕《画鉴》、夏文彦《图绘宝鉴》，清代彭蕴灿《历代画史汇传》、徐沁《明画录》等，可以说中国古代的美术史学著作代卷帙浩繁，内容丰富。中国古代美术史的研究方式与我们现在理解的方式有很大不同。薛永年指出，“在20世纪之前，中国没有作为学科的‘美术史’，也没有这个名称。属于书画史的著述，或叫‘记’，如《历代名画记》；或叫‘志’，如《图画见闻志》；或叫‘录’，

① 陈池瑜：《美术学的研究对象——兼论美术批评、美术史与美术理论的区别与联系》，《美苑》，2003年第2期，第7页。

② [美]方闻：《心印》，李维琨译，西安：陕西人民美术出版社，2006年，第269页。

如《明画录》；个别的叫‘史’，但取名《画史》的米芾一书，其实属于鉴赏杂著，很难说是真正的画史。从唐到清，大体如此……”①他的意思是说，中国古代没有“美术史”这个名称，但是已经有了相关美术史（绘画史）的著述了，只是不叫“史”这个名称而已。这也说明了，中国古代美术史的写作方法是具有特异性的。

陈池瑜在总结中国艺术史学的发展历程时，提出中国艺术史学有以下几个基本特征：

“其一，书法史意识萌动最早，由书法史带动绘画史，并由书法史而开艺术史之先河。其二，在中国美术史学的发展过程中，早期以论、品带史，史包含在论、品之中；中后期以史传包含品、论，而品与论仍在史传中发挥较大作用；并且将史传和作品记述、著录、鉴赏、辨伪相结合，美术史形态呈现多样化形式；与此相连，美术史著述语言也由早期品、论形式中象征性语言和较为抽象的语言变为叙事性和具体描述性语言。其三，中国美术史学文本写作常常表现出史、论、评（品）相统一的特征，部分文本并将书画家的史传同作品收藏、著录、装裱、题跋、考辨结合于一体，成为以史传为中心旁涉论评、收藏、著录、装裱、题跋、考辨的综合性文本，这一富有中国民族特征的美术史写作方法，显然不同于西方的艺术史写作方法。其四，中国美术史学的核心史观是将书画艺术看成是经艺之本、王政之始、兴成教化、鉴戒贤愚有益于国家和社会的重要事业。”②

中国古代美术史学的这些特征与中国传统绘画的美学特征有着密切联系，同时也反映了中国古代人哲学观、艺术观中重视各种艺术形式之间的内在联系，强调艺术与主体精神的关系，同时把美术史、美术理论、美术批评、美术鉴藏融合起来论述，具有宏观性和系统性的特点。

西方古代美术史著作如文艺复兴时期艺术家瓦萨里（Giorgio Vasari，1511—1574）写作的《意大利艺术家名人传》，确立了艺术发展阶段形态的认识论以及以自然主义的程度为准绳的参照体系，重视艺术家在艺术发展史中的重要作用，对以后西方美术史的写作方式有着重要的影响。18世纪，德国又出现了一位开创性的艺术史研究者温克尔曼（Winckelmann），他写作的《古代艺术史》重视考古发现以及文化因素的重要性，确立了历史主义的研究方法，并指出“艺术史的目的就在于说明艺术的起源、发展、变化和衰亡，以及各个民族、各个时代和各个艺术家的不同风格，并尽可能根据现存的古代作品来作论证”③。从这

① 薛永年：《反思中国美术史的研究与写作》，《美术研究》，2008年第2期。
② 陈池瑜：《中国艺术史学的发展历程及基本特征》，《艺术百家》，2005年第5期。
③ 朱光潜：《西方美学史》（上卷），北京:人民文学出版社，1979年，第303页。

句话可以看出，温克尔曼肯定了艺术历史发展的连续性和不间断性，并肯定了不同时代、不同民族艺术家的风格差异性，同时，也强调了考古文物在艺术史研究中的重要价值。进入20世纪以后，随着西方现代、后现代哲学思潮的影响以及现代科学技术的介入，一些新的艺术史研究方法开始被艺术史家采用，并诞生了一系列颇具影响力的艺术史著作。

具有代表性的艺术史研究方法有：

艺术风格学：沃尔夫林（Heinrich Wolfflin，1864—1945年），瑞士人，美学家和艺术史家。主要代表作有《文艺复兴与巴洛克》、《艺术风格学》等。他的研究特色是把文化史、心理学和形式分析统一为一体，不是过多地研究艺术家，而是紧盯艺术品本身，力图创建一部“无名美术史”，把风格变化的解释和说明作为美术史的首要任务。沃尔夫林《艺术风格学——美术史的基本概念》的中文译者潘耀昌在前言中说：“把与最强烈的个人差异并存的共性归纳为抽象的基本概念，这是《艺术风格学》的写作意图。沃尔夫林的研究方法，与其说扎根于理论思考，不如说扎根于对具体艺术作品形式特点的敏锐观察。”①他把西方艺术发展的历史，特别是文艺复兴以后的历史，纳入到一个概念体系之中。这个概念体系的基础是古典艺术和巴洛克两个相对的风格图式。“在当时的史学界，流行着一种辩证地把历史看成钟摆的观念，认为一极行将结束之际，向相反一极的运动必将到来。由于艺术风格的演变具有钟摆般联众相反倾向的特征，因而这种钟摆的理论特别为美术史家所乐于接受。”②沃尔夫林的艺术风格分析以及形式分析，被美术史家们广泛采纳。其缺点是因过于看重不同时代艺术风格的外在联系以及贬低了艺术题材的作用，从而忽视了艺术主题对观者的心理影响。

图像学：潘诺夫斯基（Erwin Panovsky，1892—1968），艺术史学家，原籍德国，后居美国。著作有《图像研究》、《哥特建筑与经院哲学》、《视觉艺术的含义》等。在其《图像研究》一书中，论述了图像志（iconography）和图像学（iconology）的区别。图像志的研究侧重于通过参考文献及传统视觉艺术的表现形式来揭示图像的含义。图像学的研究则是侧重于挖掘特定主题、形象、故事及寓意所蕴含的象征内涵。图像志只限于对图像的描述和分类，而图像学则是更深意义上的“图像志”。在此基础上发展出的图像学理论，将视觉符号视作文化的象征，把美术史由图像的考据转变为对艺术作品的阐释，并开始关注艺术作品的主题和意义。这种“阐释”的方式与西方传统的研究方式有很大的不同。如

---

① [瑞士]沃尔夫林：《艺术风格学》，潘耀昌译，辽宁人民出版社，1987年，第4页。
② [瑞士]沃尔夫林：《艺术风格学》，潘耀昌译，第3页。

果和文艺复兴时期的艺术史家瓦萨里比较，瓦萨里的艺术史写作更加强调真实性与客观性，重视对艺术家、艺术作品、艺术事件进行描述，而图像学或者说“图像阐释学”则强调研究者的视觉经验在艺术史研究中的重要作用，由此，艺术史的研究也进入到哲学层面或者精神层面，其“历史”的味道变淡，而“当下”的味道变浓。如果把艺术史的研究比喻成酿造而成的葡萄酒，西方传统的艺术史研究者更像是品酒师，他们的职业习惯决定了他们在品尝美酒的时刻，味觉的体验转化为对葡萄酒酿造工艺、时间、产地的推测，而把这一过程变成是一种离不开感觉又同时要“去感觉化”的一种工作。而当代的艺术史家则更像是喝酒的宾客，他们非常重视自身的味觉体验，并认为人们的味觉体验具有相似性，因此推及他人必然也会有这种味觉体验，包括酿酒者以及品酒者。虽然不能说20世纪的艺术史研究是阐释学的天下，但无疑图像阐释这种研究方式普遍地被艺术史家采用直到今天。

巫鸿在《十二美人的图像志：人物、道具、组合、活动、观众、幻听》一文中，运用了图像志的研究方法，解读了中国古代社会“十二美人”形象的演化发展过程，认为在古代图像系统中，人们借助各种情景设置对理想中的美人进行了塑造，形成关于“美人”的“图像志”。“美人的图像志将既有的描绘美人的传统综合成一套完整而规范的图像系统。……这个理想美人或是在种兰、沏茶、焚香、临帖、弄棋、赏花、赋诗，或是在扑蝶、织锦、调鹦、荡秋千或品观古董。她所出现的场所无非是香闺、柳荫、花丛间、满月下、画舫中或垂帘后。这套图像志使得表现‘综合性’美人变得可能，这种综合性表现手法的目的在于在一套作品中表现出美人的多重形象。”①

比较的研究方法。比较研究就是对物与物之间、事与事之间、人与人之间的相似或相异程度的研究与判断的方法。比较研究法可以理解为是根据一定的标准，对两个或两个以上有联系的事物进行考察，寻找他们的异同，探求其中存在的普遍规律与特殊规律的方法。比较研究法可以按属性的数量来分类，分为单项比较和综合比较。单项比较就是仅仅对事物的某一属性进行比较，综合比较指对事物所有属性进行比较。比如国画和油画两个画种比较，可以仅仅对使用工具或者材料进行比较，也可以从整体上进行比较。比较研究法也可以按时空来分类，分为横向比较与纵向比较。横向比较就是对某一空间中并存的事物进行比较，纵向比较指的是时间上的比较，就是比较事物在不同时间的不同形态。比如把汉代

① [美]巫鸿：《时空中的美术：巫鸿中国美术史文集》第二集，北京：生活·读书·新知三联书店，2010年，第272页。

的画像石艺术与汉代的雕塑艺术特征比较，属于横向比较。把宋代李公麟画的马与唐代韩干画的马进行比较，属于纵向比较。

比较研究法在美术史研究领域被普遍使用。叫比较就说明牵扯到的不是一方，而是两方或多方，即把不同地域、不同时间或者不同群体的美术家、美术作品、美术观念等进行比较。这种比较的方法是当前研究者经常用到的研究方法，运用得当会取得富有创意的结果。比如张卫峰《中国"山水画"与西方"风景画"美学思想之比较》一文，比较了中国山水画与西方风景画在美学思想上的差异性，认为中国山水画家在自然中畅神达意，体现一种林泉高致的东方精神，而西方的风景画特别是文艺复兴以后的风景画是科学地再现客观世界，追求数学逻辑与和谐完美，表现逼真的空间。认为这种差异性的根源在于中西方不同美学思想及艺术精神所致。这种比较既找到了中国山水画与西方风景画的共同点，即都是以自然风景和山水为表现题材，同时又找到了他们的差异性，即内在艺术精神的不同，并通过比较分析了导致这种差异性的根源。

需要注意的是，比较研究法虽然常见，但不是随便就可以拿两件东西进行比较，还应该注意他们的"可比性"。"一般来说，被拿来比较的两者在时空中的距离越大，造成不当比较的概率也越大，因为两者所具有的共同的研究者可据以作比较的基础的性质，在这情况下就比较模糊而不易控制。这个原则看来似乎简单，不该有踏入陷阱的危险。例如绝对没有人会想拿米开朗基罗所作西斯廷教堂的圆顶壁画，来与相当时候完成的文徵明的《松下听泉》作个比较。道理很清楚，虽然两者年代相若，但在各方面都风马牛不相及，实在无从比起，纵使强比，也不会产生任何有意义的结论"①。总的来说，比较研究法有几点是需要注意的，一是比较的双方要具有相似性或者有一定的共性。完全没有关系的双方进行比较，就失去意义。二是比较只是一种方法，一定要注意比较的结果是否具有突破性或者创新性。如果比较完没有得出有价值的结论，那么比较就流于形式。

当代美术史研究的方法呈现出多样化色彩。一个整体的趋势是重视研究方法的灵活性，针对不同的研究对象，采取灵活的研究方式，同时在研究过程中，也是多种方法结合，试图更加真实全面地研究历史。针对艺术家的研究，可以侧重于通过社会学的研究方法，研究艺术家成长的历史环境对其艺术风格的影响，对艺术作品的研究，可侧重于图像学的分析，并找出艺术作品内在的规律与其他作品的联系，或者探寻图像背后的隐喻或意义。

---

① 石守谦：《中国绘画史研究中的一些陷阱》，见卢辅圣主编，《中国画研究方法论》，上海书画出版社，2000年，第51页。

中国美术史的研究者，现在也不再按照固有、单一的研究方式来研究中国传统美术，而是吸收了西方一些研究方式，并取得了一些新成果。

洪再新在《海外美术史研究文选》中，录有[美]谢柏轲撰《西方中国绘画史研究专论》一文，对20世纪下半叶海外学者对中国绘画史的美术史研究进行了回顾和总结，从中我们可以看到西方学者研究中国绘画时采用的方法与中国传统的研究方法具有差异性。文章分成了四个部分，分别为“风格研究、理论研究、内容研究和相关情境及赞助问题研究”①。其中风格研究承袭沃尔夫林的艺术风格学。该文章中理论研究指的是风格以外的理论、内容和背景等方面。其中罗樾认为艺术史家的任务是根据风格史来确定艺术史。其反对艺术来源于周围的世界这种观点。而其弟子高居翰则指出，当某一画家依附于某一种风格时，就意味着这种选择另有一种价值，包括地位、社会身份甚至思想或政治的制约。风格于是就超乎于艺术限制以外的东西，而近似于思想史、社会史和政治史，风格形成了观念②。比如清初的四王山水画，作为皇室认可的正统画风在社会上产生广泛影响，随后有了“小四王”。那么“小四王”的风格背后就或多或少暗含了思想观念以及政治制约的因素。在该书收录的另一篇文章方闻的《论中国画的研究方法》，则批评了沃尔夫林“风格史”理论不适合给尚未证实真伪的中国画进行断代，因此，应该首先结合风格变化的情境，发现并阐释中国画中独有的“基准作品”，进而从事系统的个案分析研究。方闻作为在世界美术史学界颇有名望的美籍华人，对中国画有深刻的理解，其研究方法也是折中了的艺术风格分析理论，被当代很多中国美术史研究者采用。

案例点击——学者与历史

贡布里希《木马沉思录》：

“据传闻，米开朗琪罗在卡拉拉采石场流连忘返竟达数月之久，他在一块块大理石上窥见了那些亟待他去创作的未来作品的形象。学者的采石场则是图书馆，其着迷的表现是查阅旧书目录。在他看来，这些目录能用魔法召唤出奇妙的学问，并能提供解开千古之谜的线索。”

“学者是记忆的守护者，诚然，并非人人都需要关心记忆。我本人不太愿意在一个所有的往事都被抹去的世界或学校里生活工作。不过，这不是两者之间的抉择，不是在了解过去与着眼未来之间作取舍。若是这样，选择就会相当困难。这是在探求真理和就收谬误之间作选择。每个社会都要求有雷尼尔所说的‘关于其过去的故事’，而且学术衰微之处亦即神话涌现之时。”③

---

① 洪再新：《海外中国画研究文选》，上海人民美术出版社，1992年，第11页。

② 洪再新：《海外中国画研究文选》，第27页。

③ [英]贡布里希（E.H.Gombrich）：《木马沉思录》，徐一维译，北京，北京大学出版社，1991年，第142—143页。

其实，我们无法判断东、西方研究方法的优劣。研究方法没有中外之分，只要觉得其有利于研究，就可以采用。需要注意的是，应该根据研究对象的特点有的放矢地选择研究方法，同时在研究过程中，注意避免某种研究方法的局限性。比如图像学的研究方法，如果研究的图像与图像存在的社会情境失去联系，就很难推断出图像背后的意义。而社会学的研究方法则忽视了艺术品的独特意义。中国考古学界有一种研究方法，是地下文物与地上文献相结合，两者互为参照和补充，被学者广泛采用。当前研究方法具有多样性，研究者应该注意研究方法背后的观念、动机等因素的制约作用，并有意识地考虑到研究方法的有效性及可执行性，重视研究方法与研究对象之间的关系，并采用更加灵活的研究方法。

3.1.3 美术史论文写作要点

美术史类论文与其他类型论文的结构都是一样的，都需要有题目、摘要、正文、参考文献等信息，当然根据写作深入程度，以及刊载对象的不同，会在要求上有所差异。美术史论文写作的核心是围绕美术发展的历史展开，那么就需要考虑到以下几个要素：一是加强理论知识积累，确立美术史观，或者说确立是美术史学观念，即怎么看待过去发展的历史。不同的观念会影响论文写作切入的角度，同时也对论文研究的方法、结论有直接的影响。确立选题角度或者研究视角，或者说切入点，这些决定了论文的创新程度。二是文献背景的掌握以及相关资料的搜集和整理，这些为论文提供了支撑和保证。下面分而述之。

一、需要加强理论知识积累，确立系统美术史观和研究视角。

想要写一篇像样的美术史论文，写作者首先要有一定的史论基础。包括美术史及美术理论的基础知识。试想一下，一个从来没有接触过美术史的人，连基本的美术知识都不掌握，怎么能写作美术史相关的论文呢？这肯定是不行的。比如要写作有关20世纪中国画的论文，最起码知道吴昌硕、齐白石、徐悲鸿，不仅如此，还要对中国近现代中国画发展的历史进程有大致的了解，并且还要看一些与此相关的研究论文。美术理论也是如此，需要对中国美术理论知识有所掌握与了解。比如要研究中国古代绘画，就需要了解中国古代艺术的精神，包括中国古代画家的、哲学观、人生观，以及中国古代绘画的品评标准和品评体系。就需要学习中国哲学史、中国美学史以及中国古代画论的相关知识。这些史论知识日积月累，在头脑中会逐渐形成一种基本的知识背景，这一知识背景对于研究是必不可少的。美术史的观念也是在这一知识积累过程中逐渐形成的。需要注意的是，由知识积累而形成的美术史观不是一种偶然的、暂时的、局部的认识，而是一种系统的具有一定稳定性的认识。开始的时候，研究者会特别容易受到某一本书或者某一理论家的影响，会不自觉地把其观点借移到自己的写作中去。甚至有时候在一篇论文中，会出现多种史学观念，这是初级研究者经常出现的情况。这就提醒我们，平时要不断对自己所学进行思考整理，并确立一种主导性的史学观念，虽然不能说这一史学观念一定是千真万确的，至少在一定时期内，能够对论文的写作进行一种系统的引导作用。我们看有些较有影响力的史论著作，比如贡布里希的《艺术发展史》，会发现他把一种史学观念系统地运用到了写作中去，从而使这本书的思路具有连贯性。好的美术史家会有一种创新性的有别于他人的史学观，对于大多数非专业美术史学研究者来说，需要借鉴参考较有影响力的史学观、美术史观指导写作。用一句话来说，加强理论知识的积累（包括文史哲相关的知识）对于研究的开展非常重要，其决定了研究者史学观的确立以及研究的视角。

研究的视角可以从三个方面切入。一是可以从美术史观念切入；二是可以从研究方法切入；三是从新材料切入。

研究视角的第一个方面指的是在一定美术史观念引导下确立的研究角度。上文说过，不同的美术史研究者因美术史观念的不同会直接决定研究视角的不同，甚至决定研究论点的差异。比如明末画家董其昌在《画禅室随笔》提出的“南北宗”，认为佛教中的禅家有南北宗在唐代的时候出现，那么绘画也是自唐代开始有了南北宗的分别。北宗始于李思训父子，然后自宋而元明，延续下来，此宗注重青绿勾皴之法。南宗始于王维，自宋而元明，此宗注重水墨渲澹之法。同时，董其昌认为南宗较北宗更为正统，从而抬高了文人士大夫绘画而贬低了以青绿勾染为主的职业画家的创作。董其昌这种“褒南贬北”的观点显然是受到了其社会身份、思想观念构成的影响。时至清代，有很多美术史家对董其昌的理论提出了批评，当前美术史研究者也提出了各种各样的看法，这些不同的观点背后，无疑是受到不同艺术史观念影响的缘故。我们在研究过程中，应该考虑到自身知识结构、背景、社会经历、人生经历决定的我们认识的不同，选择一种较为客观的研究视角。一般而言，研究方法没有对错，但是史学观却有对错。比如有的人认为人类发展的历史是由少数天才创造的，这就是一种错误的历史观。同样，如果认为美术发展的历史是由个别的艺术家创造出来的，显然是不符合历史实际情况的。历史上很多美术作品，创作者都没有留下姓名，这些创作了辉煌美术成就的创作者，往往在当时也不是什么艺术家，只是一些工匠而已。比如秦始皇兵马俑，如此大的数量显然不是一个人能完成的，肯定包含了很多劳动者的汗水，他们大多数没有留下名姓，但我们不能忽略他们的历史贡献。像前文所说，沃尔夫林把风格变化当作美术发展历程的推动力量，从而使美术史变成了一部“无名美术史”。而贡布里希则在《艺术发展史》的开篇即说“现实中根本没有艺术这种东西，只有艺术家而已”①。朱青生在《没有人是艺术家，也没有人不是艺术家》中言：“现代艺术既可理又不可理，种种关键之处都在不辩之明，明则非是的困境。作者难为，作者难为！没有人是艺术家，也没有人不是艺术家，同此心矣？”②巫鸿认为：“一旦一件‘经典作品’被美术馆、出版物和重要展览所确认，它就被加以神圣光环，成为人们注意力的焦点。而未入选的作品则从大众的视野中消失，沉没于考古档案里或陈列所、博物馆的库房中。”③各人所言，皆有道理，立场不同、视角不同而已。

研究视角的第二个方面是从研究方法确立的研究角度，这是从具体研究实施层面来讲的。我们想要写一篇美术史相关的论文，需要选题，就是想要写什么，这就需要查阅大量文献，并结合自身的知识背景及对美术史的了解确定一个大致的研究范围和选题范围。有的情况下选题范围是固定的，比如本科生的课程作业，如果是中国美术史的课程，那么论文写作的选题范围就是中国美术史范围，如果是外国美术史课程，选题范围就是外国美术史范围。如果写作中国美术史相关的题目，就需要翻阅大量的中国美术史资料，外国亦然。具体到比如中国美术史而言，往往不同人的知识背景决定了可能对某一时期的美术史较为了解，对另一时期的美术史较为陌生，那么选题的范围最好选择较为熟悉的时间段。聪明的研究者会注重自己知识背景和研究选题之间的关系，并选择一个自己容易把握的选题。如果都不熟悉，就需要选定某一时期进行较为深入的了解和学习。比如想要写一篇有关民国时期上海地区中国画相关的论文，就需要对这一时期的美术史进行集中学习，不仅要了解上海地区的绘画，对北京地区、广州地区或者其他地区的绘画也要有所了解。同时，还要了解当前国内外对这一历史时期中国画的研究情况。这样一来，就可以做到对文献背景有所掌握了，具备了写作的基本条件。这是说的从某一时间点切入，当然也可以从某一地域切入，或者从某一人切入进行研究，皆可以。这里所说的是，从某一个具体的点切入，更容易对研究相关文献资料进行充分把握，写作起来更容易下手。

研究视角的第三个方面是从新的历史材料切入。对于历史研究而言，新材料无疑对于历史研究具有弥足珍贵的补充作用。如果能够发现新的材料，把这些材料进行整理并发表，本身就具有填补历史空白的重要作用。因此对于研究美术史的人来说，如果能够发现新的美术材料，无疑是莫大幸事。但实际上除非有新的美术历史遗存被发现，考古挖掘出新的美术作品，要不很难做到这一点。特别是

---

① [英]贡布里希：《艺术发展史》，范景中译，天津人民美术出版社，1998年，第4页。
② 朱青生：《没有人是艺术家，也没有人不是艺术家》，上海：商务印书馆，2000年，导论。
③ [美]巫鸿：《经典作品与美术史写作》，《读书》，2006年第6期，第83页。

在当前美术史研究者如此众多的情况下，能够发现填补空白作用的美术资料基本成为一种奢望。我们也不必为此失望，其实美术史作为一门历史而言，其本身的变化性无疑会为研究者提供很多可以切入的“缝隙”。从美术史材料方面而言，有以下几种情况。第一种情况是发现新的材料，这就是上文说的情况，即发现了他人所未发现的有价值的美术资料或者美术遗迹。比如在某一荒郊野外发现了一块古代画家的墓碑，这块墓碑的内容可以为此画家的研究提供可靠的历史资料。对这块墓碑的研究无疑是非常有意义的。这种情况对于历史知识积淀不深同时又没有多少艺术考察机会的研究者而言，几乎是不可能的。第二种情况是挖掘新材料。美术史的材料不仅仅是实物材料，也有可能是文献资料。当前文献资料浩如烟海，有些美术史的资料混于古代历史文献资料之中，如果通过翻阅档案馆、图书馆资料，发现了某些其他美术史研究者没有查阅到的资料，无疑对于美术史也是重要的补充。第三种情况是重视新材料。这里说的是有些材料一直存在，很多美术史研究者可能也看到过，但是一直没有注意和引起重视。你如果能够整理、分析、研究这些材料，并借助一定的理论支撑来论证这些材料的重要性，从而让人们对这些材料刮目相看，并改变对某些画家、某些流派的看法，这一作用也是不可估量的。

著名历史学家陈高华在谈到自己历史研究的经验时，总结了三条。他说道：回顾自己走过的道路，如果说有什么经验体会的话，那就是：（一）必须高度重视资料的搜集和整理。“史料即史学”是不对的，但是史学研究必须以史料为基础，离开史料就无所谓史学。对于史料，必须力求全面、系统地掌握，既要熟悉已知的史料，还要下大力气去发掘未知的新史料。很多老问题的解决和新问题的提出，都有赖于对已知史料的重新认识和新史料的发现。我的每一篇论文都力求有不同于前人的新史料，有些论文的写作，即由于新史料的发现。在史料上要有所突破，始终是我在研究工作中的座右铭。（二）必须坚持以历史唯物主义为指导。马克思主义历史唯物主义关于经济基础与上层建筑、生产力与生产关系、阶级与阶级斗争的理论，对于历史研究，具有极其重要的意义。迄今为止，没有任何一种其他学说可以取代历史唯物主义理论。我自己的研究工作，从一开始关于农民战争的探讨，到近年的法制史研究，都力求用历史唯物主义来分析各种历史现象，以后仍将继续这样做。（三）必须努力学习其他相关学科的理论、方法。学科之间相互渗透，已成为当前科学发展的趋势。历史学以人类社会历史为研究对象，从经济基础到上层建筑，无所不包，更需要了解其他学科的理论、方法以及研究成果，才能把自身的研究，推向前进。我在研究工作过程中，经常遇到一些问题，迫使自己进行各种学科理论、方法的补课，深深感到这种补课的重要性。由于种种原因，我的补课缺乏系统性，起的作用也不够理想。衷心希望年轻的研究者重视这一问题，不断开阔眼界，不断改正思维方式，只有这样，研究工作才能出现新的飞跃。① 陈高华把“高度重视资料的搜集与整理”放到了第一条，可见其作为研究了一辈子历史的大学者，对史料之于历史研究的重要性，有着深刻的认识。

二、文献资料搜集与整理是论文的支撑和保证。

文献资料的搜集与整理包含两个方面的内容。第一个方面是对研究动态的把握。第二个方面是对论文文献资料的搜集与利用。就第一个方面而言，想要写一篇好的美术史论文，首先要有一个好的选题，或者说好的视角或切入点，这个上文已经讲过。然后需要做的事情就是通过图书馆、网络信息论文数据库等途径查找该选题的研究状况，然后把相关研究的书籍、论文等搜集起来，对这些研究文献进行阅读、分析、整理，最后在头脑中对该选题的研究动态有一个较为全面的掌握，为下一步的论文写作打下基础。一般而言，几乎任何一个选题都有研究者涉及，只是涉及的深浅程度不同而已。在对他人研究成果进行分析过程中，如果发现他人的研究是从此角度出发的，那么你在写作的过程中，可以考虑从彼角度出发，看是否有新发现。如果发现他人的观点有所偏颇，那就可以考虑动用你所搜集到的论据对该论点进行修正和补充。如果发现他人几乎没有涉及你所选定的研究对象，则可以找与此选题有关联的研究，看看这些研究对象之间的联动关系，以便有所启示。需要说明的是，对研究动态的把握程度是一个研究者是否合格的重要标志。有的人因为知识所限，看书较少，或者受客观条件的限制，无法查找该研究的最新动态，结果重复别人劳动，得出的结论既没有新意也没有创造性，浪费了时间和金钱。所以说，前期花大力气去对文献背景、研究动态进行充分掌握是非常有必要的。专业的研究者往往能够对与研究相关的文献搜罗无遗，他们采取的手段也是五花八门，包括去图书馆、档案馆、网上查找等。设法去拜访对该选题有深入研究的学者，也是值得推荐的方法。为何？因为如果你拜访一位该研究领域内的专家，他对文献资料掌握比你要丰富得多、深入得多，所以很容易判断你所选研究课题是否有价值。这也就是为什么毕业论文的写作需要先开题，就是为了让指导教师及相关的专家对选题的意义及你对文献掌握情况进行考核，以确定该选题的研究是否有意义。任何专业的研究，对研究动态的掌握都是必不可少的，只有掌握了最新的研究动态，才能确定研究的方向和意义。

---

① 陈高华：《我与元史研究》，《学林春秋》三编，朝华出版社，1999年12月，第658—669页。

第二个方面，论文文献资料的搜集与利用。论文文献资料的搜集对于论文的写作具有重要的作用。特别是美术史类的论文，论据是否充分是决定论文论点是否立得住脚的关键。因此，需要搜集大量文献资料，包括网络资料、书面资料、视频资料等。

关于资料搜集方法，对于初学者而言，有两个方法可以借鉴：一是可以先从网络资料入手。网络资料搜集较为简便，可以通过搜集网络资料，了解研究动态以及文献资料的大致情况。做到心中有数。网络资料的优点是搜集容易，速度快。缺点是可信度差。二是找与你所选定题目较为接近的专著或论文，然后把该专著或论文所列的参考文献及注释资料搜集到手，看能否有所用。特别是像工具书一类，会对你下一步的研究提供很大的帮助。比如所搜文献中引用的很多资料出自《中国画学著作考录》这本书，那么你找到这本书，就会对论文写作大有裨益。

关于资料搜集方法，对于深入研究者而言，有两个工作较为关键。一是不要忽视外文文献。现在网络数据库较为完善，文献搜集变得快捷。中文文献的搜集稍加用心，就能做到全面。对于外文文献，有些艺术专业的同学碍于外语基础不好，往往忽略，这样就会导致研究程度不能深入。你若选一个外国美术史相关的题目，比如《马奈与莫奈艺术风格比较》之类的题目，如果对国外的研究情况一无所知，就难以写出好的论文来。国外研究中国美术史的专家也很多，他们的有些研究也是很值得借鉴的。这就提醒我们应该加强外语学习，对研究生来说，除了英语以外，最好能掌握一门第二外语。二是不能忽视第一手资料，包括档案馆中的档案查阅以及相关的访谈、实地考察等。我们可以举一个例子说明。

芝加哥大学教授艾恺(Guy S. Alitto)著有《最后的儒家——梁漱溟与中国现代化的两难》（***The Last Confucian—Liang Shuming and the Chinese Dilemma of Modernity***）一书，这是艾恺教授在哈佛大学读书的时候，做的博士论文。作为一个美国人，为了研究梁漱溟，他去台湾和香港搜集资料，采访梁漱溟的旧友故交，但碍于当时的政治形势，没有机会到中国直接采访本人。1972年美国总统尼克松访华后，中美关系改善，他才有机会造访中国，并到梁漱溟曾经学习、工作过的地方考察访谈，不辞辛劳。到了1980年，终于得以到北京拜访了梁漱溟，并对访谈的内容进行了全程录音，最终出版发行。作为一个美国人，不但精通汉语，而且还能够全面对梁漱溟的学术著作进行深入研究，并常年如一日把一个研究选题做深入、做扎实，是非常值得学习的。我们可以摘录一个访谈的片段，从中可以反映出艾恺教授资料搜集的深入程度。

“艾”指艾恺，“梁”指梁漱溟。

“艾：您的《究元决疑论》那篇文章，原来是在《东方杂志》出版的，那您在《东方杂志》社有朋友吧？就是把这篇文章寄给他，把稿子寄给他，而他不在……

梁：那个朋友就是一个很有名的……

艾：章士钊？

梁：对，你说的一点不错。”①

从这简短的对话可以看出，艾恺作为一个美国人不但汉语熟练，而且还对梁漱溟文章的内容、发表地以及发表背景有全面了解，并且还能够对连梁漱溟都几乎忘记的人随口而出。从中反映出的研究态度令人敬佩。

总之，美术史研究属于历史研究的范畴，需要严肃认真的研究态度，需要付出很多劳动去进行资料搜集与整理工作。只有不怕吃苦，付出大量的辛勤劳动，才能在他人研究的基础上，攀登上更高的山峰。正所谓“无限风光在险峰”，因为山峰险峻，难以攀登，所以所到者少，如果不畏艰险，攀登而至，自然能够看到他人看不到的风景。文献资料的搜集也是如此。很多美术史类的论文，之所以发人深省，让人耳目一新，除了研究角度独特之外，另外就是文献资料丰富且新颖，并被作者充分、合理地运用其中，让论文焕发出了光彩。

案例点击——文献的内涵

[法]福柯《知识考古学》引言：

“历史通过某种并非始于今日，但显然尚未完成的变化改变了它相对于文献的位置。历史的首要任务已不是解释文献、确定它的真伪及其表述的价值，而是研究文献的内涵和制定文献：历史对文献进行组织、分割、分配、安排、划分层次、建立秩序、从不合理的因素中提炼出合理的因素、测定各种成分、确定各种单位、描述各种关系。因此，对历史说来，文献不再是这样一种无生气的材料，即：历史试图通过它重建前人的所作所言，重建过去所发生而如今仅留下印迹的事情；历史力图在文献自身的构成中确定某些单位、某些整体、某些序列和某些关联。”②

---

① 梁漱溟：《这个世界会好吗：梁漱溟晚年口述》，[美]艾恺采访，一耽学堂整理，天津教育出版社，2011年，第40页。

② [法]福柯：《知识考古学》，谢强等译，北京：生活·读书·新知三联书店，2007年，第6页。

3.2 美术理论论文写作

3.2.1 美术理论定义及特点

美术理论从广义上说是所有关于美术研究与实践的科学总结，包含美术史、美术批评、美术理论、美术创作等内容。狭义上说，则主要是指区别于美术史、美术批评的美术理论。我们此处所言，乃是指狭义的美术理论，研究的范围包括研究美术的本质、形态、特征以及与其他学科关系的美术基本原理，也包括研究美术门类、创作、技法等方面的美术创作规律的总结，或者对美术家美术思想的研究等，都属于美术理论研究的范畴。陈池瑜对美术理论文章的文体进行了总结，他认为，美术理论文章写作可以分为："1. 艺术理论专著。如丹纳的《艺术哲学》、克利夫·贝尔的《艺术》、阿恩海姆的《艺术与视知觉》、赫伯特·里德的《现代艺术哲学》等。2. 艺术理论论文。如苏珊·朗格的《艺术问题》，是由若干篇关于艺术问题思考与研究的论文组成。再如王朝闻的《新艺术创作论》等。3. 艺术散论。如日记、札记、对话录、笔记、序言、访谈等。这些体例中的著名作品如《歌德谈话录》、《柏拉图文艺对话集》、《罗丹论艺术》、《德拉克罗瓦的日记》、《傅雷家书》等。"① 以上三类可以归结为两种，第一种是艺术理论类著作或论文，第二类是艺术散论。我们可以认为所有与美术相关的理论性的探索与思考皆归结为美术理论文章。

美术理论与美术史比较，美术理论更加注重对美术内在规律的探寻，而美术史则更加关注对美术现象、美术发展过程的记录与总结。美术批评从某种意义上来讲，也属于美术理论的范畴。批评家如果对美术家的作品进行评价和分析，必须是站在一定理论立场上展开，这样才有说服力，正所谓"有理走遍天下"，只有具有一定理论的立论基础，才能让人们接受批评家的评论。美术史与美术理论的关系也是非常密切的，美术史的研究虽然是注重美术发展的过程及在这一过程中的人、事、物的记录与整理，但是在这一过程中，同样也牵扯到运用什么样的视角、站在什么样的立场、运用什么样的方法等问题，这些问题都是和理论发生联系的。由此看来，美术史和美术批评与美术理论的关系是非常密切的，美术理论基础对于美术史写作和美术评论的写作有重要的影响。因此，打好美术理论的基础，会为美术史写作和美术评论写作提供更多的帮助。

美术理论的特点，总体来看有以下几点：一是思维过程的抽象性；二是论证过程的逻辑性；三是理论体系的系统性。一是思维过程的抽象性。所谓思维过程

① 陈池瑜：《艺术文章写作技巧》，济南：山东美术出版社，2002年，第81页。

的抽象性，指的是在写作一篇美术理论文章之前，必然是要经过思考，确立写作的对象及写作的切入点，然后开始着手写作。问题是美术理论文章与美术史文章不同，其写作的对象可能是具体的也可能是抽象的，这就为写作的选题及切入点带来难度。比如面对中国古代的白描，写一篇关于“十八描”的论文，论述不同的线描描法的特点，这一类美术理论论文研究的对象是具体可视的对象，切入起来比较容易。还有另外一类，要对抽象性的理论进行研究，这一类无论从切入点还是从写作的难度来说，要比前一种大得多。二是论证过程的逻辑性。所有的学术论文，论证的过程必须是要具有逻辑性的，只不过理论类的文章对论证过程的逻辑性要求更高一些。或者从另外一个角度来讲，理论性的文章抽象性较强，在写作过程中往往出现因为思维不清晰导致逻辑不连贯或者逻辑混乱的情况。这就像一个人讲话。他如果想要表达清楚自己的想法，必须要注意讲话内容的先后顺序及逻辑性，如果语无伦次，他人就无法知道这个人想要说什么。三是理论体系的系统性。并不是所有理论性的著作或者论文都是一种整体的、系统的研究，往往是对某一问题的研究。在研究一些小的问题时，同样需要注意理论体系的系统性和完整性。就如“庖丁解牛”。实践背后离不开理论的指导。这种理论指导还不单纯是一种技法或方法的浅显理论，而是更加深层次的系统理论。正如庖丁所言“臣之所好者道也，进乎技矣”。他所说的“道”，指的即是系统的理论知识。

有关美术理论的特点，我们可以结合具体的事例进行说明。“意境”这一概念出自中国传统美学范畴，是一种看不见摸不着的东西，但是被广泛运用到了中国文艺批评理论当中去。这一抽象的概念具有极其丰富的内涵，很多文艺家都曾经研究过。比如王国维、宗白华、伍蠡甫、李泽厚等。伍蠡甫在《中国绘画的意境》一文中，指出中国国画界缺少对“艺术的一般理论”（即美术基础理论）的关注和研究，从而导致绘画缺少内涵和意境。他说道：“国画家大都墨守成法，不很愿意兼通艺术的一般理论，对于和艺术密切相关的其他学科，也不感兴趣，于是他的著作，在纵的方面，不易捉取过去国画发展的原则，在横的方面也就无法理解各种不同作风、派别、方法等所共具的和独特的意义了。”① 这段文字写作的时间在1947年，距今半个多世纪了，但是这一问题还普遍存在着。《中国绘画的意境》这篇论文，作者把论文分成四个部分。论文第一个部分“序说”，提出研究的起因、研究的背景、研究的意义、研究的现状等问题。论文第二个部分

① 郎绍君、水天中编：《二十世纪中国美术文选》（上卷），上海书画出版社，1999年，第663页。

“中国绘画的意境或意识形态之完成与表出”，提出中国画是通过什么方式或遵循什么渠道把意境完成与表出的。论文第三部分“中国社会史所决定的中国绘画的意境”，结合中国古代礼乐思想对中国古代绘画中意境的重要性及形成演变过程作进一步论述。论文第四部分“中国绘画意境形成中意与法的问题”，对意境形成中两个重要的问题即“尚意”还是“尚法”问题进行着重论述。不难看出，以上四个方面，既有宏观的论述，比如第一部分的“序说”，又有细节的论述，如最后一部分“中国绘画意境形成中意与法的问题”，同时又有主体性的论述，比如论文的第二、三部分。作者通过把论述内容划分为几个部分，然后采取层层深入展开的方式，把“意境”这一抽象概念论述清楚。这是值得我们借鉴的一种写作方式。

案例点击——艺术对时代、社会的两种反映

徐复观《中国艺术精神》序：

“艺术是反映时代、社会的。但艺术的反映，常采取两种不同的方向。一种是顺承性的反映；一种是反省性的反映。顺承性的反映，对于它所反映的现实，会发生推动、助成的作用。因而它的意义，常决定于被反映的现实的意义。西方十五六世纪的写实主义，是顺承当时‘我的自觉’和‘自然的发现’的时代潮流而来的，对于脱离中世纪，进入到近代，发生了推动、助成的作用。……中国的山水画，则是在长期专制政治的压迫，及一般士大夫的利欲熏心的现实之下，想超越社会，向自然中去，以获得精神的自由，保持精神的纯洁，恢复生命的疲困而成立的，这是反省性的反映。顺承性的反映，对现实犹如火上浇油。反省性的反映，则犹如在炎暑中喝下一杯清凉的饮料。”①

3.2.2 美术理论写作要点

首先，美术理论类的论文写作需要具备一定的理论基础。

理论知识的学习不能仅停留在课堂上，平时的积累也非常重要。美术理论知识涉及的范围除了美术理论这一层面外，还包括艺术哲学、艺术原理、美学、文学等领域的知识。从这一点上来讲，美术理论类论文写作能力的训练，从时间上超过了美术技法的训练。没有一个长时间的理论积累，就无法形成深厚的理论基础，更难以通过创新性的思考进行理论类的论文写作。文学中有文艺理论这个研究方向，与美术学中的美术理论有相似的地方，因此有一些文艺理论研究者也从事艺术理论方面的研究，甚至有些成了艺术理论研究方面的领军人物。再诸如美学，按学科门类来讲应该算是哲学，但是也有很多美学研究者对美术理论有着出色的见解。比如著名的美学家宗白华，他所擅长的虽然是美学，但其中有些研究

① 徐复观：《中国艺术精神》，上海，华东师范大学出版社，2001年，第5页。

关涉到中国绘画及书法，提出了很多创新性的见解。这些创新性的见解为美术理论的研究者提供了很好的参照。现在专门从事美术理论的研究者有时候反而需要主动去学习哲学、文学甚至心理学、社会学等知识，以扩展视野，为研究打造更加坚实的基础。这也就提醒我们，要想打好美术理论基础，除了对美术理论方面的书籍进行深入学习外，还需要对文艺学、美学等知识有所掌握。在大学学习阶段，如果有条件应该主动地去学习美术课程以外的理论课程，包括中外美学史、中外哲学史、中外文化史、中外文学史以及美学原理、文艺理论等课程，这些对于美术理论的研究都是很有帮助的。如上所言，美术理论研究需要深厚的理论基础，这个基础不是一朝一夕能够掌握的，需要尽早进行积累。很多同学到了准备毕业论文时才开始补习理论知识，这时候大多因时间紧迫无法系统掌握，只是走马观花大致了解，写作起来就会力不从心，难以深入。

其次，美术理论写作需要具备一定的实践基础。

近二十年来，随着艺术学学科的发展，艺术史论专业逐步在艺术专业院校设立并迅猛发展。时至今日，除了美术学院以外，一些综合大学下属的美术学院有的也开设了史论系。这说明当代社会随着艺术市场的活跃以及美术馆、博物馆的建设需要大量的美术理论专业人才。从目前招生情况看，大多数史论系招生都不考美术技法或者只考基础素描之类，在美术技法方面要求较低。进入大学以后，史论系也会开设技法类的课程，不过只是浅尝辄止。这种情况导致了美术史论专业的同学大多数不会画画或者独立地进行美术创作。这种情况也受到了有些画家的嘲讽，认为美术理论是可有可无的，或者认为美术理论研究者是靠着画家吃饭的。其实这些观点都是不正确的。美术理论与美术创作一样，在社会中占据重要角色，这可以从中国古代艺术创作与艺术理论同步发展这一点看出来。美术理论家不是画家的附属品，更不能说没有画家就没有美术理论家。其实美术理论家与画家是相互依存而又独立存在的关系。画家如果不创作出美术作品，美术理论家就失去了研究对象，但是反过来讲，如果没有美术理论指导，画家就很难创作出好的美术作品。就如雕塑家创作一座人体雕塑，他需要掌握人体的基本结构及运动规律，同时还要懂得塑造的基本原理，只有这样，方能创作。没有任何理论的指导，泥土始终是泥土，不会变成活灵活现的雕塑作品。因此，艺术家应该尊重理论家，应该积极吸收美术理论家的研究成果，同时自己也应该多思考、多总结，把自己的艺术实践与理论探索结合起来，从而提高创作的水平。

一个高水平的艺术家是不会贬低艺术理论重要性的，恰恰相反，会更加注重理论探索与艺术实践的密切关系。比如《芬奇论绘画》、《罗丹论艺术》、《德拉克罗瓦的日记》等，皆是其例。反过来讲，美术理论研究者也应该重视美术实践，应该主动进行一些艺术创作的练习和尝试。当前美术理论研究者与美术家的距离是由当前高校学科分化导致的结果。在以前美术理论的研究者很多都是美术家，以后随着学科之间交叉与融合，美术理论研究者进行美术创作实践的必要性会增强。因此，对于刚刚从事美术理论研究的学生来讲，重视美术技法的训练以及掌握一门美术技巧并进行适当的美术创作训练，对于理论研究是非常有必要的。比如理论选题是“写实性油画空间表现的特征”这样的题目，写作时首先要明白写实性油画的基本知识，包括空间透视、造型原理、构图法则、色彩规律以及调色技巧、笔触等知识，方能进行写作。如果没有油画这方面的练习，只停留在泛泛而谈的抽象理论层面，就会使论文显得过于虚悬不到位。只有实际操作过，至少观摩过油画创作的过程，才能进行相关的理论研究。

美术理论专业研究者的优势是系统的理论知识和抽象的逻辑思维能力，所缺乏的是实际的艺术实践经验，如果后一方面得以适当弥补，理论研究一定会更上一层楼。另外需要说明的是，艺术实践对于理论研究只是辅助作用，并不是绝对的。特别是国外的美术理论专业，其作为人文学科一部分从属于哲学、历史、文学、艺术学、建筑学、人类学、社会学等学科，属于人文社会科学的范畴，与艺术实践的关系并不密切，其更加注重艺术理论与其他人文科学的关系及对人类文明进程的作用，那么从事这样的研究，就不一定非要具备美术创作实践的基础了。从研究成果的服务对象来说，侧重艺术实践的研究肯定是服务于艺术创作的，其他则可以说是服务于人文科学发展上面的。

最后，美术理论写作的选题要具有创新性。

美术理论类论文的选题非常关键。因为美术理论类论文是建立在抽象的逻辑思维之上的一种对美术现象背后隐含规律的思考与探索。这类论文的写作要求研究者必备基本的美术理论基础及一定的实践基础，同时，还需要勤于思考、勇于探索，能够在平时发现美术理论领域中值得探究的角度和切入点。在当前，成熟的美术理论家往往都会选择一定的研究范围，并结合自身的理论背景和基础进行研究。比如有美学、文艺学基础的研究者，在研究过程中，更加强调美术理论与美学、文艺学、文学之间的关系，借助美学理论或文艺学理论来阐释艺术。有些美术理论家出身于外语专业，或者有过留学国外的背景，那么美术理论的研究更加注重国外最新研究成果的译介与翻译，同时借助国外的美术理论成果来进行研究和写作。也就是说，应该借助自身的研究基础及背景确立研究的范围和角度。至少要让研究的选题在自己擅长的范围之内，而不是跨到了自己不熟悉的领域，即最好不要有跨学科跨领域的研究。例如选题是《明代文人山水画的书写动机》这样的论文，重点在于“书写动机”，就是通过对明代社会中文人创作的山水画的表面意象，以及在当时社会背景下的文人生活状况，对明代文人绘画的“动机”进行解析。“动机”作为心理学的一个词，涉及行为的发端、方向、强度、持续性等各个方面，是一个复杂的心理过程。对于研究者来说，除非具有深厚的心理学基础，要不难以深入研究。这只是举了一个简单例证，实际在研究过程中会发现跨学科的研究对研究者的要求是非常高的。因此还是应该把研究的选题范围尽量安置在能够把控的范围之内，特别是对于没有充分时间展开调查研究的小论文来说，选题范围小一点是非常有必要的。

选题范围大致确定以后，就需要确立一个研究的切入点或视角。美术理论研究强调理论的创新性。这不仅指有创新性的研究成果或者结论具有创新性，还要求研究的切入点、研究视角或者研究的方法、过程具有创新性，只有这样，才有可能使结果具有创新性。美术理论写作需要写作者平时就养成勤于思考的习惯，关注艺术动态，发现其中的问题，然后思考并探寻解决的方法。比如在十一届三中全会结束以后，改革开放之初，中国的美术界整体仍然是注重写实造型的现实主义风格，吴冠中在《美术》杂志刊文《关于抽象美》，提出美术中作为形式美核心的抽象美具有独特的审美价值，应该重视。在当时美术界，大多数人还不能接受非写实的、形式感很强的抽象性的绘画作品，吴冠中提出摆脱写实形象的抽象，具有独立的美感。这种抽象美来源于如数学、音乐一样的与内在感情相联系的一种审美体验。认为“无论东方和西方，无论在什么社会制度中，总有许多艺术工作者忠诚地表现了自己的真情实感，这永远是推进人类文化发展的主流。”① 吴冠中认为抽象美是形式美的核心，人们所具有的抽象美的审美能力来源于内在情感，而人们的内在情感具有相似性和共通性，因此全世界无论东方还是西方，都存在对抽象美的审美能力。随后，他在论文中提及了文徵明书法中抽象的线条、苏州狮子林中的似像似不像的狮子等，言之有据，步步为营，逐步说明抽象美是艺术家不可或缺的表现对象和审美对象。吴冠中在这一时期的有关形式美、抽象美的理论探索对于中国20世纪80年代的表现主义绘画、抽象主义绘画的发展，起到了引领作用。这也体现了具有创新性的美术理论对于推动美术创作的发展，具有重要的作用。

---

① 郎绍君、水天中编：《二十世纪中国美术文选》（下卷），上海书画出版社，1999年，第319页。

案例点击——中国画“笔墨等于零”
吴冠中《笔墨等于零》：

“脱离了具体画面的孤立的笔墨，其价值等于零。

我国传统绘画大都用笔、墨绘在纸或绢上，笔与墨是表现手法中的主体，因之评画必然涉及笔墨。逐渐，舍本求末，“人们往往孤立地评论笔墨。喧宾夺主，笔墨倒反成了作品优劣的标准。构成画面，其道多矣。点、线、块、面都是造形手段，黑、白、五彩，渲染无穷气氛。为求表达视觉美感及独特情思，作者寻找任何手段，不择手段。果真贴切地表达了作者的内心感受，成为杰作，其画面所使用的任何手段，或曰线、面，或曰笔、墨，或曰××，便具有点石成金的作用与价值。价值源于手法运用中之整体效益。威尼斯画家味洛内则(Veronese)指着泥泞的人行道说：我可以用这泥土色调表现一个金发少女。他道出了画面色彩运用之相对性，色彩效果诞生于色与色之间的相互作用。因之，就绘画中的色彩而言，孤立的颜色，赤、橙、黄、绿、青、蓝、紫，无所谓优劣，往往一块孤立的色看来是脏的，但在特定的画面中它却起了无以替代的效果。孤立的色无所谓优劣，则品评孤立的笔墨同样是没有意义的。”①

3.3 美术批评论文写作

3.3.1 美术批评的写作特点及意义

美术批评简单来说，就是运用一定的理论对美术家、美术作品、美术现象等进行分析和评价。美术批评有广义和狭义之分。“广义的美术批评，包括理论探讨和批评实践两个方面。具体来说，一是依据一定的审美标准对美术作品和美术家的分析和评价；二是分析和评价的理论标准，即批评的理论；三是在批评实践中所阐释出的有关美术的起源、本质、形态、创作、功能等一般原理，即面对美术现象所引发出的理论思辨。而狭义的美术批评，指实际的批评，即对美术作品本身和美术家的分析评价活动。”②广义的美术批评包含美术理论，甚至包含美术史的内容。我们这里讨论的，是狭义的美术批评，即所谓的“美术评论”，乃是对美术作品、美术家的分析评价活动。美术批评类论文与美术史论类的论文既有共同点，又有不同点。共同点是它们都需要建立在一定的理论基础之上，对美术作品或美术家展开分析和评价。比如美术史中对历史上某一画家的研究或者对其作品的分析，也就是美术批评。或者是结合美术作品分析展开的理论探讨活动，皆可以理解为美术批评。有些美术批评类的论文理论性较强、论据较为充分，也可以称为美术理论或美术史研究。“著名艺术史家文丘里在其《艺术批评史》中认为，艺术批评与艺术史之间不该有什么区别，因为后者就其本质而言必

① 吴冠中：《笔墨等于零》，《朵云》第54集，上海书画出版社，2001年，第101页。
② 李一：《中国古代美术批评史纲》，哈尔滨：黑龙江美术出版社，2000年，第5页。

定是判断性的。换言之，一切艺术史都是批评史。”① 邵大箴也认为：“文艺理论和批评实质上是一种认识和解释文艺史、文艺现实、文艺家和文艺作品，一句话认识和解释文艺世界的劳动。美术批评可以是历史的，即历史的批评；也可以是审美的，即审美的批评。美术批评也不排斥对艺术品的题材、故事、形式以至历史背景作出说明，在最后这种情况下，批评是服务于艺术家和艺术作品的，是为了艺术家的创造更好地为人所理解和欣赏，这种艺术批评正如许多人所公认的是‘教人阅读的艺术’”。②

那么它们之间有没有区别呢？我们平时怎么区分美术理论、美术史、美术批评类的论文呢？按照当前的认识，我们可以从以下几个方面对它们进行区分。首先，美术批评写作的目的与美术史论文章不同。美术批评类论文写作目的更多的是以挖掘、推介、宣传美术家为目的，特别是多侧重于对在世的美术家展开评论。研究者对古代美术家的研究，写作的论文通常归类为美术史或者美术理论论文，一般不会称为美术评论。比如李铸晋写作的《鹊华秋色图》一书，结合赵孟頫的《鹊华秋色图》对赵孟頫的绘画风格、艺术思想以及人格成就展开分析。虽然他写作的对象是画家赵孟頫及其作品，并分析了赵孟頫的艺术风格及特点，但我们称之为美术史研究，而不是美术批评研究。在当前艺术市场活跃的情况下，美术批评推介、宣传的成分更多，因此具有一定的商业性特点。其次，美术批评写作的方法与美术史论文章不同。上文已经讲过，美术批评类的文章具有较强的商业性特点，以宣传、推介为目的，就会具有一定的学术倾向性，导致批评家的评价不如美术史论类的文章客观。这种非客观性不能说是美术批评类文章的缺点，只是功能不同使然而已。因此在写作方法上带有更强的语气、感情色彩，语言表述、文章修辞较为华美，讲究节奏与布局。再次，美术批评写作的接受对象与美术史论文章不同。这种不同只是相对而言的，美术批评类的文章面对的对象是美术家、美术收藏爱好者或者美术理论家、美术史家，也面向一般的观众，受众面广。而美术史论类的论文受众对象多是美术史论研究者。美术史论文章写作越深入，受众面越窄。而美术批评类的文章则不然，其具有深入浅出的特点，受众较为广泛。

美术批评类文章有什么特点？可以归结为以下几个方面。

一、表达的情感性特点。美术批评最核心的是“批评”，“批评”从某种层面来说，即是带有主观性的一种态度。对于写作者来说，进行美术批评写作

---

① 沈语冰：《何谓艺术批评》，《新美术》，2003年第4期，第65页。

② 邵大箴：《美术史研究随想》，见卢辅圣主编，《中国画研究方法论》，上海书画出版社，2000年，第27页。

的时候，首先确定批评的对象，然后选择批评的方式，同时还要确立批评的态度。这种态度体现了写作者的内在情感或者好恶。所以没有绝对客观的美术批评，美术批评文章中往往体现写作者的态度或者观点。对于同样的作品，由于批评者所站的立场不同，就会得出不同的结果。这种不同的态度即是由批评者的情感决定的。批评者的情感来源于由其社会属性造成的艺术观念和理论背景。二、语言的多样性特点。美术批评类的文章在语言的表达方式上，可以采用多种多样的形式，可以是学术性很强的论文，也可以是散文式的、杂文式的甚至诗歌式的文学体裁。语言表述或者是具有极强逻辑性和理论性的表达，也可以是灵活的表达方式。只要能够把作者对于批评对象的态度表达出来即可。当然对于专业的批评家来说，并不满足于表达出对美术作品的态度，还要想方设法说服其他人认可或者接受他所确立的这种态度。比如我们看断臂维纳斯，没有受过任何美术训练的外行可能认为不美。如果有一个专业的美术批评家说这是一种“残缺的美”，并运用一种较容易接受的理论来说明这种残缺为什么是一种美，那么这种带有理论性的说明就是美术批评。美术批评的语言会根据写作者的情感需要及文章受众对象采取不同的形式。三、结构的灵活性特点。美术批评类的文章从语言上来讲具有多样性特点，从文章的结构上来讲，具有灵活性。从这一点上来讲，大多数美术批评类的文章并不像美术史或美术理论类学术论文一样具有极强的抽象性或者逻辑性，而是更加注重实效性与灵活性的特点。不同的批评家即使面对同一个画家的同一件作品，也会表达出不同的甚至是截然相反的观点，就像鲁迅说《红楼梦》，单单是从命意方面，就因读者眼光有种种，而呈现出差别。经学家看见《易》，道学家看见淫，才子看见缠绵，革命家看见排满，流言家看见宫闱秘事。这说明批评家作为观赏者因自身立场不同所感受到的审美意象是不一样的。艺术批评类文章的结构正因为如此可以是松散如散文，也可以是格律如诗歌，也可以是严谨如论文。文章结构可以是正叙的，也可以是倒叙的，可以是以点带面，也可以是以面带点，不一而足。

下面谈一下美术批评的意义。

谈及美术批评的意义，实际上是谈美术批评的作用和重要性。在当前，有少部分从事美术创作的美术工作者有贬低批评家的倾向或观点。究其原因，可谓多多。在当前，艺术市场的活跃促进了美术创作的发展。从事艺术创作的画家数量大得惊人，他们借助画廊、拍卖会或者私人收藏的推动，使当代的美术界呈现出一片繁荣景象。画家要推广、宣传自己的艺术作品，就需要举办展览、研讨会，需要美术批评家的介入。通过美术批评家的评论，来让专业人士确认该画家作品艺术价值几何。美术批评家就像是大众推选出来的民意代表，代表着美术爱好者、收藏家、美术史论研究者等几乎所有的受众群体，来进行检阅。但问题是这个“民意代表”有时候并不一定称职，特别是当请哪个批评家来研讨是由画展举办方确定的时候，批评家言论的客观性就大打折扣。有些画家也会找有名的批评家写作批评文章对其艺术价值进行宣传推介，并支付一定稿酬，那么“吃人嘴短”的批评家自然也就难以给予客观评价。“批评”变成了“鼓吹”。一旦这种方式变成了某种规则，批评家的身份就转变成画家的附庸并失去了独立客观的立场。这并不是美术批评的真正意义。

虽然美术批评具有很强的主观性和情感性特征，或者说具有强烈的个人主义色彩，但其评价还应该是批评家个人意志的真实表达，而不是说违心话、办违心事。真正好的批评家，往往不会受到商业因素的左右，而是忠实于自己的立场和判断。只要有艺术存在，美术批评就不会消失。正如贡布里希在其《木马沉思录》一书中所言：“艺术长存，而生命短暂。因此，一定程度的专门化在我们的领域里是不可避免的。然而，这至多是一种必不可免的弊端。瓦萨里曾写道，如果没有批评，没有风格理论，那么他就只能罗列作品名目。从某种意义上说，他写这话时甚至也没有看到情况的充分复杂。即使是罗列作品名目，他也力不从心。编目家并不对招牌广告画编制目录，但他会去对拉斐尔的画作编目。这也就是说，他依赖于批评家的评价。如果他不运用来自于风格理论的论据，那么他怎么能战胜那种以错误归属来损坏和歪曲大师形象的神话呢？”① 如果没有了艺术批评，那么艺术、艺术史、艺术理论也就不会存在了。

艺术史、艺术理论从某种意义上说，就是由写作者的批评贯穿而成的。希望当代从事美术批评的研究者能够在忠实于自身真实审美判断的基础上进行美术批评写作。最后需要指出的是，美术批评具有独立于美术之外的意义。美术批评文章不仅仅是面对画家的，也是面对大众的。当美术批评文章面对大众时，不同的受众群体会根据自身的文学功底对文章表述的内容进行解读，这种“解读”并不一定直接指向对美术作品的欣赏，有时候会因为“误读”产生文学性的审美体验或者社会性的哲理思考，这种体验和思考是阅读者产生的另外一种不是由美术作品承担的作用，这种作用就是美术批评文章的另一个意义所在。

案例点击——批评本身就是一种艺术

张敢《作为艺术家的批评家》：

“在艺术创作中批评家的地位是无可替代的。确切地讲，批评本身就是一种艺术，因此，批评家同样是具有创造力和独立精神的艺术家。王尔德指出：‘批评家与他所评论的

---

① [英]贡布里希：《木马沉思录》，徐一维译，北京大学出版社，1991年，第150页。

艺术作品之间的关系，同艺术家与形式和色彩的视觉世界或者情感和思想的非视觉世界之间的关系相同。批评家甚至不去为了自己艺术的完美而要求最好的原材料，任何东西都可以为他的目的服务。’的确，对批评家而言艺术作品只是他进行创作的一种提示，而他自己的作品与其所批评的作品完全不必有任何的相似性。所以，批评家可以完全撇开艺术家的观点和看法，而通过其作品来阐述自己的思想。和艺术家需要拥有强烈的个性一样，批评家同样需要个性，只有这样才能解释别人的个性和作品；批评家的个性在解释中表现得越有力，这种解释就显得越真实、越令人信服。”

“要成为一位优秀的批评家应该具备哪些素质呢？除了大家都很清楚的，丰富的艺术史知识、良好的艺术判断力和敏锐的时代感之外，批评家还应该具有一种对待艺术的真诚的责任感，其中包括用艺术来对整个社会和民族进行服务的意识。批评家应该坚持自己的学术责任和理想，不能为表面现象所迷惑。例如，在今天艺术市场繁荣的表象下，能否看到其中存在的问题？能否理性地针对这些问题提出自己的分析和见解？这是非常值得深思的。最后，批评家应该具有非常开阔的学术视野。艺术发展到今天，已经日益全球化，只有同外国各民族的艺术发生接触，一个国家的艺术才能获得被我们称为民族性的独立的生命。因此，批评家开放的态度对艺术家思想的解放会起到很好的引领作用。只有具备了这些素质，批评家才能真正成为一位艺术家，艺术批评才能具有其特有的价值和生命力。”①

3.3.2 美术批评写作要点

一、美术批评的立场

批评作为一种评价活动，首先要明确批评立场。批评毕竟是一种主观性很强的活动。美术批评的前提是对自己的专业背景、社会背景有清楚的了解，在此基础上确立批评的立场，也就是运用什么样的观念、切入什么样的角度的问题，当然也包括批评的深入、强度等问题。和批评立场相关的因素有很多，其中最关键的因素是人的因素，也就是说批评者作为一个具有社会属性的人，其人生经历、专业学习背景的不同决定了其审美的态度和立场。这种差别也是艺术风格和流派形成的一个主要的原因。由社会环境造成的审美差异会决定一个人的判断，当然也会影响批评的立场。在1929年第一届全国美术展览会《美展会刊》中，徐悲鸿曾经撰文《惑》对当时美展中展出塞尚、马蒂斯等人的作品提出批评，认为这些现代派画家之作品是“无耻之作”，“彼等之画一小时可作两幅”，乃是借助画商操纵宣传而为，是“卑鄙昏聩黑暗堕落”之类②。徐悲鸿之所以对如塞尚、马蒂斯的艺术表现出极度的厌恶与批评，与其学习经历及艺术观念有直接的关系。在这一时期，徐悲鸿对中国古代绘画中文人写意画提出批评，并主张借助西洋写实精神改良中国画。其油画的创作风格，也是写实主义的。他在《惑》这篇文章中，对全国美术展览中展出塞尚、马蒂斯作品的态度即是其立场的体现。与徐悲

① 张敢：《作为艺术家的批评家》，《美术观察》，2010年第5期。

② 郎绍君、水天中编：《二十世纪中国美术文选》（上卷），上海书画出版社，1999年，第201页。

鸿相反，徐志摩作为吸收了西方浪漫主义与唯美主义的诗人、文学家，则对塞尚等现代派美术推崇备至，并写作《我也“惑”》对徐悲鸿的观点进行批驳。认为艺术风尚之变迁是一种耐人寻味的社会与心理现象。这种风尚的变化，源于“人性好变动，喜新异”。批评应该是有根据的，这种根据是“活的感觉，不是死的法则”[①]。徐志摩通过文章对徐悲鸿的批评观点进行了反驳。徐悲鸿在看到这篇文章后，又写作《“惑”之不解》提出文艺之大忌，是庸俗。“美术之大道，在追索自然。一切comention须打倒，不仅四王。”[②]通过这一句话可以看出，徐悲鸿批评西方塞尚、马蒂斯的根源在于他们的艺术不“追索自然”，这种违反自然规律法则的绘画与中国绘画中“四王”的山水一样，没有价值。徐悲鸿与徐志摩二人对于塞尚等西方现代派画家的艺术之所以有如此不同的看法，根源还是在于二人的思想观念的不同。

任何一个人都无法逃避自身所处的立场，或者说“我手写我口”，只能表达自己的思想感情。美术批评作为主观性很强的艺术活动，批评者的思想观念决定了批评的立场。我们作为写作者和批评者，不管是对自己的作品还是对他人的作品进行评价，必须要明确自身的立场。正如上文中徐悲鸿对塞尚的批评，来源于其对写实主义绘画的追捧，这种观念自然也就使其否定了塞尚艺术的成就。美术批评的艺术作品，多数是并没有历史定论的当代创作，更需要对自己的批评立场进行反思并避免过于偏激的观点。与其他同行进行讨论并把自己的评价说出来，是一种很好的反思方式。我们应该积极主动地与持反面意见的人交流，通过碰撞来检测自己艺术立场的客观性。

二、美术批评的方法。

有一句俗语叫“以势服人口，以理服人心”，还有一句叫“有理走遍天下，无理寸步难行”。想要说服别人，自己要首先有理。美术批评需要确立批评立场或观念，还要确立批评的方法。也就是怎么样通过语言的组织与逻辑性地表达把事情说清楚。美术批评的方法有很多，切入的方式有多种。王林在《美术批评方法论》中认为美术批评的方法不外乎两个方面：批评思路和写作方式。批评思路归结为两种，即人文主义与科学主义。“从根本上讲，批评思路不能脱离影响当下精神生活与艺术创作的文化思潮特别是哲学、美学思潮，当代影响最大的哲学、美学思潮大致可以分为两类：人文主义与科学主义。前者以人为本，后者以

---

① 郎绍君、水天中编：《二十世纪中国美术文选》（上卷），上海书画出版社，1999年，第208页。

② 郎绍君、水天中编：《二十世纪中国美术文选》（上卷），上海书画出版社，1999年，第222页。

科学规范艺术。人文主义思潮倾向于社会学方向，形成人文——社会批评思路，倾向心理学方向的则形成精神——心理论的批评思路。科学主义思潮主要体现在形式——结构论的批评思路之中，而倾向于文化学方向的艺术批评，则结合上述批评思路而形成文化——身份论的批评。人文主义思潮源于西方人文主义传统，不同的是对理性的反省和非理性的注重，具有非理性转向的特点。科学主义思潮来自自然科学的逻辑方法，不同的是从认识论到本体论，从追求本质到对认识本身进行认识，即所谓'语言学转向'。语言学转向亦影响人文主义思潮，渗透到文化——身份论的批评思路中"①。基于这种认识，他把美术批评的理论思路（方法）归结为以下几种：人文——社会论批评；精神——心理论批评；形式——结构论批评；文化—身份论批评。

以上各种批评的方法具有很大的差异性。在当前，科学与人文的界限走向模糊，或者说二者的对立关系正走向消亡，这为分类带来难度。比如心理学方向的"精神——心理论"的批评思路，以往我们以为是人文的批评方法，带有很强的主观色彩。随着临床心理学与实验心理学的不断发展，心理学与精神分析学在当前具有了很强的科学性色彩。比如奥地利著名的精神分析学家弗洛伊德，作为精神分析学派的创始人，写作了《列奥纳多·达·芬奇和他童年时代的一次回忆》一书，结合达·芬奇的手稿、草图、绘画作品等对达·芬奇潜在心理特征、精神特征进行了深入的分析，认为达·芬奇童年性欲潜意识对后来的创作产生了决定性影响。我们且不说这种分析的真实性，这种结合画家潜意识、精神心理状况对艺术作品进行分析的方式为后来的研究者开辟了新的思路。历史上有名的批评家往往都会确立一种批评方法，这种方法反映了批评家的批评立场。另外比如还有形式主义的批评方法。其中最具代表性的如克里夫·贝尔（Clive Bell），他认为艺术作品的基本性质是线条、块面、色彩等形式因素之间的排列、组合关系，它们能够打动观众，引起人们的审美情感，这种审美情感不同于生活中的普通情感，是艺术家创造的关于形式和形式意味的审美情感，这种审美的感人的形式，称为"有意味的形式"。贝尔的这种形式论对后来的批评家产生了广泛的影响，他的贡献在于肯定了内容、题材之外的画面形式独立的美感价值。

简而言之，美术批评的方法有很多种，可以尝试选择最熟悉的运用到美术批评的写作中去。为了便于理解形形色色的批评方法，我们可以把美术批评的方式简单归结为艺术作品论、艺术家论、社会论三个方面。艺术作品是艺术批评的中心。美术批评就可以是对美术作品的分析、研究、评价。可以运用形式主义、

---

① 王林：《美术批评方法论》，重庆：西南师范大学出版社，2006年，第26页。

精神分析、结构主义、风格主义等各种方法对批评的美术作品进行评价。同样，艺术家作为艺术作品的创作者，在美术批评中是批评的直接接受对象，那么美术批评也是对艺术家创作思想、艺术观念、创作方式的分析与评价。社会论也是如此。美术作品的创作者和评价者都是具有社会性的人，不管是创作的过程还是批评的过程，都包涵了社会性的因素，因此在评价环节应该考虑到社会属性对创作及评价的重要影响。围绕这几个方面进行美术批评的写作，就容易展开。

三、美术批评的标准

孟子言“口之于味，有同嗜焉”。人们的审美趋向具有普遍性。就如看到壮美山川、长河落日，总会产生感叹之情。自然之景如此，艺术也是如此。造型写实逼真的风景画、静物画总会让人感叹艺术家高超的技艺和画面所呈现出来的美感。但也有人会无动于衷，或者提出反面意见。比如批评家看到写实的风景画作品，若是感觉意境、造型、构图没有创新之处，画面色彩也不够雅致，和名作比较技法上又有许多漏洞，自然会提出批评。这种批评不是因为画面不够美，而是评价的角度不同而已。或同一个人藏有一件名作，心情好时拿出来观赏，美不胜收，若是心情不好时拿出来，说不定会顿生厌恶。画还是那幅画，之所以有这种差别，乃是因为心情、感觉此一时彼一时而已。

蔡元培《美术批评的相对性》中认为，美术批评除了“有目共赏”的普遍性之外，还有一定的相对性。美术批评受到很多因素的影响。第一是习惯与新奇。对于新奇外来之物，开始不习惯，难以接受，接触几次，习惯了，就觉得能接受了。反之又有一种习久生厌的心理。一个常住城里的人，突然到了乡下，顿觉清幽，时间一长，则难以忍耐寂寞。美术批评中或惯于派别不同的而严于派别相同的，起于此心理。第二是失望与失惊。就是平素有所闻名的作家，以为必有过人的特色，见到后觉得不过尔尔。所见不逮所闻，未免失望。又有素不相识的，突然一见，分外惊奇。第三是阿好与避嫌。阿好也就是批评家见到与自己有交情的画家，就取善之的态度，反之亦然。第四是雷同与立异。对于有名的画家，批评家也会趋附于众人之评价。但也有批评家故意标新立异者。第五是陈列品的位置与叙次。也就是陈设环境对观赏者的审美体现有影响。[①] 蔡元培通过以上几点，指出了美术批评并不是绝对的，受到很多因素的影响。

四、美术批评的语言

我们应该认识到，美术批评作为承载学术性、商业性、大众性的文体，具有自身的语言修辞特点。它不同于严格的学术论文，写作的语言不能过于抽象与

① 郎绍君、水天中编：《二十世纪中国美术文选》（上卷），上海书画出版社，1999年，第195—196页。

虚悬。应该在了解写作对象和阅读对象的前提下，考虑运用既具有逻辑性同时又不乏味的语言，把想要说的话表述清楚。美术批评类文章的阅读对象有艺术家，也有美术史论研究者，也有普通大众。这种群体的多样性决定了美术批评的写作语言既要顾及逻辑性，又要注意行文的节奏美感，或者说诗性，也可以理解为可读性。美术评论的写作应该避免故意拉开与大众的距离，站在高处以所谓“专家”的身份评头论足。艺术评论类文章是沟通艺术家、大众、理论家的桥梁，应该注重不同领域之间的交往与认同。在这一过程中，“大家以平等的姿态进行接触，倾听他人的观点，进行必须的论争。艺术批评家要放下自己的身架，不要把自己当作全知全能者,或是什么先知，而是做一个积极的沟通和解释者，而广大公众面对当代艺术也无须过于紧张，完全可以自由地发表意见。当代艺术作品已经不再局限于传统的美学领域，而是延伸到广阔的文化领域，对于其批评也不是少数人的专利，而是公共交往的天地”①。美术批评的语言既要考虑到学术性与理性，同时又要考虑到平实性，还要考虑到语言的美感与可读性。正如王林所言“批评语言乃是一种特殊的文学语言，它应该有诗化的体验和感情的投入”②，是运用理性思维表达感性审美体验的过程。

专业的美术评论家会根据评论对象的不同选择不同的语言表达方式。评论油画、国画、雕塑，运用不同的语言和修辞，结合画种的特点进行写作。中央美术学院教授薛永年为阮荣春画展写作的前言《近之论画者》，就是充分考虑到了中国传统绘画中诗书画一体的特点，运用文言文进行写作，来表达对阮荣春山水画风格中传统因素的认可。言“近之论山水画者，每离丘壑而倡笔墨，舍境界而崇气韵。虽于笔墨如零之论，不无矫枉之功，而矫枉过正，虽使浅学者流，漠视造化，枯竭心源。所作山水，丘壑雷同，境象重复”。③ 他之所以采用文言的写作方式，反映了其对中国当代山水画创作中背离传统的担忧与焦虑。从这一方面来看，语言和修辞也反映出了批评家的态度。另一方面，美术评论的语言不宜过于偏激。如果语言过于偏激，暗含讥讽与嘲笑，变成带有偏见的人身攻击，就会失去评论的意义。因此，即使是看到与己见不合的观点，也应该运用充分的论据与逻辑思辨能力“以理服人”，通过这种方式达到推动美术提高进步的目的。

① 汪涤：《交往与认同：当代艺术批评的意义》，《上海艺术家》，2003年第2期，第23页。
② 王林：《美术批评方法论》，重庆：西南师范大学出版社，2006年，第70页。
③ 薛永年：《近之论画者》，阮荣春画展前言，来源：雅昌艺术网专稿。

案例点击——艺术批评的三个阶段

沈语冰《何谓艺术批评——论现代艺术体系的形成与艺术批评的兴起》：

艺术批评的三个阶段：描述（description）、解释（interpretation）、评价（evaluation）

1.描述。通常，批评家的第一件工作就是描述。这项工作并没有常人想象的那么简单。因为，它涉及的根本上是将一种视觉语言翻译为一种言语语言。而这已被证明是一项十分困难的工作。许多艺术史家与批评家甚至同意，卷入其中的可能是西方哲学的最基本问题，即词与物的关系。但是，描述对象并非读者所能从批评家那里期望得到的唯一的东西。

2.解释。批评家的工作部分地是要确保一件艺术品能够得到真正的理解。因此需要解释。需要解释的因素很多，但主要地涉及诸如神话、历史与典故、仪式以及象征等。

3.评价。这是艺术批评中最难界定、最多争议的地方。因为形式主义批评与各种内容批评（马克思主义、心理分析学派、女权主义等）之间旷日持久的争论，以及所谓的现代主义与后现代主义之争而变得更加扑朔迷离。①

3.4 美术学论文例文评析

例文1 美术史论文

赤壁图的范式及其演变

作者 高宗帅

摘要： 赤壁图在绘画中是经常被表现的主题。主要的文本根据是苏轼在黄州时所作的《前赤壁赋》、《后赤壁赋》。在其表现形式上，形成了叙事性表现和主题性表现两种不同的范式。此两种范式有很强的稳定性，但是在不同的历史时期也有些微的改造和变化，这与时代状况密切相关。笔者在尽量广泛收集资料的基础上，企图考察赤壁图范式的形成以及其在不同时代的演变。这其中必然也会涉及画面中的人物、舟船、山水等要素以及与画面形成相关的历史、文学、戏曲等内容。

关键词： 赤壁图；后赤壁赋；苏东坡；范式

苏轼黄州赤壁是文学史上不断咏叹的主题，在绘画史上也被反复图写。赤壁图所依据的文本为《前赤壁赋》、《后赤壁赋》。赤壁赋图范式结构固定，但是也并非一成不变，有一定程度的改造。这与历史背景和当时的流行文化密切相关。

① 沈语冰：《何谓艺术批评——论现代艺术体系的形成与艺术批评的兴起》，《新美术》，2002年第4期，第66页。

赤壁图，可以分为前赤壁赋图和后赤壁图两种，并衍生出赤壁夜游图、东坡乐水图等子种。也可以分为叙事性表现和主题性表现两类。叙事性表现就是采用异时同幅的形式分场景讲述《赤壁赋》的“故事”。主题性表现是指在选取《赤壁赋》中描绘的具体某一场景情节进行突出表现。

一、叙事性赤壁图及赤壁图范式的形成

叙事性赤壁图，最有名的也是现存历史最久的是现藏于纳尔逊美术馆的乔仲常《后赤壁图卷》。乔仲常根据《后赤壁赋》所述绘成此卷。画面全卷分八个场景，每一个场景都用山体将画面分割开来，并用原文作注。

乔仲常此卷《后赤壁图卷》已经确立了赤壁图叙事性表现的范式。后代作品都受此影响。此范式的确立与中国成熟的人物画传统有深刻的渊源。人物形象延续了南北朝以来的高士画的传统，故意将苏轼形象表现得大于从客。故事题材则直接来自《后赤壁赋》。

此范式强烈地影响了文徵明《仿赵伯骕后赤壁图卷》。文徵明此卷情节与乔基本相似。文徵明卷继承了其画面元素，如两卷中均有“马棚”而在《赤壁赋》中并无提及此。而在人物形象等方面却有与时俱进的改造。

文嘉在文徵明卷后的题跋中说：“后赤壁图乃宋时画院中题，故赵伯骕伯驹皆常写，而予皆及见之。若吴中所藏则伯骕本也。”可见叙事性的赤壁图在宋代画院中相当的流行。从跋文中，我们也可知文徵明此卷应较好地保持了赵伯骕《后赤壁图卷》的风韵。

从乔仲常卷到赵伯骕到文徵明，叙事性的赤壁图相当稳定地延续了乔仲常卷所确立的范式，但人物和情节场景等方面却在与时俱进。

乔仲常卷确立了叙事性赤壁图的范式，也成为主题性赤壁图表现的重要范式来源。如《文徵明书后赤壁赋 顾大典画图》，其画面挪动了乔仲常卷的第一景。但也在山体人物排布方面进行了一定的改造。

顾大典卷的情况反映出乔仲常卷《后赤壁图》在明代的影响力依旧深刻而强大。同时也反映出，叙述性赤壁图范式对主题性赤壁图的创作也有着深刻的影响。赤壁图的两种范式系统之间也是相互影响的。

二、 主题性赤壁图

主题性赤壁图最为常见，它不同于叙事性赤壁图，后者继承了风俗画和人物画的传统，而前者则反映了北宋以来的山水画转向。主题性赤壁图的画面元素为小舟、游客三五人，山、水。

南宋赤壁图大量流行。这与政治运作十分相关。南宋的赤壁图极具时代特色。画面多为边角式构图，巨大的山体并没有完全显露在画面中，反而仅露其山

脚。但是通过人物仰望的动态暗示出了山体的高大。这也与南宋山水画的风格相关。

元代赤壁图不再流行。明代，赤壁图重新成为流行的主题。在文学上，黄仲昭、李东阳、何景明等均有创作。在绘画上，被广泛表现。明清，赤壁图延续了宋元以来的范式传统，并被广泛应用于工艺美术创作中。

在赤壁图范式形成演进的过程中，画面元素，成为其范式的重要部分，且固定性强，但是这些元素也随着时代的演进而不断变化。其中最重要的画面元素为苏轼及其同游者。此外，画面中其他元素比如：东坡帽子、船以及赤壁山。

三、同游者

前后《赤壁赋》均为苏东坡两次赤壁之游后的创作，根据赋文内容及相关研究，我们可以确定，后《赤壁赋》为三人同游，《前赤壁赋》为两人同游。但是现存《赤壁图》均为三人同游甚至更多。

三人同游为固定范式，但是同游者为哪三人，我们无从得知。早期赤壁图中，只有东坡身份比较明显，其余两人形象概括，无身份识别标志。但后来，同游三人的具体身份渐渐被确定。明人魏学洢所作的《核舟记》中明确指出三人组合为苏轼、佛印和黄鲁直。

佛印确有其人，且与苏东坡有交往，但两人并无共游赤壁。佛印身份在赤壁图中的确立是源于世俗文学的影响。

在正史中少有涉及东坡与佛印的交往细节，但在宋代世俗文学中却大量出现。《东坡问答录》中记录了苏轼、佛印之间的一些机智对答，但基本属于附会。除此之外，宋代世俗文学对两人交情也多有表现，如《佛印烧猪待东坡》、《五戒祖师私红莲记》等。

佛印进入苏轼的赤壁游中是在元代。元代无名氏的《苏子瞻醉写赤壁赋》就描写了佛印、黄鲁直拜访苏轼共游赤壁的情节。这一传统在其他的东坡戏中也得到了延续，并在明清时候真正成熟。明代许潮《赤壁游》，以及清代车江英的《游赤壁》等戏曲中都延续了以上形式。

本来确定此三人同游可能是为了在戏曲中引入更多机智问答的成分。但是最终却确立了佛印在赤壁游中同游者的地位。从宋代的话本到元代的杂剧，世俗文化对此颇有执迷。因此同游三人的身份确认是自下而上的过程。

四、画面元素：东坡帽、船及瀑布

除了人物形象，画面中其他元素也具固定性，这些固定元素的表现也常常随着时代的变化而变化。

在较早的前赤壁图中常见桌子和食物，但之后却常被省略。明代部分赤壁图中也会出现桌子。但是这时候桌子上已不放食物。这种变化与时人对《赤壁赋》的理解有关。“吾与子所共适”的原本为“吾与子所共食”。南宋人勘书笔记有意改“食”为“适”，并得到广泛认同。后人摹写古人图画，见其中有桌，故也曾置桌于舟中。但不能意会“食”之含义，故而不置食物，或改置他物。

苏东坡的装束，在宋代文学笔记中多有记载。后人将《宋名臣言行录》中东坡所戴“幅巾”典型化为“东坡巾”。南宋，院画《赤壁图》，东坡头戴“东坡巾”形象十分固定。这与赤壁图已转变为样式化的观水图极其相关。南宋的赤壁图范式为后代广泛摹写，由此，“东坡巾”成为苏轼的身份标志。

宋金赤壁图中，苏轼所乘的船为乌篷小舟。明代，乌篷船则更为常见。元代，赤壁图不流行，但是渔隐图、渔父图却十分流行，图中船均为乌篷船。明代的赤壁图中的小船正是借鉴了元代渔父图中的乌篷船样式。

明清赤壁图中，山体上出现了新元素——水流和瀑布。这一元素的出现与对文武赤壁的讨论和考证有关。

苏轼《赤壁赋》所描写的赤壁是不是当年周瑜破曹之赤壁？争论在宋代就已开始。苏轼自己也不确定。北宋诗人张耒有详细考证，认为东坡所说赤壁（即文赤壁）并非三国赤壁（即武赤壁）。

明清，随着地理书籍的编撰和出版，人们对文武赤壁进行区分和考证的兴趣浓厚。这类地理书籍中的版画插图对赤壁图的创作产生了一定的影响。

清雍正四年的《钦定古今图书集成》中载有版画文武赤壁图。比较两图，武赤壁图比文赤壁图多出了山涧瀑布。清人沈锡龄的《天下名山图咏》、明代何镗的《名山图》均与此一致。根据考证，在赤壁山中加入瀑布始于蓝瑛。

然而，东坡当日所游应为文赤壁，为什么武赤壁中特有的元素——瀑布——会出现在东坡赤壁图中？这从《三才图会》中可找到答案。此书中武赤壁插图中，出现了苏轼游览赤壁，而文赤壁图中却没有。由此可知，当时人们并不热衷于文赤壁山的样式，并不追求还原苏轼游览赤壁的历史真实原景，而是更偏向于将苏轼赤壁之游安排在武赤壁山的场景中。因而，武赤壁中特有的瀑布就被引入了赤壁图中，并被强调表现。

五、总结

赤壁图历史悠久、表现形式固定。叙事性的赤壁图源于风俗故事画传统，并对后代的叙事性和主题性赤壁图产生了重要影响。主题性赤壁图范式源于北宋山水画传统，并受叙事性赤壁图的影响。南宋画院使主题性赤壁图不断演变并样式化，使得该范式更为成熟。但是历代在表现这种范式的时候往往会结合其时代思想。同游者的演化，画面中其他元素的添加和删减，都与当时世俗文学、文人考据、对东坡及东坡故事形象的认识有着极为深刻的关系。

参考文献：

[1] 朱熹,李幼武编.宋名臣言行录[M].和刻本.

[2] 傅藻东坡纪年录.四库全书本[M].

[3] 苏轼.东坡志林.赵学智校注[M].西安:三秦出版社.2003.

[4] 林语堂.苏东坡传[M].西安：陕西师范大学出版社.2009.

[5] 孔凡礼.苏轼年谱[M].北京:中华书局.1998.

[6] 胡绍宗.山水图像与地域人文历史——以“赤壁图”为例[J].装饰.2009（11）.

评析

资料是研究的基础，广泛地搜集资料是本文写作的基础。作者以《赤壁图》作为研究对象，企图考察赤壁图范式的形成以及其在不同时代的演变。为此作者翻阅搜集了不同历史时期的《赤壁图》，并重点关注了几幅重要作品。在广泛搜集资料之后，作者对资料进行了分类，将研究对象分为叙事性和主题性两大类。然后，按照时间和“亲缘”关系分别叙述了此两种范式形成的过程及其演变的规律。在分别研究的基础上，注意两个不同范式传统之间的相互影响。案例研究及专题性研究必须广泛扩展思路，要注重环境因素、社会因素对该历史事件、人物、事物出现的前因后果造成的影响。该论文在研究《赤壁图》的同时，关注画面中相同元素的时代演变关系，并结合历史文化背景与相关研究解释这种演变所产生的原因。这样一篇主题性的文章就可以视为一段历史的纵剖面，而对绘画的研究，也扩展为文化研究的一部分。

例文2 美术理论论文

从丧葬礼仪看汉代人对死亡的干预：兼论肉体与灵魂的两重性问题

作者：赵盼超

摘要：论文首先论述了古代人对死亡的认识及灵魂不灭观对丧葬礼仪的影响，然后，结合古人对灵魂与肉体两重性认识的变迁，特别是通过比较先秦和汉代在这一问题上认识的不同，辅以汉代丧葬礼仪及出土的墓葬品资料，论述了汉代人是如何在灵魂和肉体两个方面对死者的灵魂进行干预的。

关键词：丧葬礼仪；汉代；死亡干预；肉体；灵魂

在中国古代，丧葬一直是人们社会生活的重要组成部分，丧葬礼仪的演化，直接反映出了不同的历史时期人们对死亡的认识。这种对死亡的认识，主要体现在人们对灵魂是否存在、以何种形式存在、灵魂与肉体是何种关系、亡人的灵魂是否对现世的人有影响的认识上。整个先秦时期，在对人死后灵魂是否存在问题上，大多是认为人死后灵魂是存在的，并且认为人死后灵魂是不灭的，只不过到了另外一个世界中去继续存在并且对现世的人们产生影响。这种灵魂不灭的观念到了汉代继续得到了发展，并且因为后来道教和佛教的参与增加了新的内涵。

既然古代人认为灵魂是不灭的，那么他们如何看待死亡？这样，问题的重心就回到肉体与精神的两重性上。我们可以想见，在远古时期，人们还没有认识到可以通过医疗手段来治疗疾病，他们一定认为人的死亡只是人的灵魂离开了肉体，从而导致了一个鲜活的生命突然形如枯槁。这种对肉体与精神的两重性的认识一定对灵魂不灭的观念产生了深刻的影响，并且与祖先崇拜融合在一起，形成了最原始的鬼神观并一直延续下来。这样一来，认为人之所以具有生命是因为肉体与精神的结合，而人的死亡就是肉体与精神的分离的观念被确立下来。可见，在先秦时期，认为只有肉体和精神结合才可以成为一个活的生命个体的观念是相当普遍的，这一观念也导致他们认为，如果让肉体和灵魂重新结合的话，一个"死人"便可以重新变成具有生命的个体而继续存在，这也许就是古人为什么对死亡进行干预的重要原因。

人死以后，灵魂要飞升，肉体要腐朽，对死亡的干预就从招魂、保护肉体这两个角度来展开。

一、对死后灵魂的干预——招魂

"招魂"(或称"复")是古代丧葬礼仪中的一个重要组成部分。"招魂"实际上可以看成是一个人由生到死的过渡阶段，在这一阶段，生者就有义务在死者灵魂将要离去的时候，进行主动的干预，从而让死者的灵魂重新引导回肉体(也许生者的孝心主要还是体现在这一方面)，这与其说为了让死者复生，还不如说为了让死者具有更大的完整性，这种灵魂与肉体的完整性，正是死者进入另外一个世界所必需的一个条件。

当然，不可忽视的是，对于招魂的目的，先秦时期和汉代有了很大的差别，这种差别主要还是体现在灵魂的自由度上，也就是说，生者在多大程度上对死者的灵魂进行了干预。在先秦时期，人死后的灵魂具有更大的自由性，这主要体现在老子与庄子对人死后灵魂与肉体两重性的理解上，他们认为，人的肉体是要腐朽的，而肉体的腐朽让灵魂得到了自由和解脱，从而达到更高的境界。这种观念一定在先秦时期具有普遍意义，我们可以从出土的这一时期的墓葬中看到这些观念的反映。比如在曾侯乙墓的棺材上，有一个方形的小口，实际上，这一小口就是留着供墓主人的灵魂自由出入的，也就是说，在此一时期，人死后的灵魂并不一定完全依赖肉体而存在。如果我们拿河北满城出土的西汉初期中山靖王刘胜的棺材形制与战国时期曾侯乙墓的棺材形制进行对照，我们会发现到了西汉初期，这个供灵魂出入的小口消失了，这一变化明确告诉我们，在汉代至少是初期，人们对肉体与灵魂的两重性认识发生了明显的变化，主要体现在：人们已经不再认为单靠灵魂的飞升就可以到达另外一个时空，而是必须要让死者的灵魂重新回归到肉体，从而让“死者”的灵魂与肉体重新结合。这样一来，“死者”就具有了与“生者”同样的甚至高于生者的特性，这种特性决定了死者不仅仅可以继续享受生前所享受的奢靡生活，而且更为重要的是，还可以达到高于现世的长生不死的目的。这种由“生”到“死”又由“死”到“生”的转化不仅仅体现了生者对死者的尊重，而且也体现了生者对生前无法实现的理想(比如长生、成仙等无法于生前满足)寄希望于死后实现的愿望。由此，“招魂归魄”的目的就不再是让死者重新变成一个现世的“活人”而是变成一个可以完整地在另外一个时空里继续存在的“活人”。这也许就是汉代与以前相比，对肉体的关注程度要明显高于以前的真正原因。

另外，汉代对灵魂与肉体关系认识的变化还可以从其他丧葬的程序中看到，比如“饭含”。早在先秦时期，这种“饭含”的仪式就已经存在，并且一直持续到汉代。“饭含”除了用米、稻之外，用贝、玉也非常普遍，他们认为含玉可以在某种程度上防止肉体腐朽。虽然在汉代延续了“饭含”这一风俗，但从汉代出土的墓葬来看，汉代的“饭含”与先秦时期已经有了很大的不同，这种不同主要体现在由在口中塞玉变为在死者的口、鼻、眼、耳等九窍塞玉，从而让“饭含”仪式变成了“封塞九窍”，这一变化暗示了汉代塞玉已经发展并赋予了塞玉更多的含义。从汉代的丧葬程序看，“封塞九窍”的仪式正好发生在“招魂”仪式以后，如果我们用运动的视角看这一问题，就很容易得出结论，用玉塞“封塞九窍”正是为了防止刚刚被招回的灵魂重新外泄。

二、对肉体的干预——防腐

在古埃及时期，人们认为人死后灵魂仍然继续存在，他们必须保留死者的肉体以供灵魂栖居，从而发明了尸体防腐的技术和木乃伊。在中国，对人死后肉体的保护意识没有古埃及那么强烈，这与中国古代的哲学背景有一定关系，不管是儒、道、释都不注重人死后的肉体保护，儒家更注重现世，道家更注重的是人的精神世界，而佛教传入中国以后，主张人只有摆脱肉体的束缚人才可以托生转世，直接对中国古代的丧葬礼仪进行了一次大的洗礼，从而遏制了汉代的厚葬之风。汉代人对肉体与灵魂两重性认识和先秦时期相比，发生了很大的变化，那就是，在他们认同了人死后灵魂是不朽的这一前提下，把关注的重心放到了对死者肉体的保护上，这种对肉体的保护具有两重含义，一方面可以让招回的灵魂有栖居之地，另一方面，他们认为肉体与灵魂的结合可以让死者得到双重幸福。

为了防止肉体的腐朽，汉代人采取了很多措施，除了采取多重棺椁和在棺椁外用厚厚的木炭和白膏泥密封外，还对尸体进行了很多防腐工作，比如在“小敛”时给死者穿上一层一层的外衣，从马王堆1号汉墓看，墓主人身上先后被20层各式衣着和衾被包裹，然后用布条带捆扎并盖上两层棉袍，从而把死者严严地包裹到了里边。除此以外，“玉衣”是汉代对死者肉体进行保护的最好例证。玉在中国古代文化中具有独特的内涵，那就是古人认为如果在尸体上放置玉，可以寒尸，从而防止肉体的腐朽。英国学者罗森(Jessica Rawson)在她的《中国古代的艺术与文化》一书中，谈到了“玉衣”的功能，她认为“(玉衣)紧密相连的玉片可能被认为能形成保护，是防御魔鬼与灵魂的盔甲。……还有可能是因为一种比喻——玉的永恒性可能保护穿戴它的人并使其不朽”。

河北满城汉墓中山靖王刘胜和其妻子窦绾的“玉衣”是迄今为止最早也是保存最完整的“玉衣”。这两个人的尸体除了用玉塞“封塞九窍”和用玉璧遮盖胸部外，还用“玉衣”完整地把尸体严严地包裹起来，如果结合我们上文对“招魂”的论述，这种从头到脚完全封闭的“玉衣”，就具有了两重含义，一是防止肉体腐朽，二是在肉体的九窍被封塞以后，又采取的另外的防止灵魂外泄的措施。如果结合同一时期的马王堆1号对尸体防护(这具女尸可能是现在发现的保存最好的古代尸体)，包括20层敛衣，4层内棺，就不难得出结论，汉代人对死者肉体的保护可谓煞费苦心。

总之，对死亡的干预和对人的灵魂、肉体两重性认识是互为表里的关系，死亡干预是手段，对人灵魂与肉体两重性的认识是内因。这种对人的灵魂与肉体的两重性认识促使汉代人认为只有让人的灵魂和肉体重新结合，才可以赋予死者“第二次生命”，这样，在灵魂不灭的前提下，自然把关注的重点放到了如何保证肉体不朽和如何让灵魂与肉体再次结合这一问题上，这些问题的解决方式在汉代丧葬礼仪的各个环节如“招魂”、“饭含”、“小敛”、棺木形制以及墓室结构中集中体现出来，从而形成了一个完整的体系。由此，死者就这样在生者对其死亡的干预中，完成了从“死”到“生”的转化，灵魂和肉体重新合而为一，达到一种阴界与阳界的平衡，既可以在死后享受世间的荣华，又可以让灵魂不灭、肉体不腐，从而超越了自然死亡的“大限”。

评析

近几年来，美术学的研究领域与研究方法不断拓展，不同的研究者结合自身研究背景从不同视角展开对古今美术现象、美术事件、美术史实的研究，并取得可喜的成绩。借助美术学新领域的探索，可以开阔美术学研究的思维，探索美术学研究的新观念及新方法，并使得美术学研究的内涵不断丰富、外延不断拓展，逐步与其他学科实现复合式交叉。这也是当前人文学科研究呈现出的新趋势。

该论文涉及概念较多，采取了“主、副标题”的形式。首先论述了古代人对死亡的认识及灵魂不灭观对丧葬礼仪的影响，然后，结合古人对灵魂与肉体两重性认识的变迁，特别是通过比较先秦和汉代在这一问题上认识的不同，辅以汉代丧葬礼仪及出土的墓葬品资料，论述了汉代人是如何在灵魂和肉体两个方面对死者的灵魂进行干预的。结构上采取“总—分—总”的模式。在论文主体部分，分成“招魂（对死后灵魂的干预）”、“防腐（对死后肉体的干预）”两个部分，结合考古资料，条理清晰、逐层推进，展开论述。总结部分再次表明了作者的观点，并适当延伸。

例文3 美术批评论文

工意两得 取精用宏
—论工笔花鸟画的审美特征及当代特色

作者 赵盼超

工笔花鸟画是中国传统绘画的一个重要分支，滥觞于上古之漆画、帛画。自隋唐时期作为一门画科独立出来以后，得到长足的发展。到了两宋时期，工笔花鸟画更是呈现出一派灿烂求备、异彩纷呈的繁荣局面。遗憾的是，这种繁荣局面自元明随着写意画的出现走向沉寂，直到20世纪，才伴随着人们对写实手法的追捧重新受到人们的重视。特别是20世纪80年代以后，随着经济发展和艺术多元化的需求，工笔花鸟画再次成为画家乐于采用的形式和题材。一大批有过学院化背景的画家开始专门从事工笔花鸟画创作。他们或融合传统或借鉴西洋，立足新视野、引入新眼光，用更加多元、开放的视角来看待工笔花鸟画，从而让这一古老画种焕发出新的活力。工笔花鸟画也因其生动逼真的物象表现以及清新淡雅的格调重新进入人们的审美视野。

从历史的角度看，中国是一个向来注重传统继承的国家，工笔花鸟画作为中国传统绘画的组成部分，也是中国传统美学精神的继承者。从石器时代做工精细的兽面玉琮到商周时期镂金错彩的青铜饕餮，从战国时期姿态风动的龙凤帛画到西东两汉线条流畅的描刻漆器，都反映出了一种历史继承性。这些表现在各类材质上的动植物形象，皆具有线条流畅精细、造型抽象夸张的特点。其都对后来进行平面描绘的中国画艺术产生重大影响。由此，我们有理由相信，唐宋时期表现在画面中的花鸟形象，已经具有非常明显的意象特征。这种继承不仅仅是来自父辈和祖辈的粉本图式，还有来自内化到自身审美境地的传统。这种对线条疏密节奏的把握以及对墨色浓淡干湿的认识，都融合进了花鸟画的创作当中，从而形成特有的东方审美趣味。

这种审美趣味——对自然物象的抽象化概括及对线条的装饰性追求，对后来的花鸟画创作及表现起到潜移默化的影响。故此，我们回过头来看两宋时期的花鸟画，才不会在惊叹其高超的写实技巧时，认为只是“刻意模仿自然”。其实，工笔花鸟在历史上任何时期都没有把“移形像物”作为最高的标准。我们以最注重写生的宋代花鸟画为例。在《宣和画谱》中，对花鸟画是这样描述的，它言道：“五行之精，粹于天地间，阴阳一嘘而敷荣，一吸而揫敛，则葩华秀茂，见于百卉众木者，不可胜计。……所以绘事之妙，多寓兴于此，与诗人相表里焉。”他们认为，花鸟乃五行之精，与天地间万物齐同。人作为万物之一，亦合于五行而历四时之春华秋实，比同于人之生老病死，其理一也。因此，对花鸟的描绘也是对自我的描绘。不能以“刻板肖似自然”为目的而是要“与诗人相表里”，要寓意于兴，把自我情态与自然万物之情态合而为一，达到“物我两忘”的境界。这种境界正是山水画、人物画、花鸟画共同追求的境界，也就是所谓的“山水比德”、“人物传神”、“花鸟兴意”。

由此可知，工笔花鸟画对意象的追求是无法割舍的传统。当代的工笔花鸟画创作，也必然以追求意象性为目标，通过自然对自我的关照，通过对物象的主观化处理，来达到“奇造化而移精神”的效果。工笔花鸟画相对其他画种而言，不直接与社会发生关系，它是创作者内心最深处的情感诉求表达，它更敏感、更真实，也更加具有婉转多变的易逝性。因此，工笔花鸟画对花鸟生命力和生动性的把握，更侧重于瞬间而不是一种带有固定性的理式，具有瞬间性的特点。它是生动的，就像刚刚发生过的场景片段。同时，工笔花鸟画之物象表现，也是具有永恒性的瞬间，它以追求形象生动活泼、画面静雅秀美为准则，喜欢把感情凝入形象之中，通过精彩的瞬间表现出来，具有“静中有动，动中有静”的特点。

工笔花鸟画之物象表现，另外一个特点就是追求微观性。这种微观性，是内在精神对物象的宏观把握与外在视角对自然的微观认识相结合。也就是所谓的以小见大、见微知著，具有“一沙一世界，一花一天国”的审美特征。正如《文心雕龙》中所言“观古今于须臾，抚四海于一瞬”。古今何其长也，可以囊括于须臾之间，四海何其广也，可以掌控于一瞬之内。这就是中国有关大与小、微观与宏观的思辨。这种微观性认识也与花鸟画的审美追求具有密切的联系。既然世间万事万物都反映了统一的理式，那么就没有必要在穷尽了所有事物之后再去总结道理，而是通过微小事物来洞察宇宙。因此花鸟画虽是“小道”，但可以反映“大道”，这就要求创作者具有高超的艺术水平。

现如今，我们人类居于现在这样纷繁复杂的社会，人与社会的关系也变得更加复杂。喧嚣浮躁的生活促使很多画家向往更加平静淡泊的生活。中国古代的文人趣味和追求重新进入人们的审美视野。无功利、无利害，以清新淡雅格调为主题的工笔花鸟画成了追求内心宁静的渠道，扮演文化传承和情感表达的双重任务。当然，当今人们观看自然、认识自然的方式与古代有很大不同。画家们在创作过程中，把这种改造过的主体意识及观念重新介入到了画面的每个细节及意蕴之中，并在写“实”之外获得了对写“意”的重新解读。这种新意象的产生，也确立了工笔花鸟画在当下语境下的人文价值及与写意花鸟画相抗诘的姿态，从而使立足传统的工笔花鸟画在当代焕发出新的光彩。

当代工笔花鸟画的发展，除了这种意象空间的拓展以外，还得益于科技发展及各种新材料的开发及利用，这些都提高了工笔花鸟画的表现力和感染力，使工笔花鸟画呈现出或清新淡雅，或气韵高古，或华丽多彩的多样情态。当代的工笔花鸟画创作，在技法上已经不再仅仅限于“勾勒”、“勾填”、“没骨”等几种传统画法，而是出现了拓印、皱纸、喷绘、洗擦、撞水等各种技法，大大丰富了画面的肌理效果。在构图上，除了“纵叠式”、“折枝式”等几种传统样式外，还吸收设计中平面构成的规律，采用蒙太奇拼接以及多时空多角度重叠等方式，形成一种新的视觉图式。其打破了传统“三矾九染”的传统样式，加强了色彩的表现力。它更加注重自然色彩以外的情感属性表达，注重吸收传统壁画营养，注重运用设计里边的色彩构成原理，注重借鉴西方现代油画、水彩画的样式，以更加开放的姿态、以更加丰富的表现力受到观者的青睐。

当代工笔花鸟画的发展，另外一个不容忽视的因素是，学院化教育为当代工笔画创作者提供了坚实的基础。他们可以在学院中进行系统的线描、敷色训练；他们可以通过网络、图书馆资源了解古今中外各类艺术形式，从而“借古开今”或“引西润中”；他们可以参加各类展览来交流技艺取长补短；他们可以通过各类学术交流和讲座来开阔视野和更新观念。他们是新时期工笔花鸟画的后备大军，他们正在前人铺垫的基础上茁壮成长。

毫无疑问，被当代美学武装了的工笔花鸟画，在观念更新和技术发展的怂恿下，必然有其光辉的前景。但需要注意的是，对造型和技巧的过分追求会忽视物象内在生命力的表达，最终因画面过分装饰性导致其缺少内在神韵和风采。另外，高节奏的生活和浮躁心理会影响到创作心理以及简化晕染步骤，从而促使画面线条和色彩缺少静雅秀美之张力而趋于流俗。这些都是以发展当代工笔花鸟画创作为己任的创作者应该避免的问题。

总之，当代工笔花鸟画是中国传统哲学与艺术精神延续的重要传承者。不管其形态如何变化，始终以讴歌“生命之美”、“造化之奇”作为最终追求。也可以说工笔花鸟画是中国传统美学生态系统中的一块湿地，以微小之身姿，调宏观之生态。展望未来，当历史的偏见业已消除、多元的观念走向成熟、丰富的技巧臻于完善、后备的大军逐渐形成，难道我们不可以肯定地说，自唐宋以后的又一个工笔花鸟画创作高峰，马上就要到来？

评析

该文是作者为北京工笔重彩画会主办的“微观与精致——第二届全国工笔重彩小幅作品艺术展”花鸟画部分写作的前言。此次展览以“微观与精致”为主旨，以小幅工笔画为主线，并以现代人的视角从历史上对工笔画艺术的传承及发展，进行较为系统化的理论梳理和概括总结，并就传统工笔画艺术的当代形式表现等时下学术界所关注的问题进行较为深入的探讨。

论文主标题择取“工意两得、取精用宏”为题，契合“微观与精致工笔画展览”主题，认为工笔画具有“工意兼备”、“寓意于工”以及“去粗取精、以小见大”的特点。副标题则直指论文主旨。开篇首先概括阐述工笔花鸟画发展的历史，随后采用分总关系，借助美术史实，得出古代工笔花鸟画具有“意象性”、“微观性”特征的观点。随后，从以下三个方面对当代工笔花鸟画的特征进行阐述，即当代工笔花鸟画的意象拓展、当代工笔花鸟画的技术发展、当代工笔花鸟画的教育发展。最后总体阐述，呼应主题。

思考与练习

1. 美术史研究的方法有哪些？试着择取某一研究方法写作一篇小论文。
2. 美术理论论文写作的特点及要点有哪些？
3. 谈谈对美术批评立场、批评方法、批评标准、批评语言的理解。
4. 分别找几篇不同类型的美术学论文，对其进行评析。

第4章 设计学论文写作

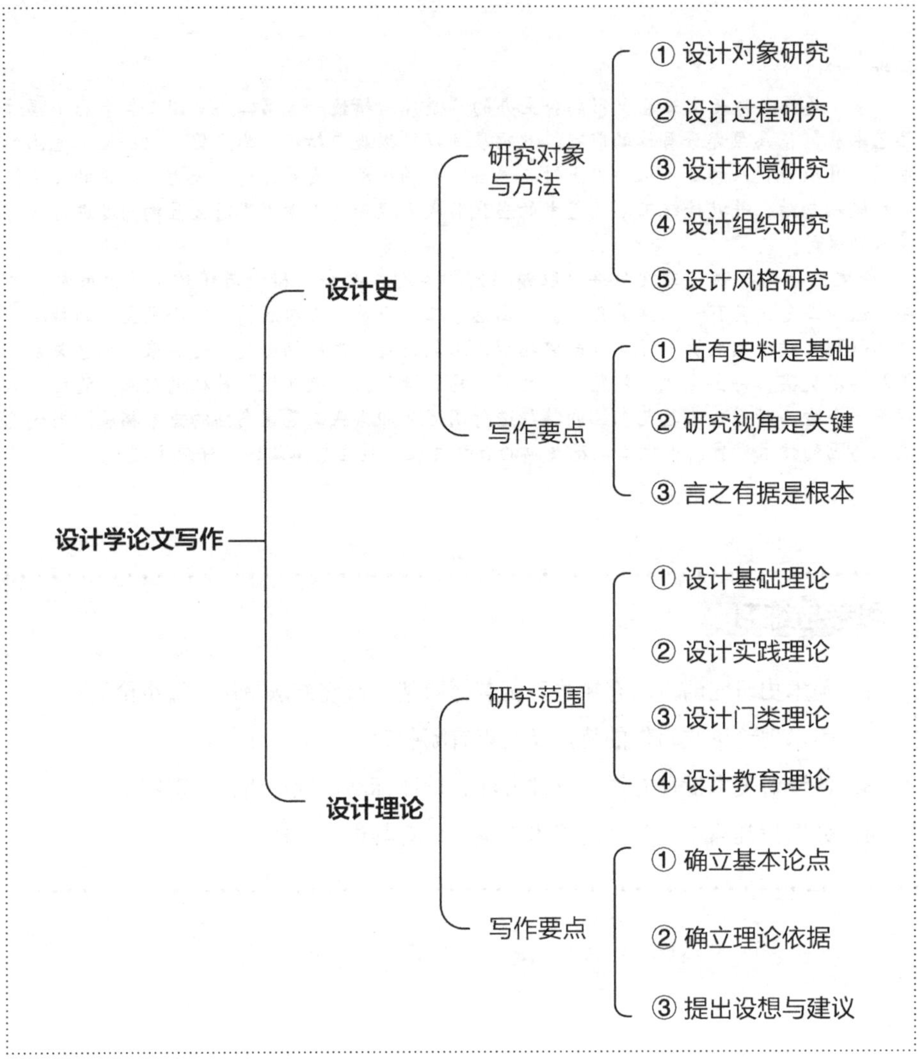

4.1设计史论文写作

4.1.1 设计史研究对象及范围

设计按照通俗的理解，就是把一种规划和设想通过视觉形式传达出来的活动过程。在这一过程之中，需要有使动者，即人；需要有使动的过程，即人的组织、管理、生产、销售过程；需要有结果，即设计产品。这是设计三个最基本的要素。在当前，随着物质生活水平的提高，设计已经成为影响我们生活的最重要的因素。可以说，设计无处不在，渗透在我们的衣食住行之中。虽然不一定每一个人都能够对设计说出个一二三来，但如果说到某一个设计产品，比如衣服，则不同的人都会评头论足一番，说这个款式太老套，那个颜色很土气，或者说这件上衣不能和那条裤子搭配等，其实这种审视、评价的过程，就是一种浅层的设计研究，只是不够“专业”而已。如果上升到更高一层次，那么设计的研究就是运用一定的设计理论和设计观念，借助一定的设计研究方法，进行分析论证的过程。

设计作为一种应用性很强的学科，与纯美术有很大的区别。其中最大的区别是其与社会联系的紧密性。如果说纯美术作为美术家独特情感的表达，具有与众不同的美感。那么设计则相反，越是好的设计，越与大众联系密切，越是喜闻乐见。这种差别也就决定了设计史的研究与美术史的研究具有很大差别。美术史的研究无论是在西方还是中国，都有长久的历史，但是对于设计史的研究，则是工业设计产品进入人们生活以后产生的。大多数人把工业革命当作现代设计史的起点。因为设计最核心的要素之一是设计产品，它具有设计和产品两种属性，设计的属性表示“该物”是经过人的构思规划之后成型的东西，不同于“自然物”，同时，其又是产品，是经过加工生产的“人工物”，体现了其商业性和用于市场消费的特性。我们试想一下，一件设计产品被工厂生产出来，不是用于人们的日常生活，而是作为一件艺术品摆在画廊里或者展览馆里，那么它还是一件设计产品吗？显然不是了，它变成一件艺术品。再好的设计产品，都必须是进入到消费环节的产品。比如iPad平板电脑或者iPhone手机，即使拥有再好的设计，我们都不会买来挂在家里的墙上欣赏，而是拿它来使用。设计的这种商业和应用属性加深了其与现代化工业大生产的联系，因此人们也把设计史理解为工业设计史，或者叫工业产品设计史。这种理解能够让我们很容易地把握设计的特性，并结合工业革命的历史进程来分析研究设计在近现代社会中到底扮演了什么样的角色。对于中国来说，却面临这样一个问题，就是我们在历史上没有经历过工业革命的洗礼，工业产品在中国近代小农经济为主的社会中几乎缺席，更别谈什么工业产品设计了。这种特殊的情况也让本来就不发达的设计史研究在中国举步维艰，直到今天我们都不敢说我们已经建立起了完善的设计史学科。正如王受之在《世界现代设计史》前言中所言：“时至今日，从事现代设计史和设计理论研究的专业人员还是凤毛麟角，为数甚少，不少国家至今还没有这方面的专业人员。从原因上看，道理很简单：设计史是应用性极强的一门学科，它的目标是市场，而不是研究所或书斋；加之它的发展时间尚短，不少人认为还没有研究的必要。企业机构需要的是设计，而不是理论。因此，长期以来，这个事实上可以对设计起到指导作用的学科，不但没有得到相应的重视，甚至是否应该成为一个学科，也还处在争论之中 。”[1]需要说明的是，设计史的研究在当前，不管是在中国还是外国，正在逐渐发展，并呈现出一派繁荣之势。这当然与社会经济的发展以及市场化、商业化、全球化有着密切的联系。在当前的中国，几乎所有的高校都设置了设计相关的专业并培养设计人才，有些专业美术院校则设置了设计史论专业，专门培养设计史论人才，并相继开设了设计史论相关的课程。设计史论专业的开设无疑对设计理论研究提供了后备军，并促进了设计学学科的发展。

设计史研究的推进与设计学学科的建设有着密切的联系。在当前，人们已经不再把设计研究仅仅局限在工业革命以后这几百年的时间段，而是把设计学学科的覆盖范围进行了扩展，把带有设计性质、蕴含造物思想的创造活动，都统称为设计。这样一来，设计的概念得以扩展，那么设计史的研究范围也随之扩大了。由此人们不再认为中国没有设计或设计史，而是认为中国设计的发展历史不仅内容丰富，而且历史悠久。比如我们中国的传统工艺美术品，如青铜器，里边就包含了古代设计师的造物智慧，体现了他们有规划、有设想的创造活动，虽然其中大多数并不用于商业性的消费，但不可否认的是其中必然有部分“产品”是借助商业性的渠道销售并进入到购买者的家庭中去的，这也就说明了中国古代设计产品的存在，那么中国设计史的研究，就可以扩展推进到很久以前。其实西方并没有如中国般工艺美术与设计的差别，他们一般把工艺美术也理解为设计，所不同的是带有手工艺特点的设计，为crafts，而其他具有商业属性的由工厂生产的产品称为design。从发展趋向看，人们越来越注重它们之间的联系，并运用更加宏观的、系统的视角把它们放到同一体系之中去研究，因而也就有了“大设计”这一说法。

按照国家当前《普通高等学校本科专业目录》（修订稿）的分类方法，设计学类下属学科有艺术设计学、艺术设计（包括公共艺术、艺术设计、装潢设计与工艺教育）、工艺美术、会展艺术与技术四个方向。其实按照当前国家高等院校特别是美术专业院校的学科设置看，艺术设计学学科的分类要比之复杂得多，其中艺术设计包括公共艺术设计、视觉传达设计、服装设计、工业设计、数字媒体设计等多个方向，同时工艺美术也包括陶瓷、染织、玻璃、金工等方向。那么设计史既可以是设计通史，即包括各个艺术设计学学科方向的历史，也可以是某一学科方向的历史，比如平面设计史、服装设计史等。另外，对于某一设计门类中的某一设计产品，只要其自产生之后不断有着各种形态或设计理念的变化，那

---

① 王受之：《世界现代设计史》，中国青年出版社，2007年，第8页。

么同样也可以有专门历史，比如家具设计史、汽车设计史、椅子设计史等，类似的著作有《美国座椅300年》、《英国广告史》等。如果按照时间先后顺序描述的设计历史属于通史性研究，那么对某一设计种类、对某一时期的设计进行研究就属于设计断代史的研究，比如《包豪斯》、《19世纪英国家具》、《流线型十年》之类。还有设计史的个案研究，此类即是对某一设计事件、设计运动、设计人物、设计流派、设计思潮、设计观念等进行的深入剖析与研究。比如像《药罐：欧洲和东方的制药用陶瓷（1150—1850）》专门针对药罐这一陶瓷品类进行研究，就属于个案研究的范畴。

以上是对设计史研究范畴的宏观分类，即可以分为设计通史研究、设计断代史研究、设计专门史研究、个案研究。同时，具体到设计史的研究内容，也可以按照设计的过程进行划分。即通过“人——物——人”这一结构对设计展开研究。第一个“人”，即设计师。设计首先是人的一种创造性的活动，它的起始点是人，第一个人既是设计者，也是与此有关的设计师（设计师的设计思想、设计观念、设计历程等）、设计服务部门（企业公司的经营理念与设计的契合程度、设计方案的制定与实施过程、设计师与服务机构的沟通等）。“物”，即设计产品。设计的最终结果是物，当然这种“物”不能单纯地理解为“有形之物”，也有可能是“无形之物”。包括有形设计产品（设计产品的外形、结构、色彩、质感、材料等因素），以及无形设计产品（运用设计手段实现的商业性活动）。第二个“人”，即消费者。设计实现以后需要有消费者，消费者是带有思想感情并具有社会属性的人。他们在购买设计产品以后在消费过程中必然会牵扯到设计产品好不好用的问题。包括设计产品与消费者的关系问题、消费者的消费心理问题、设计伦理以及设计道德、设计批评等因素。以上三个方面既包含设计史的内容，又有设计理论的内容，是研究设计牵涉到的三个重要的环节。当然设计史研究可以切入的角度有很多，并不局限在以上几种。设计史的研究需要循序渐进，在没有充分掌握设计史论知识的情况下，从具体的个案切入无疑是最容易掌握的研究方式。

案例点击——作为历史的设计

[美]大卫·瑞兹曼（David Raizman）：《现代设计史》：

“我们将‘设计’作为一个历史命题来审视时，聚焦于描述以及理解历史的变革，倾向于从对艺术史、科技、政治、经济以及消费者行为的研究中，来理解它的含义——那就意味着，我们也许会将设计作品视为体现美感与人类创造力的产物；将之视为设计师对新材料、新工艺进行诸多尝试的产物，或者体现了设计师对某种社会意识形态的推崇。另外，我们也将之视为资本主义自由经济体系所带来的结果，这种经济结构既需要市场和消费的繁荣，又反过来促进了它们的不断扩张；当然，我们也可将其视为对于这一体系的挑战，体现了大众市场中复杂的消费动机。这种多元化的视角，让我们在思考设计史的意义时，综合考虑了艺术家、工程师、设计师、制造商以及消费者所起的作用。”①

4.1.2 设计史研究方法

设计史的研究方法与设计史的研究范畴有着密切的联系。设计史的研究范畴可以催生新的研究方法，反过来，新的研究方法也可以扩展设计史的研究范畴。赵江洪在《设计研究和设计方法论研究四十年》中提出设计研究可以分为设计对象研究和设计过程研究。设计对象的研究牵扯到设计的各个领域和门类，其中最具典型性的是产品造型对象的研究。“产品形态方面的研究，主要有采用规范性方法的科学研究和采用描述性方法的艺术研究两条思路。前者强调研究过程中的科学性、逻辑性和预见性，主张以科学的工具和方法来研究产品造型和形态，后者强调设计过程的创新、灵感等方面的因素。与此同时，从描述性研究的思路来看，其主要集中在设计符号、艺术修辞、设计文化等方面。”② 设计过程的研究：“设计过程的研究基于广义方法学的研究，目前的研究热点在于设计思维与问题求解层面的研究，以及设计方法在企业应用中与产品开发组织管理等方面的结合……在设计思维和问题求解层面，设计研究结合心理学研究的相关方法，从设计者的心理过程、模式和方法的研究出发，侧重于设计过程中的创新思维、创新模式以及如何提供有效手段辅助设计创新等。在设计方法的领域应用层面，设计研究和企业的具体设计实践紧密结合，研究也主要侧重于如何通过设计实现企业的商业目的。从设计和开发流程的角度看，设计研究和企业的具体设计实践紧密结合，研究也主要侧重于如何通过设计实现企业的商业目的。从思维和问题求解的角度看，设计研究结合心理学研究的相关方法，从设计者的心理过程、模式和方法的研究出发，侧重于设计过程中的创新思维、创新模式以及如何提供有效手段辅助设计创新等。”③

荆雷认为，设计史作为人类文明发展史的一个重要组成部分，从属于一个文明发展系统。设计史的研究对象可以分为三个层次。1.设计环境研究：研究各个不同时代背景、不同地域特色影响下的综合设计环境，其中界定并强调起作用的

---

① [美]大卫·瑞兹曼(David Raizman)：《现代设计史》，[澳]王栩宁等译，北京：中国人民大学出版社，2007年，第9页。

② 杭间主编：《设计史研究：设计与中国设计史研究年会专辑》，上海书画出版社，2007年，第26页。

③ 杭间主编：《设计史研究：设计与中国设计史研究年会专辑》，上海书画出版社，2007年，第27页。

环境因素。2.设计组织研究：与设计相关的人的因素的研究。包括不同设计环境下人的生活方式的研究；设计者、制造者、使用者以及相关团队、群体的组织结构和管理研究等方面。3.设计物研究：研究设计物的系统特质及其产生、发展的规律，以及不同的设计物的设计原则、标准和风格特点[①]。

[英]康威（Conway）《设计史》以陶瓷史研究为例，介绍了设计史研究需要考虑到社会环境的因素。他认为，陶瓷史和其他领域的设计史一样，与社会学、经济学、科技史、考古学和工业考古学等有着密切的联系。研究的方法有：

风格分析：用途和限制。根据物体的形状、颜色、材料或者装饰来识别出其特殊的风格，是把它放在一个具体的历史时期、风格运动或者原产地的环境中去研究它的重要方法和能力。一件博物馆里珍藏的陶瓷或一本书里的一张陶器照片，它已经与其先前作为一个吃饭的盘子、储藏罐子或者烟囱装饰这些日常生活用品隔离开了。增强将陶器的风格和其他艺术领域研究之间联系起来分析的能力是可行的，就像增强纯艺术和装饰艺术之间的联系一样——特别是陶器业的研究经常和玻璃、银器品物联系起来。这样的相互联系可以用许多历史时期的现象来证明。

工具的归因：用途和问题。对陶瓷史的研究来说，工艺知识是一个重要的工具，它可以使各种各样的陶瓷都区别开来，不管是陶器、瓷器，硬和软黏土的瓷器或其……原料的知识与区别各种不同的玻璃和其手法、装饰类型的能力结合在一起，将有助于明确既定时期的表现、起源，甚至是设计者。确定艺术家的另一个方法，即是通过正确鉴定一片陶器上制造者或者制造的日期标记，来明确它们的起源，这是一种在18世纪的欧洲广为流传的实践方法。

陶瓷和社会：社会史。社会史研究可以告诉我们不同社会阶级的人的生活和工作的方式，他们对陶瓷产品的品位、习惯和眼光以及使用的方式……社会史同样告诉我们有关工厂的条件和组织状态的情况，以及在工厂内不同的地位和不同种类工作的工资情况。

经济和经营史与陶瓷的研究。从经营战略、销售方法和商品最后的零售来看，经济史的研究是另一种可以洞察陶瓷工业的组织形式的方法……传统的镇市场、交易场，旅行陶器工人，小贩和旅行售货员，都是陶器市场史的一部分。

技术史：技术史在陶瓷产品的任何研究过程中都很重要，特别是在工业革命之后。18世纪陶瓷生产的多方面的机械化，包括火石的磨碎与颜料、黏土的混

---

① 杭间主编：《设计史研究：设计与中国设计史研究年会专辑》，上海书画出版社，2007年，第136页。

合，都使工艺上的变化不大，相对而言，以传统的地域性为导向的技术占了很大比重。将改进黏土技术，模铸、转动和投料的方法与新的装饰性能结合起来也是技术方面很重要的因素。

考古学和工业考古学：考古学与我们古老文明中的陶瓷知识有重要关系。例如，克里特文明、希腊文明、罗马文明和中国文明，这些文明可以阐述陶瓷的使用、制作并且销售的方式。在中世纪时，多数的陶器完全被自然使用，当它们坏掉时就会被丢掉，考古学的证据给了我们一些特别的启发。根据最近工业考古学的发现，自从早期的工业革命之后，工业考古学的领域已经提供很多对陶器的生产、加工过程和工厂组织的了解。①

以上以陶瓷史为例介绍的设计史研究方法，对于当前的设计史研究也很有参考意义。

张夫也在《设计史的写法——以外国设计史为例》一文中，提出设计史研究的向度和视野，认为设计的交叉性、综合性和多样性特征决定了设计史写作的特殊性和复杂性。他认为可以从以下八个方面切入：第一，设计的发展与环境、技术、民族、宗教和时代等因素密切关联，这决定了设计史是充满挑战的设计史。第二，设计史的写作不仅要考察设计造物的现象、过程、作品、结果，而且还要探索其思想过程，这决定了设计史是史论结合的设计史。第三，技术革命、经济发展决定了设计史写作离不开对生活的审视，设计史是审美和生活意义上的设计史。第四，设计是不断发展的，创新是设计的核心价值，这决定了设计史是动态的、发展中的设计史。第五，经济全球化的今天，积极吸收国外最新的、优秀的研究方法是这个时代设计史写作的趋势，这决定了设计史是具有全球视野的设计史。第六，设计史的读者群体，有专业的，也有大众的，这决定了设计史是有的放矢的设计史。第七，设计史不单纯是对前人经验的总结，更重要的是教会人们一种思考、研究、解决问题的方法，这决定了设计史是注重方法启迪的设计史。第八，设计史的写作与教学，不仅是专业技能层面的内容，更重要的是培养一种责任感和爱心，这决定了设计史是有责任感的设计史。②

通过罗列当前不同学者对设计史研究视角及方法的思考，我们可以看到，任何历史的研究都必须追寻或多或少的线索去勾画出尚不能完全确定形象的图案。在这一过程中，线索的多少是取决研究进展的关键。同时，在掌握线索的基础上，运用多个学科的知识进行推演分析，也很重要。对于研究者而言，可以针

① Hazel Conway：《设计史》，邹其昌译，高等教育出版社，2008年，第26—32页。
② 张夫也：《设计史的写法——以外国设计史为例》，《装饰》，2013年第10期，第23—24页。

对某一线索作进一步的深入研究，达到“一叶知秋”的效果。例如设计史中的案例研究、专题研究，都属于这一类。这种案例研究与专题研究，看似立足于某一个历史时间段的某一历史事件或事物、人物，但是背后的立论基础是承认历史事件、人物处于某种社会环境中，必然与周围发生联系，而这种联系会反映到某一事件、某一事物、某一人物上，让我们根据他们的反映来揣测当时到底发生了什么以及为什么会发生。比如，针对包豪斯的专题研究往往会涉及设计教育、设计师、设计产品、设计与社会的关系、设计观念等很多方面。即使是针对某一设计师的研究，往往也会因为他所处的历史环境的不同导致其设计的东西包含了很多复杂的社会因素。所以个案研究与专题研究似乎题目不大，但真正研究的时候，会有一种“曲径通幽”的感觉。对于研究者而言，能够通过某一个具体的现象或事物看到其背后所涉及的复杂社会因素、文化因素、政治因素，是研究者必备的技能。

案例点击——研究资讯、实物遗存、历史文献是研治工艺史、设计史的根脉

尚刚《从“写法”说起》：

研究资讯、实物遗存、历史文献是研治工艺史、设计史的根脉，占有的多寡制约着讨论水平的高下。若想客观深入，必须竭力搜集。片段的资料无法引出完整、正确的认识，据以得出的结论无异盲人摸象，若非狭隘，便是荒谬。一切优秀成果都在重复证明着同样的道理：见解越深刻、结论越高明，凭依的资料就越充分、越全面。还是那句陈言：有几分资料说几分话，这是研究者的客观态度；有多少资料出多少活儿，这是资料的忠实回报。

……科技的发展提供了太多的研究便利。如今，网络资料愈益丰富，特别是经扫描的电子古籍大量上网，不仅令文字的错讹大大减免，键入关键词语，还能搜索出许多可用的文献。这使若干学人兴奋不已，还宣称文献的功夫可以“废了”。其实不然，计算机检索出的资料固然可取用，但终归只能提供支离破碎的片段知识。电子检索当然便捷，但对于真正的研究，功用不过是补阙拾遗。只有广泛阅读、全面占有，才能获取对古代艺术现象的深入认识、全面理解。合格的艺术史家绝不满足于客观描述古代现象，还该努力解说它们何以发生在此时，而非彼时，何以是这样，而非那样。因而，应当充分了解古人，全面认识古代社会，这样的知识主要靠充分占有文献获取，通读、精读、浏览的功夫永远不可或缺。①

---

① 尚刚：《设计史的“写法”》，《装饰》，2013年第10期，第15页。

4.1.3 设计史论文写作要点

一、占有史料是基础

无论是设计史、美术史，或者其他类型的艺术史，皆归属于历史的研究。作为历史的研究往往有一些基本的规律和方法。在进入研究阶段，首先要做的是尽可能多地去搜集史料，来为下一步的写作作准备。即占有史料是历史研究的基础。当然这里的史料除了文献资料以外，还包括一些实物资料、历史遗迹等。在对史料进行分析整理的基础上，确立研究的视角和立场。作为论文研究，一般会有一个研究方向，或者说研究范围。在确定了方向以后，去搜集资料，通过对资料的整理分析，确立研究视角。也就是说，我们想要从什么角度去研究某个历史事件或人物，是由我们占有的史料决定的。如果没有充分的论据作基础，我们往往很难进行下一步的研究。历史研究不能够完全凭借猜测和想象，毕竟是过去发生过的事情，所以在立足论据的基础上，通过自己的推导演绎得出让人可信的结论是大多数历史研究者的不二法门。

设计研究有时候需要大量调研资料。日本学者鸟丸贞惠博士、鸟丸知子博士是一对母女，她们对贵州苗族纺织、刺绣技术及文化进行了多年的田野调查。鸟丸知子曾介绍母亲关于苗绣的调查方法："我母亲的研究过程是这样：第一次访问某一个村寨的时候，了解这个村寨有些什么纺织、刺绣技术。然后再找纺织（染色）技术好、人也好沟通的妇女。然后向她询问母亲想研究的这些技术在一年的什么时间做，并和她约定明年再来看整个过程。按照和她约定的时间，第二次访问时，就能确保看到制作过程。如果只能看到她工作的第二个步骤，那么为了看第一步骤，明年再来访问她。每次回日本后，母亲都要整理笔记和照片，看看如果有缺少部分的话再访问她。除此之外，为了验证自己了解的内容有没有错误，母亲还要自己做实验来确认。所以读者看到书中一页里描述的内容可能是花去母亲几年的时间才写成的。"①

尽可能地去搜集有关选题的资料，并把资料进行有效的整理和分析。对于初学者而言，想要写作一篇设计史论文有很大难度，主要还是因为在文献资料搜集上面。比如写作有关威廉·莫里斯及艺术与手工艺运动的论文，就需要对19世纪末20世纪初这半个世纪英国、欧洲甚至亚洲有关艺术与手工艺运动的情况进行梳理，需要找到有关莫里斯生平的全部资料，同时还要通过当时的社会学、历史学、报纸文献、艺术资料去寻找有关这一运动兴起的原因、背景，这一运动的开

---

① 周梦：《黔东南苗族侗族女性服饰文化比较研究》，北京：中国社会科学出版社，2011年，第258页。

展情况，包括参加的人员，涉及的艺术与手工艺领域，还有这一运动最后的结局、产生的影响。在资料搜集上，包括网络资料、书籍资料、报刊资料、图片资料，以及当时曾经与莫里斯有过交往的人士的书信资料等。有时候研究者会陷入一种矛盾和纠结，一方面，希望检索到大量资料，以为研究提供论据的支撑；另一方面，又不希望找到太多的资料，以致让人失去进一步研究的兴趣。对于初涉研究而言，尽量还是找一些相对小一点的选题，并尽量避开前人已经做过大量研究的领域，在自己熟悉的范围内，寻找一个“盲点”或者“空白点”。当然，想要找到这样的“盲点”不是那么容易，因为有很多专业人士在做着同样的工作。应该警惕因为资料搜集有限以及外在环境制约造成的无法检测“盲点”是否真的是研究空白点的情况。也许，只是你没有“发现”别人的研究成果而已。

如果选择的是国外某一设计师或者设计运动、设计产品作为研究对象，就更应该考虑到因为语言障碍造成的无法完全掌握国外研究动态的情况。建议研究者应该充分利用国外数据库引擎进行反复检索。比如针对莫里斯的研究，就需要检索大英博物馆的数据库以及涵盖英国学术文献的数据库。在检索时，关键词可以是“William Morris”或者“Arts & Crafts Movement”，或者其他与之相关的关键词，包括场所、产品、著作等信息。除了网络文献外，还可以考虑通过国外购物网站购买国外相关的研究书籍。或者通过图书馆的馆际互借系统来帮助你借阅及拷贝国外文献资料。对于进入研究生阶段的研究者，就要考虑通过实地考察、相关人员访谈等方式获取第一手的研究资料。如[英]朱迪恩•卡梅尔-亚瑟编著《包豪斯》一书，对包豪斯这所对整个20世纪设计产生重要影响的学校作了一个初步介绍。作者没有采用过多文字资料，而是从整体上论述了包豪斯的重要地位和影响，同时插入大量图片资料，介绍了包豪斯内的建筑、工作间、设计产品以及教师教学的场景，以让读者增强对包豪斯的直觉印象。

国外文献检索利用可以先从网络资料入手，随后搜集译著、国外图书、期刊资料，最后再搜集散落在国外各大图书馆或收藏机构的零散资料。也就是本着由易入难的原则。

如果是选择中国古代的某一设计选题进行写作，就需要查阅诸如二十四史、官方记录、宫廷档案、文人笔记、考古报告等文字资料，以及通过博物馆拍摄、图录复制等获取尽可能多的图片资料。中国古代的设计实际上指的是工艺。尚刚在《中国工艺美术的史料和史学》一文中，认为：“从中国工艺美术文献史料的分布看，凡与典章制度、国计民生联系密切的就越丰富。如丝绸是中国古代上层人物的主要服用面料，官员的服装又常是体现等级制度的品服，丝绸织造还是古代工艺美术最重要、最普及的生产，因此，保存下来的史料就最丰富。甚至多过其他门类的总和。次丰富的是关于玉器和金银器的记载，中国古代以玉、金、银造物作器具常有严格的等级限定，材料本身又蕴含着很高的经济价值，故虽数量有限，但备受关注。漆木器、陶瓷器等的文献史料原本无多，但伴同中国士大夫精神生活的发展，随着他们对古器物、对清玩爱好的滋长，这类文献有不断增加的趋势，到明清尤为突出。陶瓷文献尤为典型，中国的士大夫多怀着仁人爱物之心，又注重典雅含蓄，崇尚返璞归真，这令他们对材料易得，可以极其优美的陶瓷日益宝爱，特别是清隽典雅的宋瓷最能体现其精神寄托，于是，对以宋瓷为代表的古代陶瓷的咏赞、评议越来越多，爱屋及乌，对他们所处时代的陶瓷的记述也由此增加了数量。如明清时代，古董著述日多一日，它们几乎必有说古瓷，特别是谈宋瓷的文章，清代又有了几种陶瓷专著，除了大谈古瓷，还会对当时的陶瓷制作滔滔不绝地谈论。”① 这种判断是建立在对古代文献资料有充分认识的基础上的。

文字资料的搜集本着先大后小的原则。也就是说检索的范围一开始可以大一些，通过网络数据库检索，尽可能多地把有关文献下载整理到文件夹里。然后对资料进行梳理，找到核心的与研究选题高度相关的文献，再借助这些文献里提供的相关信息，进行进一步检索，逐层推进，逐步推进到核心层面。越往里推进，资料的数量就越少，但是资料的可信度和相关性就越高。有些专家学者往往能够通过查阅论文的参考文献来源，判断出研究者研究的层次和深入程度，就是基于以上的原因。

二、研究视角是关键

如果说占有史料是为了让我们能够尽可能客观地还原历史的真相，那么研究的视角就是让我们确立如何去看待这些历史上曾经发生的事情，并由此推导和演绎出一个新的故事。这个新的故事能够对我们当代人产生启迪作用。有很多刚刚开始从事历史研究的人往往过分相信并付出大量精力去占有资料，而忽视了对资料的整理和分析，这样往往把一篇论文写成了资料堆积的没有可读性的文献辑录，甚至连研究报告都算不上。就像一个拙劣的厨师，他过分痴迷于原材料，以致不愿意动厨房的炒勺，直接把未加工的原材料端到了食客面前。当然如果碰到善于组合的食客，可以调配出美味佳肴，不过对于大多数食客而言，他们会变得无所适从。

研究视角的确立与文献掌握情况有关。历史就意味着过去，过去的事件和人

① 杭间主编：《设计史研究：设计与中国设计史研究年会专辑》，上海书画出版社，2007年，第48—49页。

物多数已成过往云烟。往往我们很难找到无限多的资料去全方位地研究它。对于大多数历史学家而言，他们所擅长的，不是资料的搜集，而是对于零散的、碎片化的资料进行分析的能力。无论研究者怎么努力，搜集到的资料都是有限的、局部的、零散的。研究者在搜集完成这些零散的资料以后，就需要对这些资料进行分类整理，并透过这些碎片化的景象借助推演去还原当时的情景。

举一个历史学家研究的例证，让我们来看看精明的历史学家是如何借助碎片化的材料开展研究工作的。

美国历史学家史景迁（Spence）是中国历史研究方面的专家。他于2014年2月在北京大学作了一次演讲，题目叫《沈福宗和他的十七世纪跨文化之梦》。沈福宗是生活于17世纪南京的中国人，在1682年跟耶稣会的教士到了欧洲，成为史料记载第一个到达法国和英国的中国人。史景迁力图还原一个完整的故事，一个沈福宗从生到死的故事。但问题是资料很难找，很分散。史景迁认为：残片是我们丢弃的东西，但是对于历史来说，残片却常常非常关键。我们之所以得知沈福宗这个人，是因为有人保存了沈福宗在一些书籍上记下的一些笔记，这些笔记中包括了沈在西欧游历的资料。这些资料是如何保存下来的呢？我们不知道是否当时有一名清洁工，一名仆人，或是沈福宗希望留下这些资料。但是这些资料上有很多笔记，有注释，你能看出来上面的书法比当时西方人书写水平高得多，这是中国人在写中文，西方人的书法是不如的。不过有些资料上面只有字的残片了，那么我们如何去复原这些字呢？我们看到这些字有些是日记的一部分，不过是非常草率的日记，包括对于访问等事的简短记录，还有偶尔的他出门会面的记录①。

能够搜寻到的资料无法去还原太多真相，但是可以让研究者能够看到历史的很多侧面，这也许就是有些论文题目往往叫“管窥”的原因吧。史景迁通过对沈福宗资料的归集分析，归纳出历史记载中沈福宗故事的七个侧面。它们分别是：第一个侧面是沈福宗的欧洲之旅中，引起了当时欧洲几位国王的好奇心。第二个侧面与学者的世界相关，主要在英格兰，也在其他国家有记录。第三个侧面是印刷和出版的世界。第四个侧面是一个语言学的世界。第五个侧面是“书籍流通所形成的交流圈子”。第六个侧面是沈福宗的游戏世界。第七个侧面是沈福宗和科学的世界的关系，主要是自然科学的世界。

以上几个侧面涉及政治领域、学者学术领域、出版印刷领域、语言学领域、文化交流领域、游戏领域、自然科学领域等多个方面。以上任何一个方面都是建

---

① [美]史景迁：《沈福宗和他的十七世纪跨文化之梦》，2014年2月28日北京大学演讲文稿。

立在对资料掌握基础上借助分析推导而延展开来的。研究者在占有资料后，研究视角的确立取决于材料的丰富程度，同时也取决于研究者的学术背景。研究者应该尽量结合自己以往所学来展开研究视角，尽量不要涉足完全不熟知的领域。当然，有较深造诣的研究者能够把研究的视角扩展到所在学科以外的领域，并能够建立起学科与学科之间、领域与领域之间知识体系的联系，从而使研究内容更加具有丰富性。

三、言之有据是根本

设计史论文不仅包括古代设计历史，还包括现当代的历史事件及人物。所有以设计史实为对象的研究都可以囊括到设计史的范畴中。在设计史论文写作中，同样需要理论分析和理论总结，同样需要推导和演绎。作为与工业联系紧密的设计而言，设计往往是通过设计产品体现出来的。设计产品具有批量化生产的特征，因此设计产品较艺术品更容易流传下来，成为我们可以考察研究的对象。在研究过程中，对设计产品的分析就变得非常重要。对于某品牌公司而言，其早期生产的产品外形、功能与后来的有很大不同，比较该公司不同历史生产的产品，会发现有很大区别。如果对该公司产品非常熟悉，就会发现其类型改进的历程是渐进式的，逐渐变成后来的模样。即使在研究过程中，碰到某一工业产品演进历程中某个历史片段是缺失的，也可以通过对设计师理念、社会环境、文化思潮等方面信息推导出来。

设计史论文写作与设计理论论文写作是有相通之处的。设计史论文写作需要对当前人们忽略的历史事件、历史人物进行整理，以图还原当时的情景，让当代人了解当时到底发生了什么。问题是我们往往无法比其他研究者获取更多的、更可信的资料，大多数情况下，我们手头的资料与其他研究者的资料是一样的。如果多一点，也只不过是一点点而已。更多时候，我们需要对手头的资料进行分析，找到其他人没有发现的线索。就像是罪案现场，拍照的工作已经完成，基本的数据已经掌握，下一步要做的，就是对这些数据进行分析。是否能够借助推演、分析想象出当时犯罪的场景，就看研究者的能力了。

如果有幸在庞大的数据中发现了他人未曾涉及的线索，就可以展开研究了。不断地借助数据及逻辑关系推演该线索存在的可能性以及该线索背后到底隐含了什么，或许最终结局发现自己异想天开，也没有关系。重新回到起点，然后继续寻找新的线索。研究本来就不可能一直是康庄大道，大多数情况下都是经历多次反复失败后获得最终成功的。

不能轻易地下结论。所谓轻易地就是在历史依据不够全面充分的情况下武断地得出结论。研究者就是法庭上的法官，如果证据不够充分，就不能够随便武断地作出判断。这里就需要研究者有质疑的精神，即使是对学术的权威，也不能完全相信。一定要考虑到在史实依据不充分的情况下，专家也很难作出准确的判断。完全依赖于论据的论文有时候会让人有枯燥之感，甚至会让人怀疑其创新性，不过这样的论文，往往才更加具有可信性。

案例点击——用学术性语言描述设计风格及设计产品
[英]拉克什米·巴斯科兰：
有机设计

有机设计根源于有机建筑的理念，最早由弗兰克·劳埃德·赖特和查尔斯·麦金托什在19世纪末提出，这种风格的中心理念认为个体元素，例如家具，应该在视觉和功能方面与它们所处的室内环境和整个建筑融为一体。而且，他们认为建筑也应该通过其结构、使用的材料或颜色来表达与所处环境的有机关系。

有机设计运动的创始人之一是芬兰建筑师阿尔瓦·阿图，他的设计观念对诸多设计师的创作来说是不可缺少的，例如后来的查尔斯和蕾·伊默斯。阿尔瓦·阿图坚信使用自然材料能满足消费者的使用功能和心理需要。[①] 有机设计产品——郁金香形扶手椅解析（郁金香形扶手椅）"在20世纪50年代出现后立刻成为经典，但它是1940年沙里宁和查尔斯·伊姆斯参加MOMA有机设计比赛获奖作品的进一步设计。'椅子和桌子的底架代表一个丑陋、困惑、不安的世界'，沙里宁这样评说这一设计作品。'我想去除过多的椅脚并制作一把全新的椅子。'"[②]

4.2 设计理论论文写作

4.2.1 设计理论论文研究范围

设计理论与设计史的研究范围并没有严格的限定。设计史更多地侧重历史史实，而设计理论则更加侧重设计思想。广义的设计理论是涵盖设计史研究的，因为设计史的研究最终往往会上升到理论高度。狭义的设计理论则侧重对设计思想、设计理念、设计美学的研究。王受之在《世界现代设计史》的前言中，对设计理论的研究范围进行了概括，他认为"所谓现代设计理论，其实包括范围很广阔，主要包括现代建筑史论、工业产品设计史论、平面设计史论、时装设计史论、广告设计史论等。而在每一个范畴中，又有派生的理论分支，比如在建筑理论中，又有室内设计、环境设计、景观设计、城市规划设计等的理论分科，体系

① [英]拉克什米·巴斯科兰(Lakshmi Bhaskaran)：《世界现代设计图史》，甄玉等译，南宁：广西美术出版社，2007年，第146页。

② [英]拉克什米·巴斯科兰(Lakshmi Bhaskaran)：《世界现代设计图史》，甄玉等译，南宁：广西美术出版社，2007年，第147页。

庞大”①。

设计理论类论文写作难度要比设计史类论文大得多。设计理论是设计实践的提升，它是指导设计实践的。设计理论既然是理论层面的东西，往往与哲学、社会、文化、艺术等学科有着千丝万缕的联系。中国古代的工艺美术制作，也属于中国古代设计范畴。指导工艺美术的思想，散见于古代的文史哲著作中。就如古代思想家去思考社会问题，往往会以社会上的现象、事物作为比喻，这其中也涉及很多工艺美术制作方面的内容。比如老子认为“埏埴以为器，当其无，有器之用。凿户牖以为室，当其无，有室之用”（《道德经》第十一章）。《庄子•天道》中言“覆载天地刻雕众形而不为巧”，认为创造不同形状的万物并不是为了显示自己的技巧。老庄的论述并不是专门针对设计的，但涉及了造物的思想和造物的观念。研究者可以从古代的文史哲文献中找到造物思想，借助对古人造物思想的研究，延伸出对古代工艺审美的认识。杭间著《中国工艺美学史》，就是借助古代文史哲文献，对工艺美学的特征进行了剖析。在该书中，作者分析了墨子的“兼爱节用”的工艺思想、儒家“仁者爱人”的工艺思想、道家“技进乎道”的工艺思想等，借助古代文献及工艺制作总结出了中国古代工艺美学的特征。

国外的设计理论著述萌发于工业革命以来一些思想家对工业文明的认识。包括文学家、哲学家、艺术家、批评家等。在李砚祖编著的《外国设计艺术经典论著选读》一书中，他对国外的设计理论著作进行了分类。

包括：（1）一般设计理论方面的著述，首先是对设计概念、定义、范畴、意义等的研究。其次是对设计与创造、设计与传统、设计与技术、设计观、未来的设计等设计基本理论问题的进一步表述。（2）对设计美学、设计符号学、设计管理等理论问题进行系统研究的著述。（3）作为设计基础理论重要组成部分的理论著述，如论比例、论视觉图像以及从造型角度进行理论分析的理论文献。（4）运用设计理论、观点、方法或运用文化学、批评学、符号学等理论对设计现象进行研究的论著，如鲍德里亚的《物体系》、罗兰巴特的《流行时装的历史与历时》等，从中可以看到理论分析的深度、价值和方法。（5）关于设计教育的理论文献，如《21世纪设计教育展望》、《后数字化时代的设计教育》等。②研究者在确定理论类选题时，可以参考以上类别切入研究。也可以把设计理论研究的范围概括为设计基础理论研究、设计实践理论研究、设计门类理论研究、设计教育理论研究等。

---

① 王受之：《世界现代设计史》，中国青年出版社，2007年，第9页。

② 李砚祖编著：《外国设计艺术经典论著选读》（上），北京：清华大学出版社，2006年，前言。

设计基础理论主要指的是对设计基本概念、基本类型、设计思想的研究。设计实践理论主要指的是在设计实践过程中运用的理论与方法。比如柳冠中所著《设计事理学》一书，批判了设计领域中对设计形式的迷恋，而是强调事件本身内在的价值，提出了“设计是解决问题手段”这一核心理念。作者认为，设计是“生活方式的创新”，强调创造一种新的、合理的、和谐的生活方式，使生活更加有节制的合理和健康，与大自然和谐。设计是协调人类需求、发展与生存环境条件限制之间的关系，它研究“事”与“情”的道“理”，简称“事理”。“事”是“人与物”关系的中介点，不同的人或同一人在不同的环境、不同的时间、不同的条件下，即使为一相同的目的，他所需要的工具、方法，他的行为过程、行为状态是不同的，所需的工具、产品，乃至造型、材料、构造等当然不同了。所以把“事”弄清楚了，“物”就浮出水面，剩下的就是选择原理、材料、工艺、技术、形态、色彩等，这些只是实现被外部因素限定下的“目标”的手段。①设计实践理论还包括对于具体设计作品的设计理念、设计过程、设计成品进行分析和评价等。设计门类理论指的是针对具体某一设计门类的理论，包括该门类下属的分支门类，或者相关门类交叉形成的新门类。例如手机界面UI设计，就涵盖了工业设计、视觉传达设计两个领域。设计教育理论主要是对设计教学理念、设计教学方法、设计教学内容、设计教学效果的研究。同时也包括不同国家地区设计教育的比较研究。不建议初涉研究者选择设计教育类的选题，此类研究需要对设计教学有深入全面的了解才能够开展。

案例点击——理论是至关重要的

[德]弗朗瓦索·布克哈特（Burkhardt）：

“理论是无可代替的：它设计出可行的方案，为以后的实际操作服务；它尽量为事物定义，而这些定义都可转化为实物。乌托邦理想对理论来说常常是必不可少的。社会解放工程中的理论提出一些社会发展模式，将设计和乌托邦理想紧密联系在一起，所制定的步骤——设计和设计理论都致力于此——不外乎一些在实际状态和理想状态间建立联系的手段，但要描述一种理想状态，我们首先要做的就是提出理论模式来，在社会实践层面上，乌托邦就是这些模式的力量所在。每一产品都是以‘生产’为理论基础的，它对不同的趣味加以区分。”②

案例点击——为设计而设计并通过设计生存

[美]维克多·帕帕奈克（Victor Papanek）《为真实的世界设计》：

“设计对于所有的人类活动来说都是基本的。任何一种朝着渴望的、可以预见的目标

---

① 柳冠中编著：《事理学论纲》，长沙：中南大学出版社，2005年。

② [德]弗朗瓦索·布克哈特：《在过去15年中的德国设计理论》，见李砚祖编著：《外国设计艺术经典论著选读》（下），北京：清华大学出版社，2006年，第202页。

行进的计划和设想都是设计过程。任何想要孤立设计，使之成为一种自为之物的企图都是与设计作为基础的、潜在的生命母体所固有的价值相违背的。

完整的设计是全面的：它力图把所有的要素和必不可少的调节因素都考虑到决策制定的过程中。综合的、全面的设计是可以预想的。它力图着眼于现有的数据和趋势并继续作出判断，也用它所构造的一些未来构想为它自身添加新的内容。

综合的、全面的、预想的设计是一种需要通过多学科筹划、调整的行为，它会在各学科交叉的界面上持续不断地展开。

……设计如果要对生态和社会担负起责任，那么它必须具有真正意义上的革命性和激进性。它必须使自身致力于最小程度地影响自然的原则，换句话说，就是用最少的发明换取最大的多样性，或者用最少的付出取得最大的效果。这就是意味着消费少一些，东西用的时间长一些，并节俭地使用可循环材料。”①

4.2.2 设计理论论文写作要点

一、确立基本论点——我在说什么

理论可以帮助研究者去思考一个对象，开拓研究者的视野，并提出新的问题。设计理论类论文写作也是如此，需要研究者能够借助独立思考提出新的问题。无论从什么研究角度出发，或是基于什么理论基础，第一要做到的就是明确自己要说什么，自己的这一说法与其他论点有何创新之处。

中国古代语言表述的传统，往往是隐喻和含蓄的，我们喜欢通过比喻、隐喻、借喻的方式来表达我们对事物的看法。这种语言表述传统至今还对我们产生着影响。我们往往不喜欢直接切入主题，而是做大量看似与所说无关的铺垫。对于理论性论文来说，我认为最为重要的，反而是直接切入主题，让读者一开始就知道你要说什么，即明确论点。

在大多数情况下，我们能够用一句话甚至是一个词语就可以概括某一理论的核心内容，比如道家的思想，理论核心是一个“道”字，儒家的思想，理论核心是一个“仁”字，佛家的思想，理论核心是一个“空”字。哲学家黑格尔的美学理论，立论的基础是“美是理念的感性显现”。美学家克罗齐的核心论点则是“直觉即表现”。理论家在确立基本论点以后，再借助具体的事例、理论论据、逻辑推断来对自己的论点展开论述。

核心论点不是一开始就有的，多数情况下是基于对已有理论的反思。我们常说理论是指导实践的，社会上出现什么样的设计现象，往往背后必然存在着什么样的设计理论。理论家善于总结和分析，因此每当社会中出现一种新的现象、新的事物，他们就能够抓住并分析出该现象出现的前因后果以及产生的意义。同

---

① [美]维克多·帕帕奈克（Victor Papanek）：《为真实的世界设计》，周博译，北京：中信出版社，2013年，第331—355页。

时，理论家的分析也存在着推导的成分，因此也不是全都正确。作为研究者，一方面，需要积累大量知识，学习大量理论；另一方面，还要对所学知识、理论进行反思和质疑，寻找他人研究的疏漏和缝隙，发现新的问题。

在20世纪初期，欧洲设计领域正经历新艺术运动、装饰主义运动思潮，在这两股思潮推动下，建筑领域也开始打破以往传统维多利亚石质建筑样式，结合新的建筑材料寻找新的形式。一些曲纹凹凸花卉植物装饰以及一些简洁图案被吸收进了建筑装饰中，产生了一种既简洁同时又美观的效果。在这一时期，奥地利建筑师阿道夫·卢斯（Adolf Loos）对建筑设计中的过分装饰提出了质疑，他写作《装饰与罪恶》（1908年）一书，指出建筑应该以实用为主。建筑不是依靠装饰而是以形体自身之美为美，建筑的装饰是与客观性相对立的。装饰是罪恶。我们可以看到，“装饰是罪恶”是卢斯建筑设计理论的核心论点。后来，包豪斯建筑设计师代表人物密斯•凡德罗 （Mies van der Rohe）发展了卢斯的理论，提出了“少就是多”的建筑设计哲学，认为建筑与形式的创造无关，不需要过多的装饰，只需要一个轻灵通透的建筑主体以及里外连续的流动空间就够了。

到了20世纪后半叶，美国建筑设计师罗伯特•文丘里写作《建筑的复杂性与矛盾性》一书，在该书中，文丘里对日本展览馆与住宅的相似性提出自己的看法，他说道：“我对展览馆与住宅之间，特别是日本的展览馆与新近的住宅建筑之间相似的联系提出疑问。他们忽视了住宅建筑内在的真正复杂性和矛盾性——空间技术的可能性以及形象经验的多样性。强求简练的结果是过分简单化。”① 毫无疑问，展览馆的功能与住宅的功能是不同的，人进入展览馆，变成了观众，而进入家里，则成了主人。这要求建筑设计须结合不同人的心理需要展开设计。他认为，建筑的矛盾性与复杂性与建筑方法及建筑的要求有关，要求设计师必须承认不定性中内在的多样性，必须承认功能问题不断增长的复杂性。我们可以看到，“建筑的矛盾性与复杂性”是其立论的基础和核心的论点。

德国机能主义设计代表迪特•拉姆斯（Dieter Rams）认为，“少设计就是好设计”，这句话作为他个人设计理念的凝缩，对当代工业产品设计产生了重要影响。他在《少设计便是好设计》中提出：“要为设计下一个包罗万象的概念是困难的。但至少要具备这些因素：设计工作的目标应是创造一个具有明确功能的、一切细节都从属产品功能的产品造型；要考虑到新技术、新材料的应用和工序的有效性；要尽可能掌握产品今后使用和安放的情况；设计师与其他各种专家结成

① [美]罗伯特·文丘里：《建筑的复杂性与矛盾性》，周卜颐译，北京：中国建筑工业出版社，1991年，第4页。

群体，共同致力于创造一个良好的、经久耐用的、价格合理的新产品。”① 拉姆斯的设计观，是在第二次世界大战后德国工业设计背景下产生的，是他多年设计实践的理论总结，也是他个人设计风格的凝缩性体现。

对于一篇论文来讲，也可以把复杂的信息归类，总结出一个核心论点来。确立论文题目的过程，就是确立核心论点的过程。论文的题目需要仔细推敲，反复思考是否与正文的内容符合，同时考虑论文题目是否是围绕一个中心展开论述的。例如，论文题目——《浅谈用户界面设计中图标设计与个性化设计在信息传达中的意义》，这个题目本来是对手机或电脑等应用平台上的“图标设计”进行研究，但是在题目中出现了“界面设计”、“图标设计”、“个性化设计”、“信息传达”四个概念，同时又把研究的落脚点放到了“意义”上，有点语焉不详，让人不知所云。这种情况下，就需要抓住论述的中心点，砍掉其他无关的枝节。既然该论文以“图标设计”为研究对象，就应该紧紧围绕这个中心。可以加上限定词对其进行限定，把平台限定在“手机用户界面”，把对“图标设计在信息传达中意义”的研究变为对“图标设计特征”的研究。这样一来，题目可以变为《手机用户界面中图标设计的特征研究》。着手写作时，可以围绕着手机用户界面中图标设计的特点、独特性，展开研究，就简单明了多了。

二、确立理论依据——我为什么这么说

只要是论文，都离不开两个核心：论点、论据。论点反映了学术研究的高度和深度，论据反映了学术研究的可信度。以上两点都是缺一不可的。设计史类论文依靠的论据，主要是建立在大量史料基础上的史实，而设计理论类论文依靠的论据，则主要是可信度比较高的理论。建立在抽象理论基础上写作要比建立在具体历史史实基础上的写作难度大得多。在开始写作时，同时也要确立用什么样的理论来展开论述。如果运用了多个理论，就需要确定是由哪个理论作为立论的主体。

一个研究者选择什么样的理论作为论述的起点和基础，取决于很多因素。有些是来自于研究者的学习背景。研究者在学习过程中，接受的观念、知识体系会不自然选择支撑这些观念和知识体系的理论作为自己理论研究的基础。有些是来自于社会背景，不同国家的意识形态会选择某一理论来支撑其社会基本价值观，这些价值观会影响到生活于此环境中的人们，对研究者也会产生重要影响。初涉学术领域的研究者，会在学过某门理论课程或者读过某理论家著作以后，迫不及

---

① [德]迪特·拉姆斯：《少设计便是好设计》，见李砚祖编著：《外国设计艺术经典论著选读》（下），北京：清华大学出版社，2006年，第216页。

待地运用所学去开展研究。这是情有可原的，不过信手拈来的理论如果不加消化，往往会无法灵活运用，达不到研究的目的和效果。

设计作为与社会联系比较紧密的学科，在研究过程中必然涉及很多方面。在运用理论写作论文时，可供选择的基础理论也很多。涉及的学科理论包括技术理论、自然科学理论、哲学理论、社会学理论、伦理学理论、宗教学理论、艺术学理论、心理学理论等。研究方法理论包括形式分析、象征与符号分析、图像分析、心理学分析、语境分析、精神分析等。研究者可以根据研究目的和研究背景做出选择。

美国唐纳德·A. 诺曼写作的《设计心理学》一书，是设计界认可度较高的读物。结合心理学切入到设计中进行研究，肇始于他对日常生活中日用品的思考。他说道："为什么我不知道如何使用那些简单的日常用品？我会使用复杂的物品，能够娴熟地操作计算机、电子器械和相当复杂的实验设备，为什么却总在开门、开灯、开水龙头时遇到麻烦？……我们不断抱怨自己，却未发现设计上的问题才是真正的罪魁祸首！数以百万计的人都认为自己的动手能力差，现在他们应该改变这种看法了。我写这本书，正是基于这种目的。我在使用日常物品时屡次受挫，加上我在实验心理学和认知科学方面应用知识的积累，我决定写这样一本书。"① 从这段文字中，我们可以看到，研究的选题取决于两个方面，一是作者的写作目的，二是作者的知识背景和理论基础。诺曼通过在加利福尼亚大学及剑桥大学应用心理学部作的研究工作，为该书的写作作了知识积累和理论铺垫。这些理论的积累显然对诺曼写作的成功起到了重要作用。

确立研究目的之后，发现研究目的的实现需要某一方面理论支撑时，要么通过学习获得它，要么只能放弃。这种例子很多，美国历史学家费正清年轻时在牛津做中英关系的研究，他发现研究的起点是首先掌握汉语，因此他开始了汉语的学习。顶尖级的理论家往往在研究的过程中发现新理论，建立起独特的理论体系。大多数理论家是借助已有理论作探索性突破和补充。即使是借助已有理论，想要把某一理论运用得轻车熟路，也需要付出大量的辛劳。

理论的运用往往不能临时抱佛脚，现学现卖。最好在大学一二年级，就通过选修课、网络视频、书籍获取理论知识，为以后的学术论文写作打下基础。还应该加强交流，特别是向其他学科的同学、老师学习是非常有必要的。常言说"书到用时方恨少"。一旦进入写作阶段，再去补充理论知识就不起什么作用了。即使借用一些，也会让人感觉生搬硬套。

---

① [美]唐纳德·A. 诺曼：《设计心理学》，梅琼译，北京：中信出版社，2010年，第24页。

进入写作阶段以后，运用所学理论来为自己的论点作支撑，展开论述。可以通过“与自己辩论”的方式，来反驳相反的观点，批判对方可能提供的论据，同时提出自己的论点，并提供足够的论据。可以把正反两个方面的论述分成多个部分，然后逐一论述。不宜过早地亮出自己的“底线”。写作过程中应该是层层递进的关系。如果把反驳类论文中对立面比喻成一棵大树，应该首先把大树的枝叶去掉，然后层层盘剥，最后把树根拔掉。写作中最忌讳的是整体上的攻击，没有针对性。这样往往让力量分散掉，起不到效果。如果是立论类论文，也需要假想一个反驳自己的对方，然后自己提供足够的论据，让对方无可攻击。无论是反驳类论文，还是立论类论文，都是需要强大的理论依据作支撑的。只要是叫论文，论据永远是核心中的核心。

三、提出设想与建议——我们该怎么做

不能完全把理论类文章理解为抽象的形而上的逻辑推导，特别是对于设计理论论文而言，更是如此。大多数情况下，我们提出了一种看法和观点，在表述这个看法和观点的过程中，需要举正反两个方面的例证，来说明我们提供的观点和看法较以前的更加具有可信性和说服力。这些正面的例证或者来自于行业内前沿设计师的探索性实践，或者来自于作者本人的理解和体验。

设计是和当代生活联系非常紧密的专业，研究者应该拿出大量时间去了解国内外一线设计师都在干什么，他们说了什么，最近有哪些最新的设计活动，出了哪些专业著作。对设计实践领域前沿成果的了解，有助于引发研究者理论性的思考。大多数情况下，是先有设计实践，然后再有设计理论。专业理论家可以“一叶知秋”，通过设计界微小的不为大众可知的动向，窥测到设计发展的趋势和未来。当然这与他们对社会发展深刻的思考和强大的知识背景是分不开的。

论文需要有创新性，论文不是去总结别人做了什么，而是要启发别人去做什么。

好的学术论文能够改变人们对某行业、某事件、某产品的看法，好的学术论文能够启发人们把理论运用于实践。日本民艺家柳宗悦写过很多关于民间工艺的书。他代表性的著作《工艺之道》，是其民艺思想的结晶。该书的主体有三个大的部分：正宗的工艺、被误解的工艺、走向未来的工艺。这三个大的部分，第一、二部分从正反两个方面说明什么样的工艺品才是好的正宗的工艺品，什么样的工艺之美才是真正的工艺之美，第三部分则说明未来的工艺走向何方，应该怎么做。这本书整体来看结构清晰、观点明确、发人深省。其理论基础主要来源于作者对佛教、老庄思想的认识。他认为：“工艺之美就是实用之美，所有的美都产生于服务之心。所用之体必须结实，作为日用器具，要经得起恶劣条件下的考验。看到其形态，就能看到结实的、无害的健康之美。因此要选择质地优良和稳定、简朴的造型，若是脆弱的形体就不能发挥其功能……实用之本身已具备忠顺之德。对此绝不能有逆反之情、炫耀之心以及自我之念。好的器物当具有谦逊之美，并具有诚实之德。高傲的风格和恶劣的造型对器物是不合适的。诚实之性和坚固之质，才能保持工艺之美。”① 柳宗悦在理论方面的贡献在于，他反驳了在近现代形成的以奇技淫巧为能的现代工艺审美，而是主张人们通过“爱”与“净心”去发现日常器物之美，那种没有炫耀与自我，只有谦逊与诚实的日用工艺之美。他认为具有诚实之性与坚固之质的日常器物，才能保持工艺之美，而华而不实和粗制滥造不堪使用的器物，则是和工艺之美相背离的。

柳宗悦的这种民艺理论在当时产生了很大的反响，启发了很多工艺美术师开始把目光转向实用品，开始尝试创造一些看似普通，实际上却蕴含“自然之道”和“工艺之道”的名物。他同时还把自己的理论运用到实践，集合有志之士设立了日本民艺美术馆。该美术馆中陈设了包括日本、中国、朝鲜在内的民俗工艺品。他的这种理念不仅在当时的日本产生了很大轰动，对同时期河井宽次郎、滨田庄司等陶艺家产生了一定影响，同时还影响到了欧美陶艺界。

美国设计师哈特穆特·艾斯林格在其《前瞻设计》一书中提出：当代设计师需要肩负社会责任。他随后对于该论点进行了论述，他认为：“设计师肩负着社会责任，他们有责任将人们的需求同科学、技术以及商业中存在的新机遇相结合并要妥善协调他们之间的关系，因而他们设计的产品会具备一定的文化价值、能带来丰厚的利润并能保持生态的可持续发展。全球化进程的不断加快既带来了巨大的挑战也带来了新的机遇，这就要求设计师既要有天赋又要具备识别和影响新趋势的能力。设计师必须要运用自己的技能来处理外包业务带来的种种复杂问题，此外要利用自身的技能扭转当前过度生产大量平淡无奇的、难于使用的产品的局面。设计师还要帮助当地文化和部落文化将传统习俗转化为有益的新概念，以建立一套全新的“家包”理念。要想在注重理性的商界成为受人敬仰的高素质执行伙伴，设计师本人必须成为创意企业家及创意主管。最终，设计的标准一定要高于所有商业功能基准，并以求近乎永恒的文化价值和精神性作为目标。”②

通过以上例证不难看出，写作者与艺术家一样，在笔端凝聚了历史使命感和社会责任感。在写作论文过程中，去思考论文的应用价值，是非常有必要的。也可以随时把自己写作的内容与同行好友分享，然后听听其他人的意见。借助他人的建议来修正自己的看法和认识，同时提出可行性、可操作性的方案。

---

① [日]柳宗悦：《工艺之道》，徐艺乙译，桂林：广西师范大学出版社，2011年，第29页。
② [美]哈特穆特·艾斯林格：《前瞻设计》，北京：电子工业出版社，2014年，第206页。

设想与建议可以提得大胆一点，一般放到论文的最后一个章节。在大量例证和论据基础上，大胆提出可行性建议，是为了为读者提供一个思路和实践的方向。本科毕业论文有时候需要结合自己的毕业设计展开论述，这样就更加具有说服力。

案例点击——21世纪设计展望

[日]田中一光《设计的觉醒》：

“21世纪无法回避对上世纪的反省和挽救之责任。设计也无法脱离‘环境的再生’、‘消费—使用—丢弃的文明怪圈’以及‘人情的复苏’这三重考量而存在。当理想的蓝图在近代都市的天际线上慢慢消失，某种怪诞的宗教就开始在人们荒芜的心灵中悄悄潜入。我认为，思考受伤地球的再生，重新认识非西欧文明，脱离整齐划一的欧陆风格，控制对舒适的过度追求，减少华而不实的国际交流，弥合由认知不同而产生的思想冲突，找回对非光滑闪亮之物品的审美等，这些都是21世纪设计的最大课题。21世纪的设计，将处于更多样化和更高科技的环境中，但同时，也走到了需要重新审视人类价值观与标准的时候。”①

[日]荣久庵宪司《21世纪的工业设计》：

“21世纪的中国工业设计：21世纪中国的工业设计前景可以归纳如下：第一，以提高产品质量为目标建立最受欢迎的产品设计的新领域。基于对工业社会发展方向的估计，这是中国唯一可行之路；第二，从亚洲和全球的视点并结合设计的综合能力，寻求和发展多学科项目，并建构起这种机制；第三，组织促进设计价值的三个方面，一是推广，也就是促进设计价值；二是实践和寻找项目即业务；三是业务的权威性。这三个方面像推进器一样围绕着设计价值旋转，并推动它。政府、个人和企业都要建立这样的系统。北京、全中国、亚洲乃至全世界都将期待着以上所提及的发展。”②

[韩]金泽勋《21世纪设计教育之展望》：

“关于被称为信息、知识社会的未来社会，理论家们的共同见解是：它是有别于工业社会，更加重视均衡思维的‘精神性’，更加重视以地域固有文化为底蕴的‘价值观多样性’，更加重视计算机通信网络连接这些精神和价值观的‘区域化为基础的有机融合’，更加重视以宏观角度对彼此不同的系统、环境因素一视同仁的‘整体性’思维。此外，在人类生活中，对精神的重视和计算机、通信网络的发达，将带来‘经济的电脑软件化’；使用和可持续、传统和稳定、品格和含义等，将成为生活的模式。人们的生活观，将从工业社会成熟期追求经济富足的‘物质主义生活观’，逐步移向‘摆脱物质主义的生活观’，即关心知识，追求文化与创作等趣味活动，自然保护，社区服务等多种意象，并使其价值获得满足。大量生产、流通、消费的形态诱发了能源与资源枯竭、环境污染，这些全球性严重问题所造成的社会理念和人们生活，正朝着‘节俭性发展’、‘与自然和谐’的方向转变。在艺术和社会领域，构成社会的‘因素多元性’正得到认可，希望努力打破固定的形式和标准，消除主观性、相对性的考虑与人性等。同时，人们对多样性为基础‘增进情感交流’的关切正在增长。”③

---

① [日]田中一光：《设计的觉醒》，朱锷等译，桂林：广西师范大学出版社，2010年，第33页。

② [日]荣久庵宪司：《21世纪的工业设计》，见李砚祖编著：《外国设计艺术经典论著选读》（下），北京：清华大学出版社，2006年，第313页。

③ [韩]金泽勋：《21世纪设计教育之展望》，见李砚祖编著《外国设计艺术经典论著选读》（下）， 北京：清华大学出版社，2006年，第330页。

4.3 设计学论文例文评析

例文1 设计史例文

“建国瓷”的历史意义

作者 甄明舒

摘要： 在新中国成立不久启动的“建国瓷”及紧随其后的“出国展览瓷”等项目，对后来的陶瓷艺术乃至整个工艺美术的发展产生了深远影响，其在多方面的意义和作用值得我们认真研究。本文旨在通过对“建国瓷”创制过程的梳理，论述其历史意义。

关键词： 建国瓷；展览瓷；工艺美术；学院化

新中国成立之初，在中央高层领导的直接关注下，在工艺美术领域内启动了“建国瓷”、“全国民间美术工艺品展览会”等一系列活动，这些活动直接触发了创建工艺美术学院的动机，并为学院的成立奠定了基础，由此开启了我国工艺美术的学院化时代。或许在今天看来“建国瓷”并无多少令人惊异之处，但它的真正意义却隐藏在整个实施的过程之中。正如当年参与创作的4位学生之一金宝升先生(1932—2012)所说：“建国瓷，本身并不复杂，但是它的影响却很深远，后来我们国家的陶瓷专业上很多事情都受到它的影响。”① 在中国现代工艺美术的发展历程中，“建国瓷”成为一个重要节点，以此为起点，开启了中国真正意义上的现代工艺美术时期。它是新中国成立后“第一次有组织、有计划、有目标地恢复和发展中国传统制瓷技艺，将近百年的陶瓷制作推向一个新的水平”②；是陶瓷艺术史上第一次由学院主持实施，由专业艺术家完成设计；第一次由专家和艺人合作完成制作，在艺术家的主导下，摆脱了传统宫廷瓷器繁缛的装饰风格；第一次由专业人员对我国陶瓷产区进行科学、系统的调查和数据资料的整理；在“建国瓷”等项目的触动之下，促成了我国第一所高等工艺美术学院的成立。在设计和生产研制过程中，由于学院师生深入到生产一线，学院意识的传播，对古老的陶瓷产区产生了深远影响，这种影响在其日后的创作生产中渐渐显露出来。

---

① 肇文兵：《关于建国瓷的点滴记忆——访建国瓷亲历者金宝升先生》，《装饰》，2009年第9期，第20页。

② 蔡孟：《从一体化到分化——中国现代陶瓷艺术发展历程的分析》（清华大学文学博士学位论文）。

新中国成立之初，百废待兴。多年战乱使国力极为衰弱，以至于新成立的共和国在招待外宾的国宴上，竟没有专用的餐具。据金宝升先生回忆："据我个人的印象，当时我们的外交部门反映，我们国家在国际宴会上没有自己成套的餐具，后来就借用别人的餐具，这在国际上是很被动的事情。"① 针对这种情况，时任政务院副总理兼文化教育委员会主任的郭沫若提出："中国是瓷器之国，新中国成立后，就应鲜明地表现新中国的岁月，应该把历史上好的经验总结出来，创制新中国的国家用瓷与国家礼品瓷。"② 这一建议得到周恩来总理的高度重视，并亲笔批示。

将要烧制的国家用瓷被定名为"建国瓷"，1952年2月，由轻工部牵头召集召开"陶瓷座谈会"和各方面的专家商讨研制建国瓷的具体方案和要求。随后，成立了"建国瓷设计委员会"，郑振铎任主任委员，江丰和张仃任副主任委员，中央美术学院实用美术系陶瓷科担任设计工作，景德镇、醴陵、宜兴等陶瓷产区负责烧制。

"建国瓷"的设计和制作过程是我国有史以来第一次在政府主导下，由艺术院校负责实施，由艺术家主持设计并参与制作完成的。这在我国陶瓷史上具有划时代意义，也由此开启了由院校引领工艺美术的新时代。当时动员了各方面最精锐的力量共同参与"建国瓷"的设计工作，庞薰琹、雷圭元、徐振鹏、祝大年、高庄、郑可、郑乃衡、梅健鹰等一批优秀的艺术家和工艺美术家都在其中。委员会对"建国瓷"的设计定位提出了主导性意见："要体现我国传统的陶瓷艺术风格。造型以保留在原北京东华门萃华楼饭庄的清宫廷慈禧用'万寿无疆'中餐具为蓝本。本着'古为今用，洋为中用'的精神，按新中国宴请形式，以实用为标准。"③可以看出，当时的目标是要创制一批能够反映新中国最高水准的优质瓷器，借此振兴日趋萎缩的陶瓷产业。在时任中央美术学院院长徐悲鸿写给当时在清华大学管建系执教的高庄、莫宗江和王逊三人的信中流露出了这个愿望"倘能请到高庄先生来主持中央美院陶瓷科，我想在三年内可以陆续完成现有之理想……我们试制(创作)新中国瓷，可由国家定制，尤要在民间普遍烧制。"

"建国瓷"的评审工作均由社会知名人士担任，如郑振铎、王朝闻、艾青、华君武、沈从文等，并且周恩来总理直接参与了设计方案的评选和审定。经过反复审议，最终在两百多套不计名的设计稿中选中了祝大年设计的青白瓷斗彩缠枝

---

① 肇文兵：《关于建国瓷的点滴记忆——访建国瓷亲历者金宝升先生》，《装饰》，2009年第9期，第20页。
② 肇文兵：《关于建国瓷的点滴记忆——访建国瓷亲历者金宝升先生》，第20页。
③ 肇文兵：《关于建国瓷的点滴记忆——访建国瓷亲历者金宝升先生》，第20页。

牡丹纹中餐具和青花海棠纹西餐具各一套。从最后的成品来看，祝大年的设计的确在很大程度上符合了设计委员会提出的，既要体现我国传统陶瓷艺术风格，又要符合今天的实用，传达出新中国新面貌的要求。祝大年的这两套方案在整体风格和布局上是传统的，但纹样皆为原创。在器型上，也依据实用的原则在传统基础上作了适度调整。所以看上去既有传统底蕴，又给人焕然一新的感觉。这正好迎合了当时人们的审美要求和心理诉求，体现出新的国家形象，也使我国的陶瓷艺术达到了一个新的高度。

从当时的情况看，祝大年的方案能够被选中有一定的历史必然性。当年参与“建国瓷”设计的人中，只有祝大年一人是留日背景，并且是专修陶艺。这样的背景使他对中国传统陶瓷艺术有着更为深刻的理解，他的研究生杜大恺曾经回忆说：“祝先生在日本吸收了欧洲和中国的艺术精髓，包括工艺美术思想。这也是个怪现象——在那个虚无和革命的时代背景中，反而在日本能更好接触和理解中国文化。”① 祝大年留日期间师从日本“人间国宝”北大鲁山人和富本宪吉。不仅学习陶艺创作，而且接受了严格而系统的陶瓷工艺方面的训练。他兼具科学家和艺术家的双重气质，既有极高的艺术造诣，又有严谨精确的一面，以至于后来人们对他的评价是“他的画是科学家眼中的自然界，他的山水是科学家眼中的山水”②，这种将浪漫的艺术才情寓于严谨理性之中的独特气质，使他成为领受这一任务的最佳人选。作为国宴用瓷，更多的是要展示作为陶瓷大国的中国瓷器的精湛和对历史文脉的传承，对正统性的要求压倒了对艺术性的要求。同时，新成立的共和国需要一批能够体现出新中国气象，代表国家形象，反映新中国最高水平的专用瓷器。这一微妙的分寸，被深谙传统文化而又具有深厚陶瓷艺术学养的祝大年恰到好处地把握住了。

为了使“建国瓷”的烧制能够达到预期效果，中央美术学院实用美术系陶瓷科的主要力量几乎全部出动，“陶瓷专业能去的老师都去了，甚至模型师傅都去了。可以说是集中了当时最有名的陶瓷专业人员和最有名的老艺人，并且还请回了一些解放前就离开岗位的老艺人，请他们来画青花”。③ 1952年夏天，祝大年、高庄、郑可、梅健鹰等几位教师带领4名学生奔赴景德镇陶瓷产区，会同中科院冶金陶瓷研究所和轻工部上海工业研究所的技术人员，共同开始了为期三个

① 顾跃：《“天地有大美而不言”——对祝大年先生艺术的再认识》，《美术观察》，2008年第2期，第35页。

② 肇文兵：《关于建国瓷的点滴记忆——访建国瓷亲历者金宝升先生》，《装饰》，2009年第9期，第21页。

③ 肇文兵：《关于建国瓷的点滴记忆——访建国瓷亲历者金宝升先生》，第21页。

月的“建国瓷”试制工作。首先以“建国瓷”生产为契机，对景德镇陶瓷工艺进行系统的挖掘整理，对当地的瓷土原料、瓷釉配方、烧成方法和器型纹饰进行了一系列调查研究。在他们的努力和感召下，一些老艺人把祖传的秘方绝技都贡献了出来，这为“建国瓷”的工艺水准提供了保障，也为日后我国陶瓷工业的发展整理出极有价值的技术资料。

“建国瓷”的设计制作工作自1952年10月开始，到1954年9月结束，历时近两年，共计生产了73556件产品，均为手工制作，柴窑烧成。生产出来的瓷器分批送到北京进行遴选。中期选出来的成品于1953年10月，在北京故宫博物院保和殿举办了“建国瓷”预展，徐悲鸿与梁思成、林徽因、李宗津在高庄、王逊、莫宗江等人陪同下，参观了展览。徐悲鸿对在场的“建国瓷”创作人员强调了“建国瓷”的特殊意义以及在创作思想上的要求：“建国瓷的制作，是新中国的创举，是陶瓷事业新生命的开始。所以在工作进行之前，必须澄清陈腐的传统观念，在工作进行之中，必须经常总结经验，在即将完成任务之际，要保持清醒头脑，保持不骄不躁的工作作风，逐步使建国瓷的质量提高到应有的水平。”① “建国瓷”在当时产生的影响和意义是多方面的，随着这些项目的启动，全面恢复和发展我国的工艺美术的各项活动迅速开展起来。在这种形势的触发下，中央高层萌生了成立一所工艺美术学院的念头。在一次“建国瓷”设计方案的评选会上周恩来提出：“我国是世界上人口最多的国家，有悠久的文化，工艺美术有光辉的艺术传统。我们又是多民族国家，各民族都有自己的民族工艺，对工艺美术要进行全国性的调查，要关心艺人的工作和生活，要成立工艺美术学院，要培养不同专业的工艺美术设计人才。”② 随后，中国的第一所高等工艺美术学院很快进入了筹备阶段。

“建国瓷”的实施过程，还不具备现代手工艺的完整特征，但是与传统工艺美术已经有了本质的区别，可以说由此开启了我国真正意义上的现代工艺美术时期。这个时期的总体特征，是美术与工艺的分离，由院校出身的专业人员完成对产品的设计，由职业艺人或技术工人完成制作，进而实现对批量生产的工业产品外观的装饰美化目的。

在随后成立的中央工艺美术学院里，聚集了一批兼通工艺美术设计和绘画艺术的大家，他们中既有像庞薰琹、雷圭元、祝大年、高庄、郑可、梅健鹰等一批曾经留洋海外，接受过系统、扎实的专业训练和西方文化熏陶的留学回国的天之骄子，也有像张仃、张光宇这样无师自通的天才艺术家。他们都具有扎实的专

---

① 曲立氏：《景德镇“建国瓷”轶事》，《陶瓷研究》，2006年第1期，第15页。
② 杭间主编：《清华大学美术学院（原中央工艺美术学院）简史》，第9页。

业功底，深厚的艺术学养，宏阔的艺术视野。在他们的共同努力下，构建了中国现代工艺美术及设计教育的坚实基础，培养出一代代工艺美术设计家和装饰艺术家，对我国现代工艺美术及现代设计教育的发展产生了深刻影响。

评析

论文写作，重要的是捕捉到一个关键点，由此深入进去，扩展开来，挖掘出有价值的线索，支撑起独辟蹊径的观点，得出具有建设性的结论。特别是史论写作，在历史的脉络中发现一个事件，这个事件在当时只是自然发生的，但是它对后来事情的发展却产生了重要影响，甚至改变了历史的走向，因此成为一个领域历史发展的重要节点。

该篇论文以新中国成立初期，由政府定制“建国瓷”这件事为契机，对事情的发展过程进行挖掘和梳理。虽然只是一套餐具的创制，但是由于发生在特定时期，以前所未有的方式所完成的，便具有了不同寻常的意义。在对资料的梳理中发现，“建国瓷”是我国陶瓷史上第一次由学院主持实施，由专业艺术家完成设计，由专家和手工艺人合作完成制作。这使得它与传统工艺美术有着本质区别，因此成为现代工艺美术与传统工艺美术的分水岭。大批专家学者的深度参与，对日后陶瓷艺术的发展产生深远影响。在“建国瓷”等项目的触动之下，促成了我国第一所高等工艺美术学院的成立，成为现代工艺美术的开端，甚至是现代设计教育的一个原点。

例文2 设计理论例文

意象与模件：对汉字民间装饰字体构形的思考

作者 李淳

摘要：民间装饰字体是以汉字形体为依托，使用装饰手法绘写的艺术化汉字，是融文字信息传达与装饰艺术表现为一体的艺术性字体。本文尝试从意象思维入手，提出民间装饰字体的构形是对字“象”与字“意”的再构，并尝试以“模件”理念理解汉字民间装饰字体的构形。

关键词：民间装饰字体；构形；意象思维；模件

汉字民间装饰字体是以文字形体为依托，使用装饰手法绘写的艺术化汉字，是汉字在逐渐走向规范的过程中出现的一种装饰倾向，其构形凝聚了民间大众特有的思维观念与审美取向，融文字信息传达与装饰艺术表现为一体。对于民间装饰字体构形的多维分析，将有助于理解这种独具特色的文字艺术形式，丰富当代汉字设计的思路与方法。

一、基于意象思维的汉字构形

汉字的形成离不开人类思维方式的介入。将汉字的感性形象与抽象意义相结合，从而表达一定的本体意义，我们将这种思维方式界定为意象思维。意象思维不同于形象思维，它是一种主客观一体化的思维方式，既包含具体的表象也接受理性的指引；而形象思维则是以具体形象或图像为思维内容的思维方式。意象思维也不排斥抽象思维，将其作为有益补充，对事物表象作抽象、概括、凝练，强化对于意念的表达。

汉字的形成与发展受到意象思维的深刻影响。汉字造字从象形开始就并不是对事物完全写实的摹写，而是古人对事物特征进行概括、提炼后，经由联想与想象力的加工改造后形成的表意之“象”。与西方表音文字体系相比，汉字的“象”是经过创作主体情感渗入与主观体验之后而创造出来的一种形象，是寓“意”之“象”，是人心之“象”。既包含了人可直接感知、像其表现对象的“实”象，又包含了对于事物认知与加工过后产生的“虚”象，“虚”、“实”的叠合就产生了“意”的延绵。因而，汉字的“意”是与“象”相对应的，两者遵循言此意彼的原则，“意”是由“象”所引发的情感、意义、观念，是人们对外界事物的经验与认知，包含了民族心理与传统文化的深厚积淀。

可见，意象思维成为汉字构形的重要思维方式之一，立象表意成为汉字的首要特征。汉字的“象”、“意”之间构成了一个弹性空间，其间潜藏的丰富信息不断引发人们合理的想象与联想，为主观情感的渗入创造了机会，使汉字呈现出“在似与不似之间”的隐喻特征，拥有超越表象、无比灵动的特质。

二、民间装饰字体的构形是对象与意的再构

在中国传统文化、审美观念影响下，汉字“象”与“意”的相互依存关系，使审美主体渴望通过优美的字“象”体会到无穷字“意”，汉字装饰的倾向由此而产生，民间装饰字体则将这种倾向做了进一步发挥。

装饰是在物体表面添加纹饰使其美观的艺术手法。宋代程颐有云：文饰之道，可增其光彩，故能小利于进也。提出对于物体进行适当的装饰，将利于对象的表现。因此，为了立“象”尽“意”，在汉字日趋成熟的同时，民间艺人运用装饰美化的手法，自觉地对汉字字体进行艺术加工，形成具有装饰性的汉字形式。

汉字民间装饰字体“象”与“意”的再构关系体现为互为制约、互为促进。一方面，人们通过对视觉“象”符号的装饰变形，延伸出关于“意”的无尽的想象，强化字“象”的表达，呈现字“象”的形式美与吉祥美好的象征寓意；另一方面，意象思维为装饰字体的构形提供了理据，从“意”出发，以“意”为据，避免了对“象”元素进行拆分、变换、组合的主观随意性，使对“象”的添加与美饰有了可能。

汉字民间装饰字体的构形是对汉字“象”与“意”的再创造，进一步拓宽了汉字意象思维所创造的隐喻空间，使欣赏者通过阅读视觉“象”符号，进而超越“象”的限制，尽情感知汉字意象的勃勃生机与文化意蕴。

三、民间装饰字体构形中的模件理念

文字训诂学专家王宁认为：汉字是由不同数量、不同功能的部件依不同的结构方式组合而成的。部件的数量、功能和组合方式（位置、置向、交接法），是每个汉字区别于其他汉字最重要的属性，汉字的信息量主要是由部件来体现的。著名汉学家雷德侯则将组成汉字的各个部件称为“模件”，在其《万物》一书中说道：“汉字可以说是人类在前现代文明的最复杂的形式系统，而且也是模件体系的完善典范。”他将汉字称之为“模件组合”，将汉字由简到繁分为五个层面：“元素（elements，单独的笔画）—模件（module，构件或成分）—单元（unit，单独的汉字）—序列（series，连贯的文体）—总集（mass，所有的汉字）”，并且认为“模件即是可以互换的构件，用以在不同的组合中形成书写的文字”。雷德侯的观点显然是西方人理性思考模式的结果。

无论是王宁对于汉字“部件”的阐述，还是雷德侯关于汉字模件化体系的认定，都是在肯定汉字是由最小的结构单元——笔画，按照一定的理据进行的整体构成，体现了汉字构形的复杂性与可组合性。从汉字构形出发，“模件”观念应同样适于分析民间装饰字体的构形思维与设计方法。

汉字的“模件化”组合为研究装饰性字体提供了从笔画入手、从局部到整体的新思维。汉字的装饰变形延续汉字模件体系的构成，从笔画开始，装饰化的元素（笔画）组成装饰化的模件（构件或成分），由装饰化的模件再组合成装饰化的单元（单独的汉字），甚至将装饰单元按照一定结构法则组合成序列化的整体。装饰字体的“模件化”组合构成特点，使书写者在意象思维指引下，从汉字的“象”美“意”达出发，将各种装饰“模件”进行有机组合。

因此，模件化体系使汉字的装饰字体系统层次丰富、变化多样而易于设计操作。民间装饰字体的模件化组合可分为两个基本层面：第一个层面是指隶属于某套装饰字体而言的系列化模件。例如在装饰性字体鸟虫书中，鸟首、鸟眼、鸟爪等模件元素，既可独立成形，又被书写者依据字形结构，组合成风格统一的装饰字体。第二个层面即点状分散、各自独立的装饰元素模件。既包括具象化、较为复杂的装饰模件，如传统的凤、喜鹊、松、竹、梅、石榴等蕴含吉祥寓意的图形元素；此外，还包含部分抽象化、较为简洁的装饰模件，作为丰富汉字装饰的衔接模件。两者均可作为基础单元的装饰元素、模件，以字意为据，以字形为准则，应用于不同的单个汉字结构。

具体设计时，这些模件还会遵循相应的规则。一套装饰性字体中的不同模件通常会相对稳定地充当相应的笔画形态。如福州涌泉寺木雕文字对联中，“人”形模件、“云”形模件在不同的字形中均有出现，“人”形模件主要是作为竖笔画，“云”形模件则充当横、撇等短笔画，体现出模件化的规律性特质。

此外，由于汉字本身构形的复杂性，装饰字体的模件往往需要通过变化形状、尺度、比例以适应不同的笔画形态，从而最高程度地适应汉字字形中的不同笔画形态、结构位置，达到造型生动而协调、与字形结构和谐统一的目的。

总之，对汉字“模件化”构形方式的理解，利于从汉字的造型本质解读民间装饰字体的构成手法。依靠对于模件化特征的理解与分析，设计者可尝试从局部入手完成基本装饰模件的创意，然后按照汉字构形规则合理组合，从而实现整套字体的创意设计。

四、结语

民间装饰字体是一种独特的汉字艺术形式。在意象思维指引下，民间装饰字体的构形是对字“象”与字“意”的再构；模件化的观点则有助于我们理解庞大而复杂的汉字装饰字体体系。从构形思维到模件化的组合构成，换个角度考察汉字装饰的构形与表现规律，将对今天的汉字设计创作带来新的启示。尤其在当下中西文化交融、传承与创新并存的时代背景下，如何从汉字装饰字体的构形思维与方法中探求新的汉字设计理念，将这一古老的视觉体系与当代信息传播的诉求相结合，应是汉字设计者的重要使命。

参考文献：

[1] [德]雷德侯.万物[M].张总等译.北京:生活·读书·新知三联书店,2005.

[2] (汉)许慎.说文解字[M].北京:中华书局,2004.

评析

设计理论类论文的写作需要能从理论层面展开对设计问题的思考，可结合自身专业特点，尝试借鉴其他领域的研究成果对设计问题进行深入分析。

该论文尝试从意象思维入手，对汉字民间装饰字体的构形展开思考。论文采取“花开两朵，各表一枝”的写作方法。虽然论文主体内容似乎写了两个内容，即“意象”与“模件”，但这两个内容都立足于对汉字民间装饰字体构形的思考上，所以在逻辑结构上并不失完整性。在论文主体部分，作者采取层层递进的方式，首先论述了何为意象思维，以及汉字构形是如何受到意象思维的影响，强调立象表意是汉字的重要特征；其次，论文阐述了民间装饰字体的构形即是对汉字“象”与“意”的再构；最后，论文引入“模件”理念具体分析了民间装饰字体的构形方式。论文主体逐层推进，论述汉字民间装饰字体构形的思维、方式与方法，为读者提供了理解装饰字体的新角度。论文结语部分是对全文内容的总结，表明作者的观点，并引申对汉字设计的思考。

思考与练习

1. 设计史的研究有哪些方法？在研究过程中需要注意哪些问题？
2. 你了解哪些设计理论？设计理论写作要具备哪些条件？
3. 择取不同类型的设计论文，对其研究视角、研究方法、论证逻辑，进行评析。

第5章 艺术学学位论文写作

- **艺术学学位论文写作**
  - **选题与开题**
    - 论文选题
      - ① 结合本专业确定选题
      - ② 选题要有创新性
      - ③ 选题要“以小见大”
    - 论文开题
      - ① 选题目的及意义
      - ② 国内外研究动态
      - ③ 研究内容与方法
      - ④ 预期成果及创新点
      - ⑤ 论文工作进度安排
  - **构思与写作**
    - 拟定提纲
      - ① 明确中心论点
      - ② 拟定简单的提纲
      - ③ 进一步细化提纲
      - ④ 讨论并修改提纲
    - 撰写初稿 — 引言、正文、结论、参考文献
  - **校阅与修改**
    - 常见问题
      - ① 语言不规范，文字表述不准确
      - ② 论据不充分，资料引用不严谨
      - ③ 理论性不强，逻辑推理不严密
    - 修改校对 — 增、删、换、调
  - **评阅与答辩**
    - 论文评阅
      - ① 指导教师评阅
      - ② 专家评阅
    - 论文答辩注意事项
      - ① 体态自然，语速适中
      - ② 自信表达，从容作答
      - ③ 控制好答辩时间

5.1艺术学学位论文写作的定义及特点

艺术学学位论文与其他学科学位论文一样，都遵循一定的标准和规范。按照国家标准《科学技术报告、学位论文和学术论文的编写格式》（GB 7713—87）的定义："学位论文是表明作者从事科学研究取得创造性的结果或有了新的见解，并以此为内容撰写而成、作为提出申请授予相应的学位时评审用的学术论文。学士论文应能表明作者确已较好地掌握了本门学科的基础理论、专门知识和基本技能，并具有从事科学研究工作或担负专门技术工作的初步能力。硕士论文应能表明作者确已在本门学科上掌握了坚实的基础理论和系统的专门知识，并对所研究课题有新的见解，有从事科学研究工作或独立担负专门技术工作的能力。"那么，艺术学学位论文可以理解为是表明作者在艺术学领域内取得的创新性的结果或见解，并以此撰写而成以提出申请相应学位的学术论文。

学位论文除了遵循一般学术论文的规范以外，还需要能够反映自己在所学领域内的创新性认识，要具有一定的系统性和科学性。学位论文是高等教育各个阶段所达到的不同学术水平的一种表现，是评价大学本科阶段、研究生阶段学术水平的一个重要尺度。对于艺术专业同学来讲，因为所学专业多数是以实践为主，平时往往很少对自己的想法进行整理，也不会写作专业的学术论文。在这种情况下，直接进入毕业论文写作阶段，会发现无所适从，不知从什么地方着手。学位论文的写作是对大学综合学习能力的考察，不仅仅是写一篇论文那么简单。如果平时没有积累，就不会写出一篇合格的学位论文。

学位论文一般包括文献搜集与整理、撰写选题报告、开题报告、论文写作、专家评审、答辩等环节。在这些环节中，要考察的能力是多方面的，比如资料搜集工作，看似简单，如果不遵循一定方法，就会效率低下，搜集到一堆无用的无法采用的资料。所以毕业论文首先考察的是资料搜集与整理的能力。另外就是如何能够把自己专业实践过程中一些创新性想法转变成论文的选题，这是考察我们提出问题、分析问题，并把问题经过思考和论证形成方案的能力。那么论文的主题是否具有逻辑性，写作的语言是否具有学术性，就是考察写作能力和文字表达能力了。论文答辩环节，考查的是口头的表达能力，就是看是否能够用逻辑性语言对论文观点进行总结归纳以及对别人提出的问题进行明确解答。

朱青生在《十九札——北大教授写给学生的信》中曾对学位论文的写作提出自己的看法。他认为，学位论文需要具备四个方面的条件：全面掌握所学专业知识；了解学科的基本方法；在教师给定的课题中模拟性地解决问题；以规范格式撰成结构完整的作业。以上四个方面中，第一个方面朱青生强调了常识掌握的重要性，包括对专业各门课程的概念、理论、主要成果的了解与运用。能够了解大学图书馆和数据库、运用网络检索资料的能力。在“了解学科基本方法”方面，他强调了资料的整理分析能力，以及需要确立一个主导的论证思路，然后展开，列出自己的观点。在“根据教师给定选题模拟性解决问题”方面，他强调了学生可以在教师给定范围内明确自由选择的理由，设计出解决课题的方法。然后第四个方面即明确提出自己观点，完成结构完整的论文 。①

从艺术学专业论文的写作内容来看，可以分为以下几种类型：（1）案例分析性论文。案例分析性论文指的是对所学专业领域内某一突出的案例进行分析、比较、评价，并提出创新性看法的论文。美术学类专业可以以某一画家、某一地区、某一风格为案例，进行案例研究。设计学类专业可以择取某一设计师、某一设计产品为案例，进行案例研究。此类论文写作需要搜集大量资料作为支撑，类似于调研报告。（2）观念表述性论文。观念表述性论文更多侧重于理论表达，它更加强调作者观念的创新性表达。此类论文写作需要具备扎实的专业理论基础，包括对古今中外哲学、美学、社会学等多方面知识的了解掌握，同时需要具备一个基本的理论体系，然后运用一定的逻辑语言对自己的观点进行表述。在表述过程中，会引用到部分国内外理论著作的部分观点，来作为自己论点的支撑。（3）实践创新性论文。艺术学专业的有些同学具有很强的动手实践能力，不过在写作文字时，总是感觉头疼。头脑中也没有多少理论储备。进入毕业论文写作阶段以后，不知从何下手。其实对于本科毕业论文而言，不一定非要写作理论性很强的论证性文章，也可以结合自己在实践过程中的体会心得，确定选题。那么此类论文就侧重对创作或设计过程中的体会或思考展开论述，其价值在于可以为其他同专业人员提供实践参考。

对于本科生而言，毕业论文的准备工作是从大三学年开始的。在这一学年，一般都明确了自己所感兴趣的专业领域和主攻方向。在这前提下，要经常与学长和老师讨论自己的想法，平时也可以把自己的一些想法记下来，然后尝试把它变成一个作品或者一篇小论说文。最好在大三学年尝试写一到两篇完整的符合学术规范的学术论文，甚至尝试投到本专业的学术刊物上，争取能够发表。这种锻炼对于写毕业论文是非常有帮助的。平时应该重视理论知识的积累。通过做读书笔记、写读后感等形式记录自己的感触和想法。当然也可以对某一次展览活动或者某一艺术现象写一点评论，发表在自己的博客等网络平台，以供与同行交流。

---

① 朱青生：《十九札——北大教授写给学生的信》，桂林：广西师范大学出版社，2001年版，第78—79页。

案例点击——艺术学学位论文写作

陈池瑜《艺术文章写作技巧》：

“艺术学学位文章写作是高等艺术院校或综合大学艺术院系学生及科研机构研究生写作获得一定等级学位的论文。本科生完成四至五年学习后，各门成绩达到一定标准，然后要完成一篇毕业论文，通过论文答辩，方能取得学士学位。至于硕士研究生和博士研究生在完成学位课程后，其学位论文写作至关重要，因为其学位论文代表他们学习和研究的水平，包括他们在本科中的基础知识及创新意识与创造力。学位论文是考核本科生、研究生是否达到相应专业水平的主要依据，因此，写好学位论文是获取学位的最重要的环节。”①

5.2论文的选题与开题

概括来讲，毕业论文都经过以下几个环节：论文选题与开题、论文构思及写作、论文校阅与修改、论文评审与答辩四个基本环节。

5.2.1 论文的选题

毕业论文的选题，指的是学生在教师指导下选择和确定毕业论文主要的研究方向和范围，进而确定论文的题目和主要研究对象。论文选题是毕业论文写作的第一步，也是重要的一步。如果在研究方向和研究范围上与自己所学的领域有偏差，或者选择的题目并不是自己所擅长的，都会对论文的质量产生直接的影响。一篇好的论文首先要有一个好的选题。好的选题能够起到事半功倍的作用。可以采取先大后小的方法，即先确定一个大的研究范围和自己感兴趣的方向，然后与指导教师讨论自己的想法，最好是能够写几个大概的题目，与老师展开讨论，逐步修正自己的想法，最后确定论文题目。

论文的选题可以遵循以下几个原则：

一、结合本专业来确定论文选题

此处的本专业指的是自己所学的学科方向。比如环境艺术设计专业的同学选择论文选题必须要限定在该专业领域以内，不能选择服装设计或者其他设计门类的选题。毕业论文是大学四年所学的理论总结，当然要以自己所学专业为研究的内容。况且所学专业往往是自己关注最多的领域，容易深入进去。在选题前，不妨先把所在专业的大致研究领域作一个梳理，用图表的形式分割成许多的板块，然后从中寻找自己感兴趣的板块或者领域。

以艺术学门类下属的环境设计（环境艺术设计）专业为例，可以分为室内设计方向、室外景观设计方向、展览展示设计方向等。选题时可以根据自己的兴趣

① 陈池瑜：《艺术文章写作技巧》，济南：山东美术出版社，2003年，第249页。

及擅长，选择其中一个方向作为选题的大致范围。然后再进一步深入展开。比如选择了室内设计方向，就再进一步对其进行层层分类。室内设计可以分为空间形象设计、室内陈设设计、室内物理环境设计、室内陈设艺术设计等。或者可以把室内设计分为客厅陈设设计、卧室陈设设计或者厨房陈设设计等。除了以上分类以外，还可以分为环境设计理念、环境设计实践两大类。如果选择第一类，就要到图书馆及网络数据库中查找关于环境艺术设计的文献，进行速读和精读，找到疑问处或者感兴趣的地方，确定研究的题目。如果是平时比较关注设计实践的同学，在参观校外设计展、观看某设计师作品或者研读某设计项目时，产生触动并有了自己的一些方法，也可以通过思路整理形成论文的题目。

论文的选题并不是完全反对跨专业的，特别是在当前学科交叉日益紧密的情况下，跨专业选题在所难免。即使跨专业，也要以本专业为主体，所跨的专业最好要是相关专业，而不是跨度太大，甚至跨出了门类的范围。比如设计类的专业和美术类的专业确定选题时，可以把其他专业引进来推动本专业的研究。比如服装设计专业的同学可以选择唐代画家阎立本的《历代帝王图》作为研究对象。虽然《历代帝王图》是一幅中国画作品，但是服装专业的同学可以把这幅作品中人物的服装服饰作为研究的对象，就不算是离题。美术学专业也可以选择和设计有关的题目，但论文最终的落脚点，一定要落到本专业中。这样才有利于专业教师的指导。而这对掌握论文写作方法与技巧，提高论文质量是有裨益的。

二、选题要有一定创新性

毕业论文作为自己大学四年理论学习的总结，不是在复述其他人的观点，也不是重复前人已经得出结论的知识，而是表达自己在所学领域内的创新性看法或观点。所以论文的选题要体现出创新性来。

论文选题的创新性可以从两个方面来理解，一是研究内容新，二是研究视角、方法新。

所谓研究内容新，指的是在该专业领域内，能够找到其他人没有关注的或者关注度不够的研究点。随着改革开放以来几十年的发展，我国的艺术学学科不断完善，从事相关领域研究的人也越来越多。他们的研究为我们提供了很多有益的参照。对于仅仅经历四年学习的本科生而言，想要找到一个别人很少关注或者没有关注的内容是非常难的。这就需要从刚进入大学开始，就要多关注本学科的理论动态，多读资料文献，多看展览和参加相关活动，开阔自己的视野，以便为选题打基础。如果把所学专业比喻成一座大山，一座已经有成千上万人攀登过的高山，想要在这座大山里找到一块从来没有人攀登过的空白地是非常困难的，特别是在时间有限的情况下。但也只有顺着一条路不断往深处的更深处走，才有可能发现处女地。能够找到一个别人没有研究的题目是可喜的，这种欣喜就是对自己研究内容创新性的肯定。科学家牛顿是这样形容自己的这种欣喜的——“我自己看来，我不过就像是一个在海滨玩耍的小孩，为不时发现比寻常更为光滑的一块卵石或者比寻常更为美丽的贝壳而沾沾自喜”。这就是在攀登高峰的过程中，披荆斩棘不断开拓冲入到无人区的喜悦！仔细想一想，前人的研究成果就是登山的索道，对前人成果的研读和学习是必不可少的，或者说，创新性的研究点往往不是凭空想出来的，而是在学习他人研究成果过程中产生的疑问和设想。用牛顿的话说，就是“如果说我比别人看得更远些，那是因为我站在了巨人的肩上”，就是这个意思。

所谓研究视角、方法新，指的是采用了一种新的研究视角和方法，从而让人们对该事物有了重新的认识。这种视角和方法来源于自己平时的思考和观察，来源于自己对该事物的深入认识。创新性研究视角与自己灵活的创新性的思维是有密切联系的，对于艺术学专业的同学而言，创新性思维是必不可少的。这种创新性思维也可以理解为另辟蹊径，找到了其他人没有走过的一条道路。据专家研究，创新性思维首先要打破惯性思维模式，不能够用以往的认识问题的方式去思考。可以分为两步：第一步“变陌生为熟悉”，即把问题分解成一些小的问题，然后层层深入理解实质，并由此得知需要解决哪些小问题才是突破问题的关键所在。这种方法类似于“排除法”。第二步“变熟悉为陌生”，即暂时把问题抛开，通过类比的方法，从陌生的角度进行探讨，获得一些启发后，再把类比应用于解决原有问题上。例如工业设计领域内的牙刷设计，在设计师设计牙刷时，首先要抛开头脑中原有的牙刷概念，然后把牙刷分解成很多小概念，即牙刷要有刷子、牙刷要有手柄，牙刷是用来刷牙的。在进入设计阶段后，要把分解的概念打破，重新进行组合。这时需要通过反问来刺激大脑的创新思维，比如问自己：牙刷非要有刷子吗？牙刷除了刷牙以外，是否还可以添加其他功能？当前设计最好的牙刷什么样？什么样的牙刷算是糟糕的设计？以此类推，可以追问很多问题，平时多一些这种练习，对于创新性思维的锻炼是很有帮助的。其实很多专业的研究者，他们的研究选题往往也是在研读他人研究成果过程中产生的，即在对他人观点质疑基础上产生的。他们在疑问的基础上提出不同的看法，最后借助证据来论证并完成论文。

在论文确定了选题范围和研究点以后，就需要确定论文的题目。论文的题目是研究内容的浓缩性表达，是用简洁明了和逻辑性的语言把特定内容反映出来。论文的题目一般不超过20个字，如果用一个标题无法完全说明论文的内容，可以采用主标题和副标题相结合的方式。总体字数同样控制在24个字以内。同时，还要考虑到主标题与副标题表述的逻辑关系是否通顺，是否有语病。

在确定选题阶段，文献检索与资料搜集工作也是必不可少的。文献检索的过程应该伴随毕业论文的始终，从确定开题到论文完成，都应该不断地通过网络数据库或图书馆去检索国内外的最新研究动态。把与自己选题相近的文献保存下来并反复研读，吸收他人研究的成果以为自己研究的基础。在信息时代，我们往往能够搜索到大量的信息，对信息进行分类整理就变得非常有必要。在整理过程中，要对信息进行分类，可以根据论文要写的几个板块来分别建立文件夹，然后把搜集到的相关文献放到相应的文件夹里备用。也可以把与论文直接相关的核心信息建立一个文件夹，把与论文部分相关不甚密切的文献建立一个文件夹。核心信息反复研读，非核心信息浏览一下即可，甚至摘录出有用的部分以后，可以立即把文件删除，以免让无关信息对研究产生干扰。

三、选题避免笼统，要“以小见大”

论文的选题在选题范围和方向上确定以后，随着对资料文献研读的深入，应逐渐把自己的视角聚焦到某一个点上，进而确定选题。选题要避免笼统，不能概念模糊，无法让人一下子知道论文到底要研究什么。不能选择范围过大的题目，特别是学士学位论文或者硕士学位论文，更需要注意选题范围尽量缩小。选题范围过大有可能是因为研究者对该领域的了解还停留在表层造成的。如果把研究对象比喻成一个柚子，那么只有去除掉厚厚的表皮才能发现能吃的果肉。

对于从事美术实践或者设计实践专业的同学来讲，往往没有太多时间作理论研读，对学术领域的认识很难深入到专业研究的程度，就更需要选择小的点来展开研究。也就是“以小见大”。从小处着眼，层层展开。这里的“小”不是贬义，是强调研究者应该把研究聚焦到某一个点上，然后把这个点放到显微镜下进行剖析，进而让读者对此有更加清晰明确的认识。“小”是相对的，针对不同的研究对象，可以有不同的界定。可以从时间上来界定，可以从空间上来界定，也可以从范围上来界定。比如《中国花鸟画的意象性研究》，在时间上可以限定为《古代花鸟画意象性研究》或者《当代花鸟画意象性研究》，如果觉得时间上还不够具体，可以再作进一步的限定。具体限定在什么时间段，要结合自己对专业的熟悉程度和兴趣点来确定。

案例点击——相关研究成果和文献综述

曹喆等编：《中国北方古代少数民族服饰研究：元蒙卷》：

20世纪90年代前，国内学界对少数民族社会生活史重视不够，研究较为薄弱，国内外学术界对于元蒙服饰的研究尚未形成系统性研究。20世纪80—90年代出现的研究成果大部分是依据史料记载对证考古文物资料后对服饰进行的一些表象描述，或用历史学的研究方法对元蒙服饰的词义进行考释和一般性研究，而专题性研究较为分散。这个时期的服饰研究主要体现在三个方面：

(1) 集中在文物考古研究……

(2) 对服饰词义的考释……

(3) 侧重一般性研究……①

5.2.2 论文的开题

论文的开题指的是研究者在确定了研究范围和研究对象以后，经过初步研究和充分思考以后，逐步将研究的选题作进一步论证并形成文字性的研究报告。这种研究报告即是开题报告。开题报告是毕业论文非常重要的部分，是检验研究是否具有可行性的重要环节。

开题报告一般包括以下几个部分：选题目的及意义、国内外研究动态、论文研究内容、研究方法、预期成果及可能的创新点、论文工作的进度安排等。

论文的选题目的和意义（或称为研究背景），阐述为何选定该选题，选择该选题的理由是什么，该选题有没有研究的价值等。这一部分往往在论文选题阶段就已经作了充分的准备工作，所以并不是很难写。有关选题的意义，可以从该选题的实践意义和理论意义两个角度写。当然，不同的论文往往侧重点不一样，有的侧重于理论价值，有的侧重于实践价值。

国内外研究动态（或称为研究现状、文献综述）指国内外相关研究者对该选题是否进行过研究，他们研究到什么程度了，有没有值得借鉴的地方。阐述国内外研究动态时，可以采用文献综述的写作方法。所谓文献综述，指的是研究者针对某一选题，对大量原始研究论文中的数据和资料进行归纳整理、分析提炼，进而反映出这一选题的历史背景、研究现状和发展趋势，同时做出自己的评价和简介。文献综述反映了某一选题在当前学术领域内的最新进展、最新动态以及发展趋势，从而为自己论文的开题和写作打下基础。所以有些专业的论文指导老师会说看一个同学的文献综述写得怎么样，基本就能确定该同学的研究水平及论文选题是否具有研究价值。

在阐述国内外研究现状时，必然要用到对相关研究文献的摘录与解读。在列举文献时，可以把文献进行分类，哪些是与研究内容相关的，哪些是与研究方法相关的，哪些是理论层面的，哪些是实践层面的。然后分别阐述。在阐述过程中，还要加上自己的评价和见解。通过做文献综述和阐述研究现状大家可以看

① 曹喆等编：《中国北方古代少数民族服饰研究：元蒙卷》，上海，东华大学出版社，2013年，第17—18页。

出，毕业论文的环节往往是一环扣一环的，不同环节之间有着千丝万缕的联系。文献的搜集和整理关系到文献综述的深入程度，文献综述的深入程度关系到选题的研究价值和意义。

如果选题是美术史或者设计史相关的论文，在文献综述环节，就需要通过查阅文献尽可能搜集到有关的论文或书籍。在列举这些文献时可以首先进行分类，比如可以分类为：艺术史或设计史类著作、艺术理论或设计理论著作、研究方法类著作、报纸期刊类文献、国外文献、工具书或者画册等。分类完成后，分别进行阐述、解析和评价。评述的过程也是阐述自己观点看法的过程，也是证明自己选题创新性的过程。

论文研究主要内容指的是研究者对研究对象的概括性认识，其考察的是研究者对选题的了解深入程度。虽然尚未进入写作阶段，但并不意味着该环节可以一概而过。尽量把研究对象进行分类，确立研究的几个大的部分，作为自己论文的几个章节，甚至进一步细化，具体到小节。这样，就能够对研究对象的基本结构有一个大致认识，借助对各章节之间逻辑关系的考察，来推断论文写作阶段可能出现的障碍或问题。论文的主要内容类似于论文提纲或者论文提要。它不能仅是一个目录式的章节展示，还要对每一章节写作的大致内容及创新点作简要表述。在开题阶段能够把论文的大致结构以提纲的形式确立下来是非常有必要的。提纲可以帮助研究者检测论文的逻辑关系是否通顺，同时也便于在写作阶段分配搜集到的论据和参考文献。

研究方法指的是在论文研究过程中用到的论证方法。研究方法是灵活的，多样的。通用的研究方法有案例分析法、调查实验法、文献研究法等，具体的研究方法包括图像分析法、符号学分析法、语境分析法、阐释学分析法等。如果论文立足于图像资料，就可以考虑运用图像学或者艺术风格学的分析方法，如果立足于实践案例，就可以考虑采用调查实验法、案例分析法等。方法不是固定的，应该根据自己研究的需要运用适合的研究方法。

预期成果及可能的创新点指的是论文完成以后，最后呈现的成果形式以及内容。可能的创新点指的是论文在该领域中的突破在什么地方。论文的创新点就是论文预期成果的展现。该环节在尚未进行论文写作的时候，有一定的难度，不过对论文成果的预期有助于我们思考论文是否具有写作的价值和创新性。

论文工作的进度安排指的是保证论文在毕业论文评审答辩前完成的计划。论文写作计划的制定应该根据毕业前的时间安排合理地制订进度。论文写作主要包括的环节有：论文选题与开题、资料搜集与整理、撰写论文初稿、论文中期检查、修改并形成论文二稿、论文定稿、论文最终检查、论文校对与排版、论文评审、论文答辩等。在以上环节中，论文开题、论文评审、论文答辩是学校规定的必备环节。每年的时间大概是固定的，应该查阅校园网站参考学校检查的日期制订自己的写作计划。往往博硕士论文会安排论文的中期检查和最终检查，本科毕业论文在完成初稿前找专家帮着指导一下也是非常有必要的。在整个论文写作阶段，都应该不间断地与指导教师沟通写作进度及写作内容，而不是到最终的阶段才让指导老师见到论文。

案例点击——研究的学术意义及社会意义

孙晨阳等编《中国北方古代少数民族服饰研究：吐蕃卷》（摘录）：

（1）研究的学术意义。

吐蕃服饰的研究史料比较稀少而珍贵。也许正是因为这一点，关于吐蕃服饰研究的成果并不丰富。而本书试图利用敦煌壁画等相关资料中的吐蕃人像与相关文献记载，来推定、分析、记录吐蕃服饰的形制和质地，进一步校正和丰富理论研究框架与内容。尤其是所进行的复原工作，将使得敦煌壁画中的吐蕃服饰图像从零散趋于整体，从平面趋于立体，更为具体、清晰和直观地展现出其服装款式、结构，从而以技术手段与文史考证相结合的方法，在吐蕃服饰史的研究中做出新的尝试。也希望通过对敦煌莫高窟壁画的研究及“丝绸之路”沿线的历史考察，从文化交流史的范畴做出综合研究。

（2）研究的社会意义。

就敦煌石窟保护而言。由于年代久远，敦煌石窟壁画已经出现了不同程度的掉色和剥落；许多重点洞窟仅供研究，不对普通游客开放。本书工作的一方面是以敦煌莫高窟壁画为依据，另一方面也通过实物复原工作，使模糊的壁画形象变得清晰可辨，成为敦煌石窟艺术进行展示的另一种方式。

就艺术创意素材与借鉴而言。包括吐蕃服饰在内的中国北方少数民族服饰是中华民族艺术的瑰宝之一，其服饰款式繁多、形制独特、色彩明丽、衣料考究而多样，对于当今的服装设计领域和影视服饰的设计和制作都具有重要的借鉴和参考价值。

就文化传播意义而言。吐蕃服饰文化的相关研究成果，有助于人们从另一个侧面去了解和观察西藏，也有助于了解汉族和少数民族融合发展的历史进程，并认识到民族间互相促进和繁荣的重要意义。①

① 孙晨阳等编：《中国北方古代少数民族服饰研究：吐蕃卷》，上海，东华大学出版社，2013年，第16—17页。

5.3 论文构思与写作

毕业论文写作是一项系统工程，每个环节之间，有着千丝万缕的联系，前一个工作做好，就会为下一项工作打下基础。如果在前期开题报告阶段把工作做到位，进入论文写作阶段就有水到渠成之感。在论文正式写作阶段，一般经历以下几个过程：写作论文框架及提纲、写作论文初稿、修改初稿、反复修改定稿等环节。

5.3.1 写作论文框架及提纲

如果把论文比喻成建房子，那么论文的框架就像是房子的主体结构。结构合理不合理，直接影响到房子是否能够建造成功。提纲，是把论文的基本框架细化。论文框架侧重于抽象的逻辑关系是否通顺，论文的提纲侧重于论文具体研究内容是否分割明确。这些工作是在开题报告阶段就应该撰写完成的。不过因为在开题报告阶段往往对选题尚没有深入认识，停留在比较浅的层面上。一旦进入正式写作阶段，随着资料搜集和文献研读的深入，对选题的认识也更进了一步，这时就有必要重新修订自己以往确立的论文框架，并修改开题报告中制定的论文提纲，把其细化。论文提纲拟定得越细致，进入写作阶段就会越容易。论文提纲能够用清晰明了的方式让我们认清论文的主题，并使以往搜集的零散信息得以归类变成有说服力的证据，同时也让我们更加直观地去检查自己研究的内在逻辑是否合理通顺。

拟定论文提纲的方法：

（1）明确中心论点，设问问题并尝试回答。比如：该论文主要的研究内容是什么？该研究可以从几个方面或角度展开？在理论方面有哪些研究成果值得借鉴？在实践方面有哪些成功案例值得参考？该论文的创新点在什么地方？

（2）拟定简单的提纲。围绕选题分类列举出不同章节，并思考不同章节的划分原则。总体上看提纲的各大章节是否都是围绕选题展开，章节和章节之间是否逻辑上通顺。章和章之间、每一章的小节之间，语言风格是否统一，或者说语法结构是否一致。各个章节之间资料分配及文字分配是否平衡等。有些论文出现某一章5000字，某一章1000字这种比例失衡的情况，肯定是提纲阶段就出了问题造成的。

（3）进一步细化提纲。在简要提纲的基础上，把每一章节的内容作进一步细化。先写出每一章节中的关键词。然后通过关键词检查章节中是否有关键词重复的情况。也就是说，对于同一个问题，不要重复论述两遍。如果有这种现象，说明论文逻辑上有问题，需要调整。写完每个章节的关键词后，尝试把每一章的主要内容用概括性的语言写出来，可以是一句话或者一段话，形成论文提要。然后，看看论文提要是否能够反映该选题的主旨和中心论点。以后把每一章节的概括性文字汇总起来，即是论文摘要的主体内容。

（4）讨论并修改提纲。一个人的力量是渺小的，众人拾柴火焰高，多请教老师和同学，让他们对论文的提纲提出看法和建议。在讨论的过程中，会动用论据来说明，同时也有可能无法回答他人对论文内容提出的某些疑问。把这些疑问记下来，并尝试解决。这样一来，论文的结构才会变得坚固，经得住推敲。

论文提纲制定得越细致，进入正式写作阶段就越轻松。当然，提纲制定得再细致，进入写作阶段以后还是会调整，提纲的修正是伴随整个写作过程的。往往最后论文完成后的提纲和刚开始确立的提纲并不相同，这是正常现象。在写作过程中，发现有些内容与主题无关或者论据不充分无法进一步开展，就要删除掉。也可以随着新的论据的出现，添加新的章节，或者把以前的一章分解为两章，也是可以的。总之论文提纲是根据论文论据的数量、论文研究的角度、论文内容的结构来确定的，要具有一定的灵活性。

案例点击——提纲举例

赵盼超《从人的完整性与宇宙的整体性看科学与艺术之关系》提纲：

从人的完整性与宇宙的整体性看科学与艺术之关系

在科技飞速发展的今天，学科分化越来越细致，导致缺少对事物的整体性认识，从而往往容易得出片面认识。在古代则会出现像达·芬奇这样兼善多能的人，原因是什么？该论文拟从“艺术”与“科学”的词源及艺术与科学的相互关系着眼，借助对人的完整性（即生理与心理、肉体与精神的完整性）、宇宙的整体性（即宇宙事物之间的内在规律与联系）的论述，来对艺术与科学的关系进行分析，认为加强艺术与科学的联系与沟通，有助于修正人们在学科分化与社会分工细致化环境中导致的认识的片面性，从而更容易从全面的、整体的眼光看待问题，而这种整体的、全面地看待问题的方式，正是社会发展的必然趋势。

一、艺术与科学的词义学分析

从艺术与科学这两个概念的产生与发展演变入手，分析艺术与科学之间的关系紧密或疏离程度与人的完整性或宇宙的整体性认识程度之间的关系。认为不管是艺术与科学，在结合紧密的时代是人对个体的完整性与宇宙的整体性认识最深刻的时代，相反，则处在衰微的时代。

二、艺术与科学的相通性

1.艺术与科学的内在联系（内在结构的关联性）。

从艺术中的科学美和科学中的艺术美两个角度展开论述，结合实际例子说明二者之间内在的紧密联系，并且认为这种紧密联系是建立在对人的认识以及对宇宙的认识的基础上的。

2.艺术与科学的外在联系（作为人类认识的整体性）。

侧重从外在的角度分析艺术与科学的关系，由此延伸出对人类认识的不完整性与完整性，以及在此基础上对自然与科学的认识的整体性与松散性的思考。

三、艺术与科学：人的完整性与宇宙的整体性

认为不管科技如何发展，人应该用完整的、全面的眼光而不是从某一学科、某一领域出发去看待问题，艺术与科学的融通，正是修正人的不完整性、不全面性看问题的工具，因此对艺术与科学的关系进行研究具有重要意义。

四、结论

中国古代哲学重视人的完整性（生理与心理、肉体与精神的完整性）与宇宙的整体性的关系，即如《庄子》中所讲："天地与我并生，而万物与我为一。"当代社会加强艺术与科学的联系具有重要理论意义和现实意义。

5.3.2 撰写论文初稿

在确定了论文的基本结构和提纲之后，通过开题报告的考察之后，就可以开始进入毕业论文的正式写作阶段了。一篇完整的论文包括封面、中英文摘要、关键词、目录、引言（前言）、正文、结论、参考文献、附录、致谢与声明。进入正式写作阶段，一般是从引言开始写作，然后是正文，然后是结论。参考文献和附录是伴随写作正文的过程中生成的，其内容是正文内容的说明和补充，其存在与否是由正文决定的。目录也是在最终完稿以后才能生成，在写作正文过程中要反复修改论文的提纲，处理好正文写作与提纲的关系，以让论文的整体结构显得紧凑统一。摘要、致谢与声明部分可以在论文完成以后写。

引言类似于开题报告中的选题目的及意义，即综合介绍研究的背景，为下一步研究的开展做好铺垫。可以把开题报告中的研究背景、文献综述、研究方法部分经过加工放到引言里边。不过开题报告往往都是抽象陈述，并不列举案例、论据等信息。在引言里边，则可以适当地加入能够起到引导作用的案例、论据信息，激发读者的兴趣。引言就像是舞台演出的前奏，让读者通过这个"前奏"对该论文有一个整体上的认识。作者还需要考虑语言的风格和写作习惯。引言的表述方式需要延续到正文之中，以便让读者感到文风的连贯性。引言字数的多少由论文主体内容的多少决定，一般不少于正文部分半个章节的字数为宜。

进入正文写作阶段，先要对材料进行重新审视，重新补充资料，深入细致思考并不断推敲，让各个章节的标题变得更加明确，并处理好论文内在结构的逻辑关系。逻辑关系是否通顺是决定论文成功与否的关键。一篇好的论文，其前提是用大量的证据及有条理的分析来说服读者，所以其在逻辑关系上必然也是经得住推敲的。下面简要说明一下如何处理论文的逻辑关系。

论文在整体上逻辑是否通顺，是由作者的逻辑思维是否具有连贯性和分析是否具有条理性决定的。我们经常说某人逻辑性强，或者某人说话具有逻辑性，指的就是其善于推理，善于运用论据巧妙地说明自己的观点。逻辑推理要按照一定的规律，不能采用跳跃式思维。整体论文结构的形式可以有很多种，这是在开题

阶段就应该确立的事情。

如果把选题比喻成一棵苹果树，那么怎么研究这棵苹果树，从哪些角度去研究，就形成了研究的步骤和逻辑关系，变成不同的提纲。

题目1：一棵苹果树

第一章 苹果树的特性

第二章 苹果树树根

第三章 苹果树树干

第四章 苹果树树冠

第五章 结论

题目2：一棵苹果树

第一章 苹果树的特性

第二章 苹果树的观赏价值

第三章 苹果树的实用价值

第四章 苹果树的社会价值

第五章 结论

题目3：一棵苹果树

第一章 苹果树的特性

第二章 植物学家眼中的苹果树

第三章 木匠眼中的苹果树

第四章 画家眼中的苹果树

第五章 结论

以上三个提纲，可以看到不同章节之间是有着并列的关系，感觉是一种整体到局部再到整体的关系。章节和章节之间，是一种体量上的并列关系，感觉逻辑上是通顺的。章节的内容是由研究的视角决定的。第一个题目侧重研究苹果的植物特性和生长规律，第二个题目侧重研究苹果的各类价值，第三个题目侧重研究苹果与人类的关系。侧重点不同，研究视角不同，研究提纲和内容也就有很大的差别。

如果我们把以上提纲的章节交叉互换一下，就不一定那么通畅了，而且容易引发逻辑混乱。

题目4：一棵苹果树

第一章 苹果树的特性

第二章 画家眼中的苹果树

第三章 苹果树的树根

第四章 苹果树的实用价值

第五章 结论

很显然，这种提纲能够让人明显地感觉到逻辑混乱，让读者无法知道作者到底在说什么。一个好的研究者，会反复推敲论文的逻辑结构，不断对自己提出各种疑问，直到能够解答这些疑问为止。当然，研究的视角和方法是多样的，只要是不违背基本的逻辑规则，能够借助论据和推理推导出结论即可。

除了论文整体结构上要具备逻辑关系以外，每一个章节的内部结构也要遵循逻辑关系和推导规律。常用的推理方法有归纳法和演绎法。所谓归纳法就是由个别到一般的推理方法，即由若干个别事例推出一个一般性的结论，或者由若干个别的判断证明一个论点或论题。采用归纳的方法，就是我们运用大量的事实及权威观点集合到一起，来推导出作者本人论点的正确。演绎法是由一般到个别的推理方法，即由已知的道理来推理出个别的论点。在写作过程中，归纳法和演绎法是交替运用的，并不一定非要采取固定的推理方法。在说明一个论点时，全方位多角度对其进行分析论证是非常有必要的。

具体每一章节的写作，在论述时可以采取“有理有据”的写作方式。所谓“有理”，就是要让自己的观点经得住推敲。借助当前研究成果来支撑自己的论点。所谓“有据”，就是有具体事例。如果说某一东西不对，就要举出不对的例子，说某一东西好，就要举出好的例子。甚至是举出很多个例子来证明自己的观点是正确的。在资料文献引用方面，合适地分配到每一个章节，并要思考此处是否有必要引用资料或文献来做说明。在局部写作过程中要考虑到全局，做到“节有论点，段有中心”。语句尽量精练，减少感情色彩过于浓厚的词语，采取夹叙夹议的手法，条分缕析，把层次列举分明。

学术论文的写作是一项严肃的工作，不过对于文科类的论文来讲，还要讲究一定的修辞和文采。要想让论文具有可读性和文采，就要尽量保证每一章节写作的连贯性。先要制订写作计划，并严格按照写作计划来安排写作。创造一个相对舒适的空间，来保证写作的过程不被打扰。图书馆的自习室既能够随时查找专业书籍，又能保证写作的安静氛围，是非常有利于写毕业论文的地方。一定要避免间歇性地写作。毕业论文是逻辑性很强的工作，如果写作过程经常被打断，就会使语言的逻辑关系变得千头万绪。如果实在继续不下去，也不要硬写，可以到操场或者公园里边走走，整理下思绪，然后重新进入写作的状态。

论文各个章节完成以后，就可以写结论部分了。结论是对论文整体内容的概括和延伸，是对研究观点的升华和总结。结论部分用语要凝练，不应该采用过于主观的语言。这一点和论文的前言是不一样的。结论的字数可以比各个章节的字数少，大约是主体章节字数的一半就可以了。理论为主的论文结论部分要有概括性的总结和延伸。实践为主的论文结论部分可以结合自己的创作实践或设计实践，谈一下体会和认识。总之要做到言之有物，精练明确即可。

摘要、关键词、目录等在完成论文主体以后，依次添加上去。摘要需要中文和英文两种。摘要的字数不宜太多，能够概括性地反映出论文的主要内容和论点即可。关键词不超过5个，以论文题名中的关键词为主，可适当加入论文中出现频次较高的专业词语。英文摘要可以先自己翻译，然后找英文专业的人士进行校对修改，做到与中文摘要对应，并没有语病和错词。

案例点击——论文主要内容综述

赵健《范式革命：中国现代书籍设计的发端（1862–1937）》：

“本书以书籍文化史学视野，具体运用范式理论对中国早期现代书籍设计的发生、发展进行学术梳理，考察中国传统书籍向现代书籍转移历史过程中的内在因素。同时，结合设计艺术学和设计实践美学的角度发现并分析中国早期现代书籍的设计范式，归纳和总结其中的现代性的特征，从而探索中国现代书籍设计的核心价值与发展的内在动力。

根据上述这一目标，本书主要采用文献分析法、对比归纳法，辅以实物考证等方法，试图以文献分析法追溯历史，通过考察历史资料和人们所写的文章、论文、信件等来了解有关近现代书籍事业的变迁、书籍设计观点与理论。从文化学的角度分析书籍的阅读、传播等方面的时代意义，可使本书避免陷入狭隘的‘书籍设计’内容与形式研究的惯性思维。对比归纳法则侧重分类总结定性研究，以人物、职业、技术、书刊类型、功能、形态、文化等单元分别进行横向与纵向的类型研究，寻找问题的出处和原因，尤其是要掌握到同时期西方设计史以及有针对性案例资料。实物考证法注重进行大量的实物考据，这将会有助于了解当时出版物的整体面貌，以及各个部分视觉形态的表现细节。书中的多个案例也会以整体形态的方式呈现，这样有助于形成较为可观的中国近现代书籍形态整体观。”①

① 赵健：《范式革命：中国现代书籍设计的发端（1862—1937）》，北京：人民美术出版社，2011年，第13—14页。

5.4 论文校阅与修改

论文初稿完成以后，只是完成了初步，还需要不断地进行调整和修改，反复经过二稿、三稿甚至四稿以后，才能逐渐打磨成一篇优秀的论文。那么，初稿完成以后，怎样进一步修改论文呢？都是从哪些方面入手？需要注意哪些问题？这些都要明确才行。俗话说“功夫在诗外”，论文的质量往往是由论文以外的很多方面决定的，比如作者的理论水平和专业素养、对研究内容的了解程度、语言文字的驾驭能力、逻辑思维能力等，这就提醒我们需要平时多积累，多练习，而不是到了进入毕业论文写作阶段才考虑如何克服问题。

5.4.1 毕业论文写作中常见的问题

一、语言不规范，文字表述不准确

论文写作应该采用学术语言，符合学术用语的规范。学术论文写作用语要采用客观语言进行叙述，保证用语的准确性。在描述事实或者说明事物过程中要采用陈述性表达形式，尽量不要用感情色彩很浓厚的语言。在用分析、推理、演绎等方法进行论证过程中，要注意语言的逻辑性，保证论点的鲜明性、论据的充分性，以无可辩驳的事实和逻辑性强的语言来论证立论的正确性。

在词语的使用方面，适当采用关联词以加强句子之间的联系，并保证语言的通顺性。可以采用诸如“因为……所以”、“首先……其次……再次”、“如果……那么”、“不但……而且”等关联词，来使句子结构显得紧凑。专有术语的使用要规范，若文中出现人名，名字的生僻字要采用原来的写法，不能采用替代的同义字。国外人名的中文译名要采用使用较为普遍的名并要标明外文原名，甚至根据需要标注国家或者生平。比如“达•芬奇”不要写成“达芬奇”，要写成“[意]达•芬奇（Da Vinci）”，这样就比较明白了。国别不一定非要标注，原外文名要标注。在用词方面，还要注意避免习惯用语，有的人写作容易把平时的口头禅用到里边，导致过分口语化。比如，像“也许”、“那么”、“据说”、“随便”等词语不能在同一段落中频繁被使用。还有诸如“挺棒”、“真的”、“没劲”、“郁闷”等感情色彩很浓厚的词语也避免过多使用。

在造句方面，要避免出现语病。经常出现的语病有复合句中主语不一致、结构混乱、表达不合逻辑、标点错乱等。比如“复合句中主语不一致”的问题。一个主语统领好几句话的时候，要检查是否有搭配不当的问题。例如“李然再次回到母校，已经变成了一片废墟”。第一句的主语是李然，第二句的主语是学校，如果只用“李然”这一个主语来引领，就出现不一致的情况。结构混乱也是复合句中经常出现的问题。造成结构混乱的原因往往也是由于主语不一致、连接词使用不当等原因造成的。标点符号也是要注意的问题。尽量保证句子的独立性和意思表达的完整性。避免出现一段话中全是逗号的情况。在很多情况下，语病是由写作习惯造成的。好的写作习惯养成是多年写作积累和努力练习的结果。在完成某一篇章写作以后，找文笔比较好的同学帮着校对一下文字，是非常有必要的。

在段落方面，要避免出现逻辑混乱。逻辑性要贯穿论文的始终，从一个句子到一段话到一个章节，都要贯穿逻辑性。避免出现前后句子的意思南辕北辙或者自相矛盾的情况。对于某一段来讲，该段中的上一句话和下一句话在内在逻辑上要有连贯性。诸如“并且”、“但是”、“然而”、“另外”词语的使用，就是为了加强句子和句子之间逻辑的连贯性。作为某一段落来讲，要围绕一个中心问题来展开，避免出现语句表述矛盾、不能承上启下的情况。作为段落来讲，是由多个句子组成的句群，句子和句子之间要有逻辑性，要体现出思想内容在逻辑上的顺延、转折、递进关系。人们常常把段落称为“自然段”。自然段的特点要体现到“自然”，段落的长短是由思想内容表达的完整性和充分性决定的，在一个意思说明白以后，就可以换到下一个自然段了。如果碰到复杂的问题，需要大量论据来支撑论点，或者对于某一论点要展开变成很多个方面，也可以考虑分解成无数个自然段来分而述之。

二、论据不充分，资料引用不严谨

论据是论文的重要组成部分，也是论文成功与否的关键。论点需要论据来支撑，需要论据来证明其正确性。用来证明论点的事实或道理叫作论据。论据应用到论文中，要保证其真实性、充分性、代表性、新颖性的特点。论据依照其性质可以分为事实论据和理论论据两类。

事实论据即对客观事物的真实描述和概括，具有直接现实性的特点，因此也是最有说服力的论据。所谓的“摆事实”，指的就是事实论据。事实论据说服性很强，对支撑论文论点大有助益，不过要注意事实论据的准确性。在搜集资料过程中，要采录可信资料，不要“道听途说”，采录不可信的资料。网络资料就具有来源不明确、事实不清楚的特点，所以就不能大量采用。纸本资料的可信性较高，不过也要仔细甄别，去粗取精，尽量选择权威性的文献。采用古代文献，要考虑版本，尽量查找到第一版或原始版，而不是白话本或者译注本。同时，要避免论据材料的重复使用情况，要能够举出正反面材料。

理论论据指的是运用理论性的证据来证明论点的合理性和科学性。理论依据往往是已经被认可的道理或常理，或者是出自可信度比较高的理论文献等。比如魏晋时期有个美术理论家谢赫，他写作的《画品录》一书，提出来“六法”的理论，即“气韵生动、骨法用笔、应物象形、随类赋彩、经营位置、传移模写”，用这六个标准来品评绘画作品的优劣。后来唐朝理论家张彦远写作《历代名画记》，就采录了谢赫的“六法”理论，并加以阐释和延伸。在古代美术文献中，谢赫的“六法”理论被反复征引，这反映了古代美术家对该理论的认可度。像四书五经、二十四史或某一专业领域内的经典文献（如工艺美术中的经典文献《天工开物》），引用其理论作为论据可信度较高，而一些具有时效性或者地域局限性的论据就不适合拿来作为论据。

在使用论据过程中，不管是事实论据还是理论论据，都要标明来源，这样有助于读者借助参考文献或者注释去查找“源文献”，以便对于该问题有更加全面的理解。标注文献来源时，要严格按照学术规范，这样有助于读者更加便捷、迅速地查找。一篇具有学术性的毕业论文应该而且必须有注释和参考文献。好的注释和参考文献就像是一片森林中的路标，他们可以引领着读者往学术之林的更深处探寻新的领域。

三、理论性不强，逻辑推理不严密

学术论文写作需要运用学术性的语言，上文已有论述。理论性是学术性的重要体现。理论性所反映出的，是作者的思维模式和逻辑推理能力。思维模式通畅，推理演绎合理，得出的结论可信度就高。艺术专业的同学多数感性思维比较强，思维跳跃性比较强，反映到逻辑推理过程中，就出现“前言不搭后语”的情况，或者前面论述与后边论述形成不了因果关系、类比关系等，让人感觉逻辑推理不严密，无法形成逻辑链，从而影响观点的表达。

对于思维方式而言，有一些基本的规律。在欧阳中石编著的《逻辑》一书中，有相关论述。他指出我们常涉及的有：同一律、矛盾律、排中律。同一律要求在同一个思维过程中，思想必须是确立的。那么，在思维的对象确立以后，要始终以这个对象为中心展开讨论。这样，可以保证思想的确定性，如果表现为公式，即“A即是A”。同一律要求论述问题时，不能跑题，不能“下笔千言，离题万里”。一篇完整的论文要有个中心论点，每一个章节、每一个段落都要有个中心论点，所有的论述都在围绕一个中心展开的。矛盾律要求在同一思维过程中，不允许对两个不能同时为“真”的思想都予以肯定。如果这样，就自相矛盾了。当然，这个前提是论述的正反两个方面确实是具有矛盾关系。在论述过程中，也出现本来并不是矛盾的问题，当成矛盾问题来论述的情况，或者本来都是错误的，结果当成是一对一错来论述的情况。也有时候在论述过程中出现前后矛盾的情况，就是逻辑推理不严密造成的。如果出现自相矛盾的情况，很有可能是在论述时没有把对象的存在环境和条件考虑进去。同样一个问题，不同环境下得出的答案是不一样的。所以在论述问题时，要进行充分和全面的论述。还有一个排中律，要求思维过程中不允许对于两个不能同时为假的思想都予以否定。如果这样，就犯了“两不可”的逻辑错误。例如对于“小明是运动员”、“小明不是运动员”这两句话，能不能同时否定呢？当然不能。对于同一素材，一肯一否，是不能都否定的。总的来讲，矛盾律告诉我们矛盾的思维不会都是假的，排中律告诉我们矛盾的思想不会都是假的，这些都对同一律提出了确切的要求 。①

逻辑性推理对于理论性很强的学术论文写作来说是至关重要的。一个好的美术史论研究者必然也是一个逻辑推理的高手。雷德侯《〈十王图〉的图像学分析》一文中，依照图像学的研究方法，分析了13世纪末宁波画舫绘制的一批美术作品——《十王图》。有关这些画的历史和地理来源，作者借助在画作上发现的各种签名进行了推导。在这批画作中，大多数签名为“陆信忠”，可是现有文献却找不到关于陆信忠的记载。这个陆信忠到底是什么人呢？这些画作到底是什么时候完成的呢？作者想要找到答案。在现藏净土寺的一套组画中，看到了完整的签名“庆元府车桥石板巷陆信忠笔”，这个签名透露了陆信忠的住址信息。同时，“庆元府”是宁波自1195年至1276年之间的正式名称，南宋亡国以后，这个名称就废止了。由此可以推断出陆信忠是生活于南宋末、元代初的人，那么这些画作的创作年代也是在这个时期完成的。同时，作者还发现，数量庞大的《十王图》风格各异，显然并不是一个人完成的，上的签名有的署“陆信忠”，有的署“陆”,有的署“家”，借此得出这样的推断：宁波有画家家族的存在，这些家族在其画舫制作宗教绘画。也因此“陆信忠”三个字必须看成是他们的一个商标②作者根据画作上的签名和辅助信息，层层推导得出了令人信服的结论。

像思维训练平时可以多做一些练习，同时借助小论文写作来锻炼推理能力。和同学朋友们讨论专业问题，也是非常好的锻炼逻辑思维能力的方式。在开题报告审查或者论文评审过程中，老师也会提出很多问题，回答问题的过程，也是一个整理自己思维的过程。也可以找一张白纸，把论文中涉及的要素列举出来，然后借助指示箭头及简要的文字说明标示出要素与要素之间的逻辑关系。这样有助于在写作过程中不至于出现论点“离题”或者论据“南辕北辙”的情况。

---

① 欧阳中石主编：《逻辑》，北京大学出版社，1985年，第235—260页。

② [德]雷德侯：《〈十王图〉的图像学分析》，洪再新选编，《中国画研究文选》，上海人民美术出版社，1992年，第234—235页。

案例点击——设计理论的语言表述

[美]约翰·赫斯克特：《设计，无处不在》系统综合性在设计领域的体现：

"系统可以理解为由一群相互影响、相互关联或相互依赖的元素构成的一个综合体。在设计领域中，系统的综合性可以通过不同的方式来表现。不同的元素可以通过功能相连的方式结合起来，就像运输系统那样；或通过一个结构或渠道的共同网络结合起来，就像银行或者电信系统那样；或由相互兼容的元素构成有条理的、能够进行灵活管理的结构，就像模块化生产系统那样。系统的另一个特点就是，相关观念和形式的结合要求一定的准则、标准以及程序来确保和谐、有序地相互作用。这就要求有系统思维的能力，同时也意味着合理的、系统的以及目的明确的过程。"①

5.4.2 论文的修改与校对

论文在完成初稿以后，要进行调整和修改。论文的调整指的是对论文的基本结构、论文的基本内容、不同章节的内容安排等进行处理，让其结构关系更加通顺。论文的调整侧重于对论文的基本内容进行增删，对于过分冗长无益于论点的论据，要大胆地删除掉，使章节的文字感觉更加简练。调整与修改的过程就是论文形成二稿、三稿的过程。在这一过程中，要注意及时在电脑中保存原始文稿，不要直接在原稿上修改。可以在文稿的前面标注上时间，格式可以采取年月日的排序方法，比如可以标注成"20140302论文初稿"这样的字样，指的是2014年3月2日完成的论文初稿。把这个初稿另存到一个文件夹里，然后进行调整修改，形成"20140321论文调整稿"，即在2014年3月21日完成了对论文的调整，形成了"调整稿"。依次类推，形成无数个名称的文稿。即使文稿的名称有点混乱，至少文件名前边的时间可以提供线索，让我们可以迅速地定位到论文的某个阶段。

论文写作过程就是不断修改、不断调整的过程，可能上午的文稿和下午的文稿就会不同，哪怕调整了一个错别字、一个图注，如果不保存的话，这个问题有可能就被遗漏掉。所以论文需要反复地修改和校对，检查主题是否突出、标题是否准确、论据是否充分、论证是否正确。还可以检查结构布局是否恰当、逻辑论证是否严密、文字表达是否通畅、文中使用的插图和表格是否精简到最低限度等。在修改论文过程中，我们切忌心浮气躁，要静下心来。否则，论文难以进一步锤炼、深化与提高。

当然，修改和校对的过程是枯燥的，远不如写作过程爽快，却又是必须的。对毕业论文进行修改校对的过程也是一个整理思维方式、锻炼文字能力、提升论

① [美]约翰·赫斯克特：《设计，无处不在》，丁珏译，南京：凤凰出版传媒，2013年，第95—96页。

文质量的过程。不能只乐于“写”不乐于“改”。就像古代有个笑话讲的那样：有个张丞相喜欢草书，却又不想下功夫练习。一天偶然拟得一佳句，立即挥毫疾书写了下来。写完让侄儿抄写一遍，侄儿一看瞠目结舌，很多字不认识，只能拿着手稿问道：“伯父，请告诉我这是些什么字？”丞相反复看了许久，自己写的连自己都不认识了，就责备侄儿说：“你为什么不早来问我？现在我也不认识了。”

论文修改的常用方法——增、删、换、调 。[①]

增，即是填充、补充、增加之意，指的是在修改论文时，对论文的材料及文字进行补充。补充的目的是使得材料能够反映观点，使得论文饱满且论证有力。有些情况下，论点不明确，或者论点片面，也需要通过补充论证来使得观点更加明确及全面。

删，即是删除，指的是把文稿中多余的内容或文字删掉。只有这样，材料才会更加精练，观点更加突出，主题更加集中。修改时，一定要把与主题和观点无关的材料删掉。一定要敢于舍弃。鲁迅曾经在一次演讲中谈到作文的方法，他在黑板上写了一个大大的“删”字，意思是文章写作的秘诀是从这个“删”字中总结出来的。

换，即是改动，指的是作者将文稿中的某些内容或文字进行改动，从而使论文显得完善。把论文中表达不清楚的内容或文字，逻辑关系模糊或者存在矛盾的地方进行改动，调换典型的材料替代一般材料，使论文更加准确和有说服力。替换不仅是删除不恰当的地方，还要找到更加恰当的材料来替代。就像诗人贾岛写作“鸟宿池边树，僧敲月下门”一句。在“敲”这个字被使用之前，使用了“推”字，到底用哪个字好，经过其反复推敲，最后确定用“敲”字。也有“吟安一个字，捻断数茎须”的说法，可见古人多么重视文字的细节锤炼。

调即是调整，指的是根据主题及内容的需要，将论文的结构、层次、段落、句子进行调整，目的是使文章结构合理、层次分明、逻辑严密。

论文的“增、删、换、调”环节是论文修改必不可少的。论文修改过程中，作者个人的修改只是其中的一环，还要通过教师审阅、同学讨论、学长指点等环节，让更多的人提出多角度意见，以使论文的论证及论据更加充分全面。

在论文修改定稿以后，还要进行细致的校对工作。论文的校对是对文稿在语言文字表述、图表公式、体例格式、字体等级批注等方面的差错进行纠正的过程。按照国家新闻出版署的相关规定，图书出版要坚持“三校一读制度”，这一

---

① 江明生编著：《高校学生论文写作指导》，2010年，第69页。

制度也是适合于论文文稿校对的。所谓“三校一读”指的是文稿要经过初校、二校、三校和一次通读检查以后，才可以付印。初校侧重纠正版式错误，并对疑问处做标示。文稿返回作者修改，然后交付“二校”，进一步确定版式错误及文字错误，填补遗漏，统一体例。返回作者修改调整并交付“三校”，进行综合检查，清理差错并确定版面格式。返回作者作进一步修改并进行“点校”，确定版式。最后责任编辑再通读校对一遍。毕业论文的校对阶段，作者可以请同学、老师或者学长担任“三校一读”的工作，来查缺补漏，完善论文。

校对的内容主要有：（1）检查错别字、标点符号错误，核对文中专有名词、地名、数字有无错讹。（2）检查版面格式。毕业论文有严格的版式要求。要按照规定版式和格式进行调整。包括字体大小、行间距、页眉页脚、图标格式、字体样式等。（3）检查标题层次、注释及参考文献序号、中英文目录对应性，以及页面页码与目录的一致性。

关于校对符号可以参照《中华人民共和国专业标准·校对符号及其用法》（GB / T 14706—93）。该标准规定了各种排版校样的专用校对符号及其用法。校对符号的规范使用避免不同人校对产生的识别错误，有助于文稿的校对规范和提高文稿校对的效率。

5.5 论文评阅与答辩

在毕业论文经过反复修改定稿以后，就可以进入论文评阅和答辩环节了。一般论文评阅和答辩的时间是固定的，应该根据学校制定的时间表合理安排工作计划。论文完成以后，首先由论文指导教师审阅，确定符合毕业论文相关要求并填写评阅意见。随后，毕业论文进入专家评审阶段，该阶段的评审由公开评审专家与匿名评审专家组成。毕业论文是否需要匿名评审或采取什么形式的匿名评审是由学校规定的。评审专家会对论文进行评阅并填写评阅意见。评阅意见必须在答辩前完成修改并反馈给评阅人，在评阅人通过后，方可申请答辩。

5.5.1 毕业论文评阅

毕业论文的评审是毕业论文审查的必要环节，是毕业论文答辩顺利进行的前提保障。论文评阅分为指导教师评阅和同行专家评阅两项。

指导教师侧重于对学生工作量、工作态度以及论文质量进行评定。包括：作者是否拿出了足够的时间进行论文的资料搜集、写作、修改工作，论文在观点、论据、格式等方面是否符合相关要求，是否具有创新性。

专家评阅是保证毕业论文质量的又一重要环节。该阶段的论文评审需要给出评定分数，以确定所评阅论文是否能够达到答辩要求。具体的评审项目包括选题、资料搜集情况、论文质量、创新性等方面。选题方面要求论文能够具有一定的理论性和创新性，或者具有一定的应用价值。在资料搜集方面要求论文能够体现出作者搜集资料、整理资料、运用资料的能力。在论文质量评定方面，要求论文观点明确、论据充分、推理严谨，能够反映出作者运用所学解决问题的能力。在创新性方面，要求论文具有一定的理论创新或实践创新价值。专家评阅给定的分数及评定级别是论文是否能够进入答辩环节的重要依据。无论专家提出的意见大小，只要在评阅意见中提出了质疑，作者必须要进行修改或提出自己的申辩说明。在修改后的论文或申辩说明通过以后，方可申请答辩。

需要说明的是，指导教师不能担任自己所指导学生的毕业论文评阅专家。评阅专家应阅读与毕业论文有关的全部资料，对毕业论文质量与水平独立做出客观评价，根据评审项目实事求是地评分并写出评语。

无论是指导教师还是专家的评阅意见，作者都应该认真对待，仔细研读评阅意见中提出的问题。对于明显的错误要及时修改和调整。对于论据不充分的地方，补充论据，对于论点不明了的地方，明确论点。对于概念模糊的地方，再加强说明。对于需要删除的地方，也不要吝惜。除此情况以外，尚有可能存在专家的意见与作者意见相左的情况。如果作者对于专家的意见有质疑，就应该拿出充分的论据来进行说明，填写申辩书。鉴于评阅专家对该领域的深刻了解，作者需要拿出充分论据方可。这种情况下，论文往往会再提交另外两名以上专家评阅，如果反馈意见站在作者一方，则申辩成功，可以申请答辩。

毕业论文（设计）评阅人评阅的项目一般包括选题、调查论证、论文质量、创新性四项标准，每项占据一定分值，总分100分。最后还有评语。

（1）选题的标准：选题得当，题目大小及难易程度符合要求。

（2）调查论证：文献资料查阅检索充分，有较强的文献资料查阅、分析及运用能力。

（3）论文质量（文、理兼用）：论文切合选题，观点明确、论据充分、论证严谨，构思完整、层次分明，材料丰富、内容充实，能综合运用所学知识解决问题。段落及论题间的衔接自然，文笔流畅，语言通顺，使用专业术语准确，图表清楚，符合要求。

（4）创新性：有独特见解或有一定应用价值。

案例点击——提出问题、分析问题、给出建议

[美]哈特穆特·艾斯林格《前瞻设计》——创意科学模式在设计教育中的组建和实施：

促进文化沿着可持续方向发展，需要设计参与到生态、经济和社会事务这三个领域，目前这三个领域在设计教育中完全没有得到体现。为了让设计推动文化变革，我们需要设计师具备丰富的想象力和必要的创造力，以进行产品设计、流程设计和商业模式设计；此外我们还需要根据可持续发展的指导性原则创立一套完备的体制。因此，要在创意科学中普及教育方案，我们首先必须要了解这三个领域的特征以及三者之间的关系，以合理发挥创造力。这就意味着不能再将手工艺术设计视为一切创意设计的中心。

关于创意科学模式的组建和实施，我的建议如下：

创意科学教育将采取不同形式的教育模式，将把对生态关系、经济关系以及社会关系的认识作为任何创造性活动必不可少的一部分，无论这些活动的目标是什么。创意教育不能只专注于绘图板，必须要强调对基础文化关系的深刻理解，而人是这种关系的中心。①

5.5.2 毕业论文的答辩

答辩是毕业论文的必经环节，是检测毕业生研究能力以及检测论文质量的重要环节。论文答辩按照学校要求，会在统一时间举行。答辩者即毕业生，需要在答辩前撰写答辩论文提纲，并准备在答辩过程中有可能被问到的问题。答辩论文提纲包括毕业论文的目录、主要内容、主要论点及创新性观点等信息。校方要成立答辩委员会，负责对毕业生的科研水平及其毕业论文的学术质量进行评定，以及确定等级、分数，并最终确定是否准予通过。

一、毕业论文答辩工作的一般流程

根据国家高等院校实行答辩工作的规定，答辩流程大致可归结为八点②：

（1）指导教师对学生的毕业论文进行认真审阅，写出评审意见并初步评定成绩，签名后提交答辩委员会进行答辩前的资格审核。

（2）学生准备毕业论文答辩提纲，介绍论文的主要内容及相关情况。

（3）答辩委员会成员在论文答辩过程中就论文内容进行提问，一般不少于3个问题。问题主要涉及6个方面：现场报告中的疑点、错点；论文中存在的疑点、错点；课题涉及的基本理论、基本技能；阶段成果的价值；课题所包含的相关国内外动态及研究现状；论文存在的不足及完善方向或修改意见。

（4）学生根据所提问题进行回答，时间一般为15～20分钟。

（5）毕业答辩应以公开方式进行，面向全体师生开放。整个过程要有专职秘书作出详细记录并备案。

（6）答辩工作结束后，答辩委员会拿出时间讨论，根据每一位参评委员的

---

① [美]哈特穆特·艾斯林格：《前瞻设计》，北京：电子工业出版社，2014年，第41页。

② 夏燕靖编著：《艺术设计专业毕业论文写作与答辩教程》，上海：人民美术出版社，2007年，第94页。

意见，为答辩的学生写出相应评语，评定出答辩成绩，并当面宣读是否通过答辩。

（7）答辩委员会成员根据学生的论文评定成绩和答辩成绩，正式给予等级评定，分为优秀、良好、中、合格、不合格（60分以下），优秀论文控制在10%以内。

（8）对评定成绩有异议的学生，可以由本人提出书面申请进行申诉，征得学位委员会讨论同意后，可以重新组织答辩委员会进行再次答辩。

二、毕业论文答辩提纲撰写及口头陈述准备

答辩前的准备，最重要的是答辩者的准备。要保证论文答辩的质量和效果，关键在答辩者一边。论文作者要顺利通过答辩，在提交了论文之后，不要有松一口气的思想，而应抓紧时间积极准备论文答辩。

论文答辩提纲是答辩中必不可少的内容，其直接关系到答辩的质量高低。答辩提纲的撰写有一定的要求和要领。它是论文研究成果的综合性体现，也是反映答辩者反应能力和口头表达能力的重要方式。答辩提纲主要包括论文名称、论文目录、关键词、选题背景及意义、文献综述、研究方法、论文主要内容（以章节形式介绍）、结论、论文的创新点等方面。

答辩提纲的主要内容有：

（1）前置部分：论文题目、论文作者、指导教师、专业学科、研究方向、内容提要、关键词等。

（2）主体部分：论文选题的背景及意义、文献综述、研究方法、主要内容（各章节）、结论、论文创新点及不足等。

论文答辩提纲主要以PPT形式制作完成。制作PPT时，要考虑到如何有效把论文重点信息展示出来，以及PPT这一展示形式的优缺点，不要过分依赖PPT。

毕业论文答辩PPT制作应该遵循以下几个原则：

（1）文字内容越简洁越好。在答辩前，答辩委员已经浏览了论文的内容，所以不必把论文内容大篇幅转移到PPT中。应该尽量把文字内容减少，每页文字由几段变成几行，甚至几个词语，并注意文字内容之间的逻辑关系。必要时用图表、图片、动画等形式演示出来。PPT中文字字体不宜采用生僻字体，采用常用的宋体、黑体字为佳。避免出现在答辩现场因PPT格式电脑不识别造成手忙脚乱。

（2）PPT页数不宜过多。本科毕业论文答辩时间在10～15分钟，那么PPT的页数也就最多15页，甚至更少。一开始可以把认为有必要演示的内容尽数粘贴到PPT中，然后再考虑哪些是必须保留的，哪些需要删除掉。体现论文论点、论据、创新性的地方，要重点陈述，体现论点与论据关系、推导演绎过程的地方，要重点陈述。要考虑不同章节之间、上一页与下一页之间的逻辑关系，避免让答辩委员感觉松散没有主线。可以事先发给答辩委员一份PPT纲要或者制作一个PPT架构导识系统，都可以增强PPT的逻辑性。

（3）PPT需要设计，但不要过分设计。艺术专业同学在PPT制作方面有所长，应该发挥所长，让制作的PPT显得更加清晰明了、美观大方。首先要善于选择PPT母版。因为是严肃的毕业论文答辩，不能采用颜色鲜艳、色彩混杂、卡通化的PPT母版，如果需要，可对母版的色彩及内容进行适当修改。在页面排版方面要参照平面设计规则，适当考虑字体大小、字体颜色所呈现出的效果。不擅长设计的同学可以找设计专业同学帮忙。在PPT制作完成以后，要反复演练，查找疏漏。同时，不要过分依赖PPT设计，更不能“花样”太多，频繁使用卡通画、图表、视频或者动画效果，让人眼花缭乱，就会有“形式大于内容”之感。

在毕业论文答辩PPT制作完成以后，要经过两轮检验。第一轮是答辩者对着PPT试讲。在这一阶段，可以找同学充当答辩委员模拟听讲。答辩者通过试讲检测是否能够顺利叙述PPT内容。同时还要检测PPT内容是否已经把论文的主要成果及内容反映了出来。听者也可以对试讲提出建议，包括PPT的视觉效果、PPT的演示内容、演示者的语言及姿态等方面。第二轮是默讲。在充分了解PPT内容以后，要做到能够脱离PPT复述PPT内容。可以准备一张白纸，从第一页开始，依次把PPT的每页都默写下来。对照检查纸张默写的PPT内容是否与PPT文件内容吻合。如果出现较大差异，就再尝试记忆下来。反复几遍以后，达到脱稿讲述与PPT翻页同步，能够保证页与页之间的语言过渡通顺自然。

口头陈述也非常重要。整个答辩过程都是以答辩者的口头陈述为主的，包括PPT的汇报以及问题的回答等，都要通过口头陈述完成。答辩者要熟悉自己所写论文的全文，尤其是要熟悉主体部分和结论部分的内容，明确论文的基本观点和结论的基本依据；弄懂弄通论文中所使用的主要概念的确切含义，所运用的基本原理的主要内容；同时还要仔细审查、反复推敲文章中有无自相矛盾、谬误、片面或模糊不清的地方，有无与国家政策方针相冲突之处等。如发现有上述问题，就要做好充分准备——补充、修正、解说等。只要认真设防，堵死一切漏洞，就可以做到在答辩过程中心中有数、临阵不慌、沉着应战。

三、答辩过程中注意事项

答辩过程中，首先由答辩人作答辩陈述，随后由答辩委员提出问题，答辩人作答。旁边有秘书负责记录答辩过程。在这一过程中，答辩人要做到仪表整洁、语言规范、陈述清晰，同时对答辩委员提出的问题，要认真回答。整个过程中，答辩人处在焦点之中，难免会有一种紧张感，如何克服紧张心理，表现得更加自信从容，就需要提前多作练习。

答辩过程中，需要注意的事项有：

（1）体态自然，语速适中

答辩着装并没有统一的规定，不过对于答辩者来讲，选择得体的服装不仅让观者舒服，也会提升自己的信心。着装以简洁明快为宜，以素色为主，色彩搭配不要太多，不佩戴过多装饰物。在陈述过程中，要表现出思路清晰，态度大方，文雅得体。体态也就是“肢体语言”，它是答辩者的第一张名片。在答辩预演时，需要让旁听者提醒有哪些不合适的肢体语言。比如是否有下意识的小动作，如揉眼睛、挠头、摸鼻梁或者其他小动作，这些小动作都是不自信的反映，应该想办法克服。可以尝试把论文的提要拿到手里边，不一定看，只是起到安慰作用。或者拿一支笔在手里边，也可以缓解紧张感。身体可以适当前倾，目光适时环视答辩委员及旁听席，用眼神与听者交流。在语速方面，即使已经对答辩陈述的内容了如指掌，也不要语速过快，因为答辩委员和听众对内容并不过分熟悉。应该在重点陈述的地方或者逻辑推理性强的地方减慢语速，让听者有思考反应的时间。

（2）自信表述，从容作答

在表述答辩提纲时，要做到自信。在表述过程中，不要过分依赖PPT上文字，要牢记“PPT是给别人看的，仅仅起到提示作用”，尽量能够面对答辩委员陈述自己的论点、论据及逻辑推理过程。陈述完成以后，答辩委员会提出问题，在这一过程中，要拿纸笔边听边记录，把提问的要点记录下来。同时把自己想到的解答论据及论点记录下来，以避免答非所问的情况。回答问题时要自然诚恳面对答辩委员。如果答辩委员对回答提出新的疑问，就重新组织语言作答。在回答过程中，简明扼要抓住主题是非常必要的，如果回答过程中枝节过多，涉及自己不甚熟悉的领域，反而难于自圆其说。可以邀请亲友或学长、朋友前来旁听答辩，起到“助阵”的作用。

（3）控制好答辩时间

在答辩前预演就是为了控制答辩时间，避免出现因时间仓促遗漏重要内容的情况。要严格按照要求陈述，除非答辩老师要求延长，否则不得超时。也要避免出现因过于熟悉内容，结果语速过快，不到时间就完成陈述的情况。总之要本着时间刚好的原则，完成论文陈述。能够控制答辩时间是能力的体现。除了固定陈述时间要控制好外，回答问题的时间也要进行控制。每个答辩委员可能提出不同的问题，问题的难度不同，解答的时间也会不同。回答问题本着简明扼要、适可而止、点到为止的原则，不过分展开，也避免出现过激言论或反驳性过强话语。对于确实无法回答的问题，要诚恳接受，并表示答辩结束后会认真思考调研，写出书面说明。

四、答辩的评分

在答辩结束后，答辩委员会按照严格要求、实事求是、保证质量的原则，依据评分标准，以集体讨论的形式，科学合理地评定每个学生的成绩和书写评语，并认真填写毕业论文答辩评审表。

答辩评审标准参考如下：

优：该篇论文构思新颖，思路清晰，论证充分，资料翔实。论文写作格式规范，对实际问题有透彻的分析和综合概括，结论正确。该生能在规定时间内简明扼要地陈述论文的主要内容，回答问题时反应敏捷，表达准确，综合表现优异。

良：该篇论文构思较新颖，论证较充分。论文写作格式较规范，对实际问题有较透彻的分析和综合概括，结论正确。该生能在规定时间内熟练地陈述论文的主要内容，回答问题时反应敏捷，表达准确，综合表现良好。

中：该篇论文构思一般，论证不够充分。论文写作格式较规范，对实际问题分析和综合概括能力一般。该生在规定时间内只能大概陈述论文的主要内容，回答问题时反应一般，表达不够准确，综合表现中等。

差：该篇论文构思较差，论证不充分。论文写作格式不规范，对实际问题分析和综合概括的能力较差。该生在规定时间内不能陈述清楚论文的主要内容，回答问题时表达不准确，综合表现差。

不及格：该篇论文基本没有写作思路，逻辑顺序混乱，层次不清。论文写作格式极其不规范，缺乏对问题的分析和综合概括。该生在规定时间内不能陈述清楚论文的主要内容，回答问题时表达前后矛盾，对自己的论文缺乏根本的理解与把握，综合表现不及格。

案例点击——论文的装订顺序

学位论文装订的顺序：

(1) 封面
(2) 诚信声明
(3) 目录
(4) 摘要、关键词
(5) 前言或引言
(6) 正文
(7) 致谢
(8) 参考文献
(9) 附录

5.6 学位论文例文评析

5.6.1 美术学学位论文

例文1

白裤瑶“符号”的形式特征
——“瑶王印”与“血手指印”

作者 谢冰月

摘要：白裤瑶是瑶族的一个支系，其服饰所具有的视觉表现力极具魅力。本文从白裤瑶服饰切入，试讨论主题符号即“瑶王印”和“血手指印”的形式特征，通过分析，白裤瑶服饰的形式特征能够更广泛更清晰的为人们认知，给予人们别样的视觉享受。

关键词：白裤瑶；瑶王印；血手指印；色彩；图案

我国少数民族艺术有着悠久的历史，少数民族在各自的进程中创造和发展了带有本民族特色，并为本民族人民认同的民族文化。白裤瑶属于瑶族的一个支系，自称“吉努”，因白裤瑶男子常年穿白裤而得名。白裤瑶服饰独特的艺术语言特别是作为核心样式的“瑶王印”和“血手指印”极具吸引力。在少数民族服饰中也是独特的，它所具有的装饰性在现代审美中备受欢迎，具有很强的现代感和审美取向。

一 、白裤瑶服饰独特的符号系统

白裤瑶服饰最具代表性的符号是“瑶王印”与“血手指印”， 其主题性符号具有简洁抽象的图案，潘琼阁在《中国瑶族》中谈到“瑶王印”与“血手指印”的传说，“瑶王有一枚皇帝赐的大印，可用来管理村寨，调兵遣将。瑶王非常疼爱外孙，连瑶王印都给外孙玩。可是有一天，瑶王印不见了，土司在这时攻打瑶王。原来瑶王的上门女婿是土司的儿子，将瑶王印盗走了。没有瑶王印，难以调兵遣将，瑶王孤军奋战，满身是血，这段历史就以‘瑶王印’和‘血手指印’为代表，被铭记在服饰上”。女子服饰后背上挑绣的方形花纹，就象征着被夺去的印信；男子裤上所绣的红色直条花纹，指的是五条血痕，象征当年瑶王的“血手指印”。图案的寓意通过其本身的形态属性，十分具有可视性，下面具体论述主题符号的形式特征。

(一)“瑶王印”

白裤瑶女子上衣是黑色的调子，没有衣领和袖子，前面是一块和肩膀宽度相等的正方形素布，后面和前面是同样宽窄的布，女子服饰最耀眼的部位在于后背的蜡染和花绣图案，即“瑶王印”。笔者于2011年6月末到广西南丹县里湖瑶族乡一带进行考察，掌握了一手资料。“瑶王印”的图案样式很多，现今常看到的女子背牌上的“瑶王印”大致分为三种类型，分别是“井”、“回”、“田”字形。

仔细观察这三种类型，可以看到其整体结构大致相似，只是在局部略有变化，但不可否认的是，所有图形的组合都由方形构成，局部分布着大小均匀的小方块作点缀，其布局使平面产生一个不断延伸的纵深感。这些图形共同组成“瑶王印”，主题符号更加醒目，同时各个部分又互相独立，这便是背后图案多而不显得凌乱的原因。

（二）“血手指印”

“血手指印”存在于瑶族男裤中，朱荣等在《中国白裤瑶》中提到，“裤子形制三角形，用白色的土布制作而成，裤头大，裤裆宽，长度仅过膝盖，裤脚小，并用一寸宽的黑布镶边，在膝盖正面处用红丝线绣5条宽约1厘米，长约10厘米的长短不一的红线，酷似人的五根手指”，垂直红线条及线条顶端十字形花纹的运用，显得十分秀气，五根同宽红柱组合成中间高两边逐渐低的长方形，“血手指印”的方形纵向排列与“瑶王印”整体形制的排列相互对应，所有这些几何图案的运用极为大方，同样不失美的韵律，这种大块白底衬托的细长红色线条的图饰，有很强的视觉感受。

二、白裤瑶服饰图案元素的构成形式

瑶族先民将动植物形象的复杂形态进行综合，概括出其形态的主要特征，变化成几何形体或是接近几何形体的抽象图案。白裤瑶服饰的语言形式最重要的一点就在于整体的形制体现在几何图案上，无论是上衣还是下摆从整体上看白裤瑶服饰都是规则的几何图形，带有极强的装饰效果。

在大量的几何图形中，特别是方形的使用最为广泛。主题符号——“瑶王印”最具吸引力的地方是它的基本框架在于方形的使用。我们把几种印章图形放大后可以清晰地看到，方形使用的广阔性。不同大小的方形横向或是纵向排开在画面上构成线，这些线贯穿在整个画面中，一方面，线能够切割成各种几何图形，给画面带来层次感；另一方面，线又将分散开的图形联系起来，于是一种企图打破整体布局的另外一种力量便应运而生，形成一股向外散开的张力，给规则的几何图形增添几分活力。既增加印章的延续，同时观者也能联想到印章图形的无限广阔。无论是整体布局还是细致之处，可以说没有方形的存在，“瑶王印”也将解体。

三、主题符号的色彩运用

色彩是一个敏感的要素，它可以作为民族的一个认知方式而存在。白裤瑶主题性符号“瑶王印”和“血手指印”的色彩搭配在整个服饰中则起到点睛的作用，瑶族人民向往着眩人心目的蓬勃气息，将冷暖色调的色彩放置在一起，对比强烈，整体效果鲜艳浓烈，极具表现性。这是因为“瑶王印”的色彩构成大体上处在橘色与蓝黑色主要基调间，底色为蓝色；“血手指印”更加简略，完全是橘色构成，底色为白色。主题符号为服饰的整体色调起到点缀作用。服饰的色彩不仅是一种视觉感知的表象形式，更是民族心理的一种解释。我们从服饰上捕捉到的是他们所表达和创造出的一种可意会而不可言传，难以形容的情感，同时又不乏透露出其新异性的情感、意趣及韵味，它进一步突出地表现了民族特征。

四、结论

少数民族服饰的审美研究不仅可以充分展现其服饰特色，同时民族服饰中含有的美学成分越来越多地成为艺术家关注的一种语言方式。瑶族人民创作的图案艺术，其语言形式具有极强的诱惑力，白裤瑶“符号”（“瑶王印”与“血手指印”等）的构成形式及色彩运用给予观者的美感，是其他艺术形式所不能代替的，并有利于形式美感的开发。欣赏者可从白裤瑶服饰中获得不一样的感官刺激及视觉体验。总之，白裤瑶“符号”特别是主题符号——“瑶王印”和“血手指印” 的形式特征，所引起的视觉表现力是十分可视的。

参考文献：

[1] 伍永田. 原原本本白裤瑶[M]. 南宁：广西美术出版社，2007,10（1）.

[2] 朱荣，毛殊凡等. 中国白裤瑶[M]. 南宁：广西民族出版社，1992,7（1）.

评析

这篇本科论文择取瑶族一个支系——“白裤瑶”作为研究对象，对其服饰中的符号元素“瑶王印”和“血手指印”的历史渊源和形式特征进行了解析和研究。属于民族美术研究的范畴。涉及民族学、美术学、设计学的学科。需要作者对少数民族的生活习俗及审美特征有一定了解，同时需要具备一定的跨学科知识。作者曾到瑶族乡做过一线考察，为论文写作打下了很好的基础。

从选题上来讲，能够“以小见大”，借助对白裤瑶服饰中“瑶王印”、“血手指印”等符号的解析，找到该民族主题符号的形式特征及审美特性。这种从小处着手的研究方法体现了作者在该领域内的关注程度，是很值得借鉴的。论文首先介绍了白裤瑶及其主题符号图案的历史渊源，随后，分别对“瑶王印”、“血手指印”的图案样式、审美特性进行解析，随后要单列一章，分析其“主题符号的色彩”，最后总结。整体结构较为完整，逻辑上亦显顺畅。文献搜集略显不足，参考文献及引用文献增加有助于增强论文的学术性和可信性。

例文2

浅析苗族生活题材美术创作在不同历史时期的表现

作者 袁峰

摘要：苗族生活题材的美术创作是少数民族艺术创作的一个亮点，在漫长的历史长河中不断得到传承和发展，它的发展集中地反映了苗族生活的状态和变化以及一个国家政治、经济、文化的历程。我国是一个多民族国家，在艺术创作中不乏民族题材的创作，从古至今，把苗族生活题材作为一种素材进行美术创作更是屡见不鲜。通过清朝到当代这几个世纪的不断发展，苗族题材的美术创作已变得十分成熟。在不同时期、不同历史背景下，苗族生活题材的美术创作也有着不同的表现并且不断变化发展。苗族生活题材的美术创作素材主要来自苗族地区的民族生活和人文环境。从清代的《百苗图》到民国至新中国时期庞薰琹的《贵州山民图》、董希文的《苗女赶场》再到改革开放后刘泉义、刘金贵、潘梅关于苗族的创作不难看出，苗族生活题材已作为一种素材进入到美术创作。

关键词：苗族；生活题材；美术创作

一、苗族生活题材的美术创作概述

苗族生活题材的美术创作历史悠久，作品繁多并以其独特的艺术形式体现苗族的文化内涵和民族精神。苗族人民的生活是丰富多彩的，因此，苗族生活题材美术创作的取材范围十分广泛。总的来说，艺术家主要从苗族人民欢庆节日，田间辛勤劳作，赞美其品格等方面来进行创作。

二、清朝的苗族生活题材美术创作《百苗图》

《百苗图》产生于清朝的封建强盛时代，“李宗昉在其《黔记》中说：‘《八十二种苗图并说》原任八寨理苗同知陈浩所作。闻有板刻，存藩署，今无存矣’”。《百苗图》一共有八十二个条目，并且每一个条目都绘有表现苗族生活题材及环境的插图，系统详细地介绍了清代贵州苗族的生活情况。

《百苗图》是一部宝贵的民族志资料。系统介绍了苗族人民的耕织、饮食、渔猎、风俗等民族生活情景。如《百苗图》插图中有描绘苗族人民插秧的生活情景，三名男子在田中插秧，一女子在岸边给田中男子递秧。在“生苗”中关于饮食方面的描述是说其多以生鲜或微熟的食物为主。“身着三十斛重的铁甲，坐则缩，而立则伸。下以铁片缠脚，左手拿木牌，右手持镖杆，口衔利刃。”描写的乃是“九股苗”。

三、民国至新中国时期苗族生活题材美术创作的艺术家——庞薰琹、董希文

苗族生活题材的美术创作在不同的时代背景下体现出不同的艺术面貌，民国到新中国成立前夕，受战争影响，庞薰琹、董希文等一批艺术家先后来到西南少数民族地区亲身体验苗寨生活进行艺术创作。这个时期，艺术家关于苗族生活题材的美术创作“民族性”极为强烈。

庞薰琹留学回国后意识到民族艺术的重要性，开始认真研究中国少数民族艺术，并将“装饰性”与“民族性”紧密结合。从1939 年冬天到第二年春天，他深入贵州少数民族地区考察研究苗族民间艺术，收集了大量的民间艺术资料。创作了一系列装饰意味极强的苗族生活美术创作。作品中人物造型极富个性，色彩高雅。如《贵州山民图》系列作品描绘的是苗族人民的各种生活场景，人物和环境紧密结合，传递着一种诗意、淡雅的气氛，但画中人物似乎流露出几丝忧愁，形象地传达了时代的情绪。这或许和新中国最早提出走油画民族化道路的董希文所倡导的“油画中国风”有着一丝微妙的联系，其作品《苗女赶场》描绘的是一位朴素秀丽的苗族妇女进城赶场的情景，苗女眼睛略带忧愁正视前方，面部神态的精彩刻画很好地表现了苗女匆忙赶路的状态。但“苗女”给我们的不是一个柔弱的妇女形象，相反，是一个极具力量的伟大母亲的形象，嘴角和紧握扁担的右手道出她奋起反抗的坚定意志。在董希文的创作意念里他坚持美术的民族复兴，通过少数民族的美术创作将其表现得淋漓尽致。

四、改革开放以后苗族生活题材美术创作的艺术家——刘泉义、刘金贵、潘梅

“文革”的结束使艺术的发展得到了更多的自由，苗族生活题材的美术创作向多元化的方向不断前进。这一时期的苗族生活题材美术创作不仅是对我国传统民族艺术的继承和发展，更是对改革开放后时代进步的反映。

刘泉义笔下的苗女在结合西方造型与色彩语言后更具魅力，他将苗族银饰的质感表现得淋漓尽致。如《二月花》、《满树繁华》给我们强烈的视觉冲击力，但细细品味之后会发现，他传递给我们的信息“并不是苗族女性服饰华丽之美，或是单纯的女性秀丽之美，而是一种令艺术家为之感动的内蕴很深的朴拙之美”。刘金贵的“苗女”则装饰性极强。他的苗族生活题材美术创作以民族民间美术为出发点集装饰、概括、灵动于一体，并将自己真实的感情融入笔墨之中来描绘苗族的生活场景，表现苗家女子的真善美。苗族艺术家潘梅，将传统的民间点蜡技术与苗族刺绣相结合创造出了独具特色的蜡画艺术。她的作品中人物形象看似抽象但又十分具体。如《山里人》、《凑热闹》画面多以几何图案为主，有我国古代马家窑文化半山类型的影子，但仔细一看细节处理极为丰富，无论是两眼大小或形状还是两眉粗细从无相同之处。

五、苗族生活题材美术创作的发展前瞻

社会的不断发展使苗族生活题材的美术创作也在向多元化的方向不断变化，艺术家应该在尊重民族艺术审美和反映大众内心精神追求的同时发展苗族生活题材美术创作。

首先，在形式上应实现不断创新。21世纪是一个创新和多元化的时代，正如石涛所说："笔墨当随时代。"艺术要不断创新，同样苗族生活题材的美术创作也要努力向多元化和创新的方向不断发展。

其次，加深作品的思想内涵。有思想内涵的作品是离不开生活的。苗族生活题材的美术创作不能只停留在苗族服饰和银饰的刻画之上，更重要的是大力塑造人物的内心世界以及整幅作品的思想境界。

最后，充分表现苗寨人民的高尚品质。正如庞薰琹先生所说："我为什么不常描写社会的阴暗面，因为现在我以为写黑暗不如写光明；人生需要艺术，艺术能给人以鼓励。"艺术家在表现苗族生活题材美术创作时应积极往真善美的创作方向发展，只有创造出有真善美的作品才能给人以鼓舞。

参考文献：

[1] 杨庭硕，潘盛之.百苗图抄本汇编[M].贵阳：贵州人民出版社，2004.

[2] 刘锋.百苗图疏证[M].北京:民族出版社，2004.

[3] 庞薰琹.就是这样走过来的[M].北京：生活·读书·新知三联书店，2005.

[4] 王红媛.倾力开发国画审美的新视域——刘泉义的工笔人物画[J].美术观察，2006(11):80.

[5] 范瑞凰.《百苗图》的收藏情况与学术价值.文史博览[J]，2010(03):25-28.

评析

以少数民族生活为主题的美术创作古已有之，诸如像尉迟乙僧、胡瓌等皆曾画过反映少数民族生活的作品。反映苗族民众生活的美术创作也不少，主要反映到服饰蜡染图案等生活用品中，同时也有少量的纸本资料留存下来，以清代《百苗图》最为著名。作者择取"民族生活题材美术创作"作为研究点，着重论述不同历史时期反映苗族生活的美术创作情况，以期让读者对苗族主题美术创作有一个概括性理解。这一选题对于我们进一步研究少数民族主题美术创作特征及对照反思当代题材美术创作，具有一定意义。

论文在结构上采取"总—分—总"的形式，先概括论述苗族生活题材美术创作与其生活及人文环境的关系，然后按照历史时间顺序分别论述清代、民国、当代三个时期的苗族主题美术创作情况，最后对下一步苗族生活题材美术创作提出了看法和建议。在整体逻辑上较为通顺。还应思考不同历史时期苗族题材美术创作之间比较，有无共性或差异性？同作为美术创作，不同历史时期之间的异同是由哪些因素造成的？以及当代苗族题材美术创作在方法与理念上与以往的区别与联系等。资料搜集较为丰富，反映出作者在文献搜集及整理方面下了很多功夫。

例文3

古代中国画作品中荷花的审美意象研究

作者 李云峰

摘 要: 荷花是自然之物，很早就进入了人们的视野当中，自古以来都是文人墨客吟诵绘画的题材之一。几千年来，形成了一种自己独特的审美意象，不仅承载着我们的精神寄托，同时也是代表中国人的文化品格。荷花不仅仅具有文学意象，而且还有宗教意象。在佛教中是独一无二的圣物，在道教中有着“道瑞”的意象。荷花入诗也入画，有着深厚的文人情怀。中国画以荷花作为夏天的标志，在中国的传统绘画中常常绘有荷花，中国的瓷器和衣服上也有荷花的图案。 绘画是图像的艺术，借助于笔墨、颜色、材质等方面来塑造形象。千百年来，古今画家对荷花十分推崇与喜爱，并画下了无数以荷花为题材的佳作。若细细品读这些画作，会发现不同时期不同画家笔下的荷花，形态各异，创作手法多样。有的刻画荷花的风姿美艳；有的表现荷花香远的清香；有的赋予荷花纯洁淡雅的品格；有的表现荷花如意吉祥的祝福；但最多的是表现荷花“出淤泥而不染”的优秀品质。

关键词: 中国画；荷花；莲；审美意象

一 、绪论

荷花是自然之物，很早就进入了人们的视野当中，自古以来都是文人墨客吟诵绘画的题材之一。几千年来，形成了一种自己独特的审美意象，不仅承载着我们的精神寄托，同时也是代表中国人的文化品格。这当然与其自然属性及中国特有的精神文化背景不无关系。

二 、荷花的文化寓意与艺术内涵

（一） 荷花的自然属性特征及文学内涵的阐释

1.荷花的外在形象特征

荷花的美，第一在于其形态，它根茎肥大多节，生长在淤泥中，中通外直，圆叶如盖，呈深绿色。花长在梗茎顶端，露在水面之上，有单瓣形、复瓣形等。花头大枝叶茂盛，清远溢香，花色有深红、粉、白、淡紫色等变化，这些都是荷花的外在形象特征。

2.荷花的文学寓意

几千年来，荷花有着悠久的文化。它不仅仅是植物，还有着纯洁优雅、高贵脱俗的文化内涵。古代儒、释、道三家都提倡“天人合一”，认为人对自然要用尊重、顺从的态度，与自然建立亲密和谐的关系。这种哲学思想体现在荷花之美上，久而久之便形成了丰富多彩的荷文化。

荷花已经成为中国文化中一种独特的文学意象，历史上咏荷的诗词数以千计，早在先秦时期荷花已经出现在《诗经》、《楚辞》中，《诗经·邶风·简兮》：“山有榛，隰有苓。云谁之思？西方美人。彼美人兮，西方之人兮。”从这句诗中看出，荷花用来比喻美丽的女子。既能呈现自然之美的活力，又能将女子的娇羞柔媚表现出来。《楚辞》中屈原：“其质洁，故其称物芳。”荷花在《楚辞》中隐喻为文人墨客，屈原表明自己内心高洁脱俗，不与黑暗政治同流合污，用荷花来暗喻自己的处境与怀才不遇。荷花的“芳洁之志”被很多在政治上无处施展才华与抱负的文人拿来抒发自己的惆怅心理，成为他们心灵的寄托的。

在文学作品中不难发现与荷花有关的成语和吉祥语，荷花是纯洁爱情的象征，古代洞房的布置，都摆放“并蒂莲”、“荷花鸳鸯”等图案的东西。荷花的形象还拥有出淤泥而不染的特征，因为荷花有着洁身自好的形象，显示着人的精神、性格和生活之美。

（二） 荷花的宗教寓意

1.佛教中荷花的寓意探讨

荷花作为佛教的圣物充满了神秘色彩，印度的国花就是荷花，在佛教中更多地称荷花为莲花。莲花在佛教中，成为圣洁、平安、善良、清净、宽容等有着光明和正能量的意象象征，特别是莲花出淤泥而不染来比喻诸佛菩萨出于世间而一尘不染。莲花之所以成为佛教的象征之物，首先跟莲花的植物特性和生长习性有着密切关系，莲花的生长过程像人的修行过程，体现了除去杂念、寡欲清心、从此岸到彼岸的成佛过程，因此莲花形象为佛教所推崇。

2.神仙道教中荷花的寓意探讨

在道教中荷花并不是唯一的圣物，却和道教有着密切联系的花卉。在秦汉魏晋期间，荷花的形象就有仙风道骨的寓意，如《关令尹喜内传》记载：“关令尹喜生时，其家陆地生莲花，光色鲜艳。”随着道教发展越来越成熟，荷花自然而然地成为道教中“道瑞”的象征。

到了唐以后，道教发展鼎盛，从民间宗教发展成官方宗教。唐初朝野上下都有习道的风气，道教的思想也融入社会生活的各个方面。从此，荷花被宗教的神秘光环所笼罩了。荷花道瑞属性在六朝生成，唐代发展极盛，宋代道瑞意象走向民间，积淀于民族文化的深处。

三、古代中国画作品中荷花的艺术表现形式及审美特征

（一）晋唐时期绘画作品中荷花的审美意象

东汉时期，佛教传入中国。荷花又是佛教的圣物，在佛教人物的绘制，佛门中人手中的器物，自然少不了荷花这个题材。只不过当时荷花只作为绘画主题佛教故事、佛教人物的衬景。据《历代名画记》中记载，梁元帝的作品《芙蓉醮鼎图》，算是有史料记载最早的荷花作品。在南北朝盛行的佛寺壁画中荷花是不可或缺的伴生物，当时宗教画和人物画是最重要的题材，荷花始终依托于宗教画，不作为绘画的主要题材。

隋唐时期，花鸟画逐渐脱颖而出，与中国传统绘画的人物、山水同为画种。隋代的花鸟画在南北朝时期得到重大的发展，唐代宫廷中流行用花鸟画来装饰房子、厅堂、屏风、寺院、墓室。隋唐时期的花鸟画，与帝王的喜欢有着莫大的关系。五代花鸟画承唐启宋，是推动花鸟画走向成熟的时期，南唐和西蜀两地花鸟艺术在唐代基础上突飞猛进，出现了以黄荃和徐熙为代表的两种花鸟画流派，对后世产生了深远的影响。

（二）宋元时期绘画作品中荷花的审美意象

两宋时期的荷花作品，画家把线条的精致发展到了顶峰，其富丽的设色与严谨的造型达到了前无古人的高度。到了元代，社会巨变，迎来了文人笔墨的时代，作品所表现的是一种“逸趣”的审美理念和审美趣味。

元代花鸟画在继承前人基础上又进一步地发展，与隋唐五代两宋盛行的色彩斑斓，富丽堂皇的院体花鸟画相比，元代花鸟画以清纯水墨成为主流绘画。元代花鸟画，由于文人的大量参与，其艺术上讲求自然天成，不尚雕饰，提倡以水墨技法表现，水墨一下子在元代社会流行起来。元代的荷花作品与唐宋宫廷富丽灿烂的风貌相比，如同清凉的月色与灿烂的阳光之比。与元代的写意荷花相比，明代的文人水墨大写意荷花更是风格多样，个性鲜明。

（三）明清时期绘画作品中荷花的审美意象

明代花鸟画分为院体画和文人画两个系统以及多种形式在发展中并存。明初宫廷绘画复兴唐宋的院体画风，受到浙派的影响，呈现出具有时代气息的绘画面貌。富丽工整的荷花画家以边文进、吕纪为代表。明代中叶，花鸟画风由华丽写实转向水墨写意，文人花鸟画走出低谷时期，自创新格，迎来了黄金时期。明代的花鸟画，除了边景昭、吕纪复兴了唐宋院体工笔画取得重大成就外，林良、朱瞻基则开拓了院体粗笔的新形态，接着沈周、陈淳、徐渭创造了文人水墨大写意的新风格，同时其他风格形态也在发展中并存。

清代花鸟画继承了明代文人水墨大写意，使之发展得有声有色。明末清初的花鸟画除了大写意水墨花鸟画的繁荣，还有恽南田的没骨花卉，开创了花鸟画的新局面。其没骨花鸟画的独特风格，其特点是笔法俊逸，设色明润，格调清雅，是常州画派的开山鼻祖。清代的宫廷花鸟画，在继承传统院体的基础上，吸收来自民间的文人画家，还有从欧洲来中国传教的画家，西洋绘画传入宫中，吸收了新的绘画技法，中国传统绘画产生了“中西合璧”的新形态。这个时期的花鸟画也把荷花创作也推上了一个新的高峰。

四、结论

在历史上，荷花绘画的名家、名作数不胜数，这些画家画荷虽然是取同一题材，但是构图手法、笔墨技法却因为时代特征、地域特性、个人性情气质不同而呈现出不同的审美意象。

唐代以前的荷花只是宗教绘画和风俗画中的点缀，唐中期，荷花与禽鸟结盟，成为花鸟画中的重要组景。五代至宋代，院体花鸟画成为主流，荷花绘画产生了新的变化。赵昌开创了专类的荷花，成为独立的绘画门类。崔白打破了工细精致的局面，描绘败荷之景。元代，水墨荷花开始慢慢多起来。明代中期，陈淳的小写意与徐渭的大写意荷花开启了文人写意荷花的时代。文人写意荷花在清代出现了两次高峰，一次是以朱耷、石涛为代表，另一次是以扬州八怪为代表，清代画荷名家辈出，作品风格多元。

荷花本来只是一个“自然物象”，在历代发展中慢慢地变为“意象”。在绘画中，成为画家心灵的载体，描绘出来的作品代表了不同的象征意义与审美意象。同时，不同的荷花作品也丰富了荷花的文化内涵。我们在了解荷花绘画发展的历程中同时也了解了中国花鸟画的发展历程。

参考文献：

[1] (唐)张彦远.历代名画记[M].北京:人民美术出版社,1964.
[2] (宋)郭若虚.图画见闻志[M].北京:人民美术出版社,1963.
[3] (宋)宣和御殿.宣和画谱[M].长沙:湖南美术出版社,1999.
[4] 李志宏.历代咏荷诗词选评[M].兰州:兰州大学出版社,2010.
[5] 王力建.中国历代咏荷诗文集成[M].济南:齐鲁书社,2011.
[6] 俞香顺.中国荷花审美文化研究[M].成都:巴蜀书社,2005.

评析

中国代表性的审美意象有两种：“错彩镂金”和“出水芙蓉”。作为“出水芙蓉”这一审美意象的代表物——荷花，一直是古代人乐于表现的艺术题材。作者择取传统中国画之花鸟画中的荷花题材进行研究，解析荷花这一自然物种在历史上是如何进入人们的审美视野中形成独特的审美意象的。该选题属于史论结合、寓史于论的类型。需要搜集大量史料来支撑论点，同时又要通过资料的灵活运用，把推理的落脚点放到“文化”、“审美”、“意象”等抽象概念上。这就要考验作者系统分析能力、逻辑推理能力，以及平时对诗词文赋、历史文化知识的积累。作为美术创作专业研究生，平时创作了很多荷花题材的作品，对荷花的审美意象并不陌生，所以能够全面把握该选题。这也说明，对实践专业同学来讲，结合自己的创作体会及心得选择论文题目，更容易把握和驾驭。

论文在论述荷花的自然属性、文化属性方面着墨很多，这反映了中国文化与中国画之间有着密切的联系。在论文主体部分，作者按照年代顺序论述了不同历史时期荷花在中国画中的体现及审美意象。这种论述略显冗赘。若能结合文化背景及自身体会论述荷花在当代社会中的审美意象延续与发展，将更为完善。

5.6.2 设计学学位论文

例文1

拟态手法在广告设计中的应用

作者 于菁竹

摘要： 随着技术手段的革新与设计理念的进步，广告设计不再被束缚于传统的二维平面。拟态手法作为一种视觉语言，被成功地运用于新锐广告案例中。拟态广告通过模仿产品原材料、模仿产品造型、前置体验效果、巧用逻辑关联的方法，结合原有场地环境，巧妙利用运动载体，结合三维造型呈现出有趣的展示效果。使用拟态手法的作品具象生动，设计风格鲜明，不但能够直观高效地传达信息，还能带给人们丰富多元的消费体验，令消费者喜闻乐见。其明显的艺术性与新锐观念使广告成为一门艺术，不但可以装点城市生活、增加城市人文气息，也为设计师提供了展现才华、开拓创意的良好空间，推动了设计风格进步，为未来广告创新创造了一条可行之路。

关键词： 拟态；广告；信息传递；视觉语言

广告作为现代文化现象的一部分，存在于日常生活的各个角落。它们在传达信息、推广产品的同时，也在改变着城市外观，伴随着媒体的成长，引导着人们的消费方式，影响着人们的生活质量。面对以上情况，拟态手法作为一种视觉语言被成功地运用于广告设计中。

一、拟态手法的模仿对象及载体

拟态，即把一个东西做成另一个东西。拟态不仅是形象上的相似，而且应该使广告形式与商品本质产生内涵上的关联。在其运用中，一切可感的要素如材质、造型、肌理、体量、触感、气味等都可以发挥作用。

（一）拟态的模仿对象

1. 模仿产品原料

日本设计师深泽直人设计的果汁包装，从视觉到触感都完美地仿造了水果表皮，喝饮料时就像从水果里直接吸取果汁，使得果汁天然原生的本质在不言不语中展现，也带给消费者亲近自然、触摸水果的快感，不仅在视觉语言上突破了以图文为主的传统包装模式，也打破了一成不变的消费预想。

2. 模仿产品本身

此类广告一般使用在独立于产品的宣传品上，将宣传品做成产品的形态，使之本身即成为信息的一部分。比如某玻璃店的名片，使用半透明磨砂塑料打印，其上的文字也是模糊状态，正如隔着玻璃看到的景象，即使人们不看文字说明，其内容也可不言自喻。

3. 模仿体验过程

这一类拟态的特点在于触发一个模拟事件，呈现将未来的消费体验。如在一个胶带广告的案例中，大型广告牌仅仅使用胶带粘在墙上，夸张地强调了本品牌胶带强大的粘力。

4. 模仿相同逻辑

使用具象形态表现抽象意思的关键是找到广告形式与信息本体的共性。拟态在此处模拟的主要是逻辑联系，诱发人们的联想。著名的棺材烟盒使用“吸烟—死亡”的逻辑关系，比戒烟告示更能给烟民们诙谐的戒烟劝导。

（二）拟态的多元化载体

1. 巧妙利用场地条件

拟态广告可与现成的展示条件进行置换或同构，与环境相得益彰：奥克兰公益广告“别让自己身处险境”，通过在道路上绘制立体涂鸦模拟路人经过火山口、冰洞的情形，不仅获得了极大的公众参与，漂亮的绘画本身也成为令人喜爱的地面装饰。

2. 使用动态载体

利用动态载体，可以让静态广告获得动态效果。如印在旋转门上的芭蕾舞者可以随着转门的旋转翩翩起舞。金伯利纸巾的户外广告将“纸卷”置于喷泉口的上方，利用喷泉的流动造成纸巾里源源不断拧出水的错觉。

3.立体形态展现

立体展现使广告脱离平面，从而获得更强的存在感与真实感。如在一个剃须刀广告案例中，草坪上的剃须刀模型将草坪整齐“剃”下，使消费者感受到近在眼前的使用效果。

二、拟态手法的表现特点及优势

（一）生动直观

拟态能使信息承载物与信息合二为一，简化了“产品—信息—阅读信息”这样先编码再解码的过程，使信息损耗降到最低，针对人们“眼见为实”、“看得见摸得到”的心里，将期许之物直接展现。

（二）识别高效

拟态作品在被看到的瞬间即完成信息传递，无须阅读，不带给消费者更多的信息负担，更容易在消费者“一眼望去”的世界里跳出来。

（三）新鲜有趣、幽默艺术

拟态广告以其艺术性及创新性使广告成为有趣的文化现象，与消费者进行情感交流，弱化了功利性，增加了亲切感，使接触广告变成一个欣赏艺术的过程，更容易被消费者喜欢。

三、使用拟态手法的关键

（一）立意巧妙

成功的拟态案例需要独特的立意，使创意与功能契合紧密，不是单纯仿造事物。例如西瓜形的纸抽盒，虽然仿造了西瓜的形象，但并没有与产品本质—纸巾发生关联，只能说是一个很好创意，而不是拟态的典型案例。

（二）自然巧合

能使用拟态的案例很多是利用天然的巧合，一些案例为了形式新颖而强加拟态手法于设计，结果适得其反，信息表述并不准确。

（三）情理之中，意料之外

拟态手法并不是刻意地违背常规，而是将最常规的原理呈现在不常规的地方，让人们感到出其不意又似曾相识。

使用符合一般大众认识的例子更容易在消费者中产生共鸣，生僻的举例有可能带来理解上的障碍。比如一则“牛奶让你更坚强”的广告中，试图用一个牛奶盒把不锈钢垃圾桶砸变形来表现牛奶的“强壮”，然而在人们的生活中液态的“牛奶”很难和“硬”、“钢铁”之类的意象发生联系。

（四）　拟态手法的环境针对性

一些利用已有公共装置的案例可能在一些特定的地方获得成功，但并不是每个地方都有适合相同案例依存现成条件。

相对于上诉类型拟态广告针对性过强的弱点，传统的平面广告具有更强的环境适应性，可以在更广大的地区无差别地进行普及。

四、结论

拟态手法通过模仿形态、前置体验、逻辑同感的方式使广告具有直观形象、生动自然的特点，结合二维、三维，以及动态载体展示，既可以高效地进行信息传递，又可良好地配合环境，带给消费者全新的体验。

拟态手法较传统二维广告有其局限性，如适用对象有限、执行手段比较复杂、制作成本相对高、环境针对性强等，但这并不妨碍其作为一种对设计语言的创新与突破。其对综合技术手段的运用、对设计思路的大胆探索，都给未来广告的发展、设计水平的提升提供了可行的方向，也为设计师开辟了展现才华、施展创造力的空间。

广告除了商业功能及实用性，还包含了精神属性。作为一种文化现象，它引导着现代社会的价值判断和审美取向，成为现代文化环境的重要构成部分。拟态以其灵活丰富的表现手法，使广告也可以成为一种艺术形式，引领人们步入多元化、艺术化的生活。

参考文献：

[1] 梁梅等.世界现代设计史[M].上海:上海人民美术出版社，2009.

[2] 王凯宏,关雪仑.非主流户外广告设计[M].黑龙江:黑龙江大学出版社，2010.

[3] 朱颖芳.得意忘形——适度包装设计专辑[M].天津:天津大学出版社，2011.

评析

商业性广告设计是视觉传达设计的重要分支。随着技术手段的革新与设计理念的进步，近年涌现出了很多新形式。通过模仿产品原材料、模仿产品造型、前置体验效果、结合场地环境、模拟三维造型营造出来新型广告设计形式受到很多新锐设计师的青睐。该选题体现出作者对所学专业领域新进展、新动态的敏锐捕捉能力。用"拟态"手法来概括这一广告形式的特点也是作者的突破性原创，反映出其独立思考能力。这种对所学专业领域新进展、新突破的及时领悟和反思，与本科阶段不断地积累和学习是分不开的。

论文先是对"拟态"手法广告设计的概念、模仿对象及载体、特点及优势进行了分析，随后论述了拟态手法在设计过程中是如何运用的。整体结构完整，逻辑顺序通畅，能够让读者对这一广告手法有一个清晰的认识。此类论文有两个重点，一是案例运用，如何找到代表性的、优秀的案例是决定论据是否充分的关键。二是实施步骤方法，如何把这一新趋势、新技术、新方法通过合理有效、可操作性的步骤实施，也是非常重要的。

例文2

"轻松阅读"
——浅析信息图表在网络媒介中的优势

作者 叶宝岩

摘要：伴随网络媒介广泛普及，互联网和手机成为了最普遍的阅读工具，人们面对的数据信息数量惊人、范围宽广、内容既复杂又抽象。使得人们的阅读方式发生了改变。作为处理信息数据的重要方式信息图表越来越受到人们的重视。信息图表的出现使枯燥乏味的文字信息变得简单易懂、生动有趣。所谓信息图表，是指将各种信息和数据进行整合，将其视觉化、形象化的表达方式。在信息严重过剩的今天，人们对信息传播的方式提出了新要求。而信息图表设计作为信息高效传达的方式满足了广大网民的阅读需求。同时,新媒介的广泛使用也使信息图表设计的发展空间扩大、使信息可视化、动态化、丰富其表现形式及应用范围。因此笔者认为信息图表的传达方式使网络阅读更轻松有趣。

关键词： 信息图表设计；网络媒介；阅读

引言

伴随网络媒介广泛普及，互联网及手机成为最普遍的阅读工具，人们面对的数据信息数量惊人、范围宽广、内容既复杂又抽象，使得人们的阅读方式发生了根本性改变。作为处理信息数据的重要方式信息图表越来越受人们的重视。信息图表的出现使枯燥乏味的文字信息变得简单易懂、生动有趣。因此，自己将图表设计作为论文的研究方向。试图论证信息图表的传达方式更加适应网络媒体条件下的阅读。

一、网络媒体之普及对大众阅读的影响

（一）信息社会与阅读

1.信息设计诞生的背景

在科技与信息超速发展的今天，网络媒介使"信息超载"的现象困扰着人们。人们每天不得不面对大量涌来的信息，有用的、无用的、高雅的、低俗的等等。信息超载的现象使得人们对信息产生焦虑，人们需要能够高效传达信息的方式。这也是信息社会对信息有效传播利用的强烈需求。

2.阅读方式的改变

在信息社会，信息传播媒介的不断发展成为促使阅读方式改变的根本原因，尤其在新媒体时代表现得更为突出。面对网络媒体上如此大容量的信息，普通的

文字阅读方式不仅速度慢、效率低而且很容易使人产生阅读疲劳，已不符合当下受众对阅读的需求。受众需要的是简单生动、轻松易懂的阅读方式。因此网络媒介的普及改变了受众的阅读方式。

（二）网络媒介普及与新的视觉需求

1. 传播媒介的需求

现代社会，信息量成倍数的增长，信息在充斥着我们生活的同时也推动了许多新媒介的产生。信息技术的进步丰富了现代设计的表现媒介，新媒介综合了视频、音频、互动链接、用户体验等众多表现形式，表现形式丰富的同时对视觉传达方式提出了更高的要求。在此情形下，想要使信息更适合阅读就要在与媒介紧密结合的同时进行合理的信息整合。

2. 商业化设计的需求

通常情况下设计被分为两类，即艺术化设计和商业化设计。所谓商业化的设计是指不被设计师认同却能得到市场认可的设计，而艺术化的设计则相反，它往往得到设计师的认可，却不被大众认同。笔者认为，信息图表设计正是带有艺术化特征的商业化设计。其在准确简练的传达信息的同时，要求设计者对其趣味性、艺术性有一定的掌控力，从而吸引读者。它是艺术化设计与商业化设计的结合体。

3. 受众的需求

受众对视觉的新要求主要从两方面体现。首先，现代社会生活节奏加快，人们置身在繁忙的都市，很难静下心来阅读信息，因此人们需要快速的直接的“信息快餐”，去轻松地阅读自己想要的信息。其次，大众审美的实质是追求一种使大众感受到轻松快乐的体验，信息图表设计的目的就是使受众轻松地阅读需要的信息，可见，信息图表的传达方式符合大众审美提高提出的新要求。

二、信息图表在传达信息方面的优势

(一)信息图表的深入解读功能

1. 信息描述科学化

信息图表设计在传达方面的优势之一就是能通过其严谨的信息整合使信息传达得更加秩序化、科学化。信息图表描述信息的科学性，是指其可以将单纯的数据和文字很难表达清楚的信息通过图形的设计和编排撑起一个具有逻辑性的信息空间。设计师通过对信息的归纳、整理和提炼将结构复杂的信息以轻松易懂的方式呈现给受众。

2. 形式表现多样化

信息图表设计不但具有描述信息科学性的特点，同时其表现形式也具有多样性的优势。目前来看图表设计表现形式的多样性体现在以下几方面。一是按照空间来划分可分为平面类和立体类的表现形式。二是从受众的角度划分可分为静态类和互动类的表现形式。三是从传媒的角度可分为单一媒体和多媒体的表现形式。

3. 信息阅读轻松化

当单纯的文字无法准确地描述特定的信息时，会使读者产生阅读疲劳，甚至去阅读信息失去阅读兴趣。信息图表设计的视觉语言通过对文字、符号、色彩、插图、时间空间等元素的提炼整合构成信息。将单纯的文字信息转换为生动并有趣味性的可视化信息。使读者轻松地富有趣味性地获取信息。这种轻松地传达方式正符合在巨量信息冲击下的网络媒体中使用。

(二)信息图表设计与网络媒介的表现形式

1. 静态信息图表

传统意义上的静态信息图表是指由纸质媒体来传达信息的图表设计。静态信息图表在新媒体上的呈现，实质上与纸质媒体并没有太大区别。为了迎合电脑、手机、iPad等设备的操作特点，设计师将图表的板式，设计成瘦长形。方便读者浏览的视觉流程。为读者阅读提供了方便的同时，统一设计了设计的风格、有效地利用了设计语言，从而达到最佳的视觉效果。

2. 动态信息图表

动态的信息图表是通过静态的信息连续地播放来传达信息的，它更倾向于向受众传达信息变化的过程。动态信息图表具有叙事性强、生动易懂的特点。动态信息图表融合了文本、图形、图表、图片、视频、音频等多种信息传递方式，使受众从音频、视频等多角度接受信息。动态信息图表不是简单的信息罗列而是侧重于让观众感受到信息的发展的过程，同时让受众体验到完美的视觉享受。

3. 互动链接

互动链接接图表是信息图表设计与网络媒介完美结合的产物，所谓互动连接是对其交互性强的特点而言。受众可以根据自身的需要选择信息，从而打破了传统的信息传达方式，受众不再被动地接受信息，而具有了主动选择性。主动选择信息模式的优势在于调动受众阅读信息的积极性，增加阅读兴趣。互动连接赋予受众的主导权是网络媒介的核心所在。

三、结论

信息图表的传达方式更适合在网络媒体中阅读。作者通过对大众阅读方式的改变、信息图表传达方式的特点、信息图表与媒介的结合等方面展开论证。随着信息图表的应用领域越来越广阔，国内对于信息图表设计的理论体系研究越来越重视。设计师应积极参与其中，推动其理论体系的完善。

通过本文的研究及调查得出了以下结论

1. 大众阅读方式的改变推动了信息图表设计的发展。信息社会的到来加快了传统阅读方式的瓦解。传统的纸媒及单纯的文字阅读方式已经无法满足大众的需求，新的图形化、符号化的阅读方式的出现推动了信息图表设计的发展。

2. 信息图表的传达方式更适合在网络媒介下阅读。网络媒体的信息量巨大，传统的文字阅读方式容易让人产生疲劳，由此人们对阅读方式提出了更高的要求。而信息图表设计在阅读方面具有轻松、生动、易懂的特点，同时其传达方式具有描述科学化、形式表现多样化等方面的优势，正符合信息时代受众对阅读方式的需求，因此得出此结论，信息图表的传达方式更适合在网络媒介下阅读。

参考文献：

[1] 叶萍. 图表设计[M]. 南昌:江西美术出版社，2006:2.

[2] 曼纽尔·卡斯特. 千年终结[M]. 北京:社科文献，2006:4.

[3] 王薇. 信息时代的视觉信息图表设计[J]. 装饰，2006(04):128.

[4] 陈娜. 信息图表设计与网络媒介[J]. 美与时代(上)，2013(03):98.

评析

在当前，随着生活节奏的加快及网络媒体日渐普及，电脑和手机成为人们使用最普遍的阅读工具。人们面对的网络信息数据量异常庞大，人们面对的数据信息数量惊人、范围宽广、内容复杂又抽象。针对这一现象，作者结合自身专业所涉领域选择了“信息图表设计”这一选题，力图结合信息图表在整合信息、传达信息方面的特点和优势，实现网络信息的“轻松阅读”，让读者借助信息图表产生愉悦的阅读体验。该选题针对当前大众面临的实际问题，提出了建设性方案，具有较强的应用价值。在设计领域，能够为解决大众生活问题提出建设性方案及解决之道的选题，往往是有价值的选题。

论文首先论述了选题背景及意义，即在信息社会特别是进入互联网时代之后，人们阅读方式发生了改变，对传播媒介和商业化设计提出了新的要求。随后，论述了信息图表的特点：信息描述科学化、形式表现多样化、信息阅读轻松化。并论述了信息图表的主要设计形式。论文结构采取的是“提出问题—分析问题—解决问题”的方式，逻辑顺畅。若在论述“信息图表设计”的表现形式、技术规范、注意问题等方面加大比重，将会使论文更加充分完整。

例文3

浅析购物袋的趣味性设计

作者 孙丹琪

摘要：在生活质量越来越高的今天，人们在物质上得到满足之余越来越追求精神层面的充实。商品手提袋已经不单单只是承载货物的一种简单工具，而变成一种实现销售和传播的媒介，企业对于手提袋的设计越来越重视，投入的精力也越来越多。本文通过对趣味性设计的介绍和总结，结合购物袋设计的独特性，剖析趣味性是如何表达并作用于消费者，使他们得到快乐的体验，再辅以不同的情绪体会和具体的案例分析，并在论文的最后做出了总结，结合个人作品，从新的视角和创新的层面对手提袋未来的设计做出展望。

关键词：趣味性；购物袋设计；包装设计；品牌形象

引言

手提袋是包装设计环节中普遍又十分重要的一部分，它的使用率高、实用性强，与我们生活消费息息相关。随着市场经济的发展，手提购物袋已经不单单只是容纳商品提供方便那么简单，而是已经发展成一种媒介，连接客户与企业，作为流动性的广告，它的设计和品位直接与品牌形象挂钩。而趣味性设计本身具有非常丰富的文化内涵和情感表达，对于手提袋的设计有着非凡的意义，它赋予了曾经样式单一、功能单一的收纳袋独特的品牌意识、多样化的设计风格以及人文情感内涵，使购物袋越来越符合我们不断提高的对生活品质的追求、迎合各阶层不同年龄段消费者的品位与喜好、满足大众的心理需求和情感渴望，最终达到促进消费的目的。

一、从趣味性设计视角看购物袋

（一）趣味性是设计永恒的生命力

趣味性，简单地理解就是“有意思”，让人觉得好玩，能引起人的注意，这是生活化的趣味。趣味性的设计往往富有感染力，能引发人们会心一笑或者让人从中获得教益，这是趣味性设计的基本要求。然而想要达到引起人们兴趣的目的，通常趣味性的设计都会具有以下的共性：第一，有创意。第二，富有幽默感。第三，有个性。第四，富有巧妙感。

（二）购物袋设计的特点

购物袋的设计是包装设计中的一个环节，从材质上分类，购物袋可分为纸袋（白卡纸、牛皮纸等）、塑料手提袋、布袋以及一些新型材料。从功能上来划分，购物袋可分为服务于商业的商业性手提袋、礼品手提袋以及资料手提袋。本课题着重讨论的是商业手提袋和礼品手提袋这两类。

我认为购物袋设计从属于包装设计，与包装设计有着相似的目的和作用，但又有着微妙的区别。通常情况下，包装设计最大的目的就是引发消费者对于某种产品的兴趣，投其所好，促进直接的消费。而购物袋往往是产生消费之后出现的环节，并且绝大多数购物袋都是购买商品后免费提供的，作为一个消费的附属品，购物袋设计的主要目的是方便携带商品，保护商品安全。

二、购物袋引起消费者兴趣的方式和类型

（一）从消费心理看手提袋设计

手提袋设计的最终目标群是消费者。消费者的购买心理过程分为三个层次：注意记忆，想象情感，产生欲望购买。这是一个复杂的心理活动过程，并且深深地受消费者的心理特征所影响。在这一过程中，消费者比较容易受到商家或是外界偶然因素的刺激和诱导，这样的刺激既来自于视觉，也来自于内心和行为上的交流，也就是互动。

（二）视觉上的刺激

首先在视觉上，趣味性设计从多方面入手，在形态上，趣味性的设计往往追求打破常规购物袋单一的方形，模仿卡通形象、自然界的动植物，或者是直接做成生活中的一些物品等，现代包装材质的丰富使购物袋在质感上更加丰富多变。

（三）情感上的体验

现代购物袋设计应该注重“以人为本”的设计理念，从消费者的情感体验出发。有的设计师喜欢在设计中加入一些情趣性语言文字符号。在使用手提袋的时候，不只是受众本人完成了一次情感体验，更能使旁观的人受到感染，达到事半功倍的宣传效果。

（四）行为上的互动

当一款手提袋被赋予了相当高的“可操作性”，它已经不仅仅是一款手提袋或是一个包装了，而是一款“游戏”。这一类手提袋打破了传统购物袋单一的形式和功能，在功能性上比较强大，往往可以一袋多用，有些甚至已经归类到了产品设计的范畴，做工之精巧令人叹为观止。

（五）其他实验性购物袋设计

在购物袋的趣味性设计中，创意是设计师们最关注的环节，当我们把创意这一属性发挥到极致时，设计就会变得概念化，充满实验性的色彩。这类购物袋有的是结合了视觉、情感以及功能多方面的考虑，很难去评价是从哪一方面受到吸引，但还是能引人发笑；而有的购物袋则拥有与众不同的作用，专门为某一群体所设计，是一般购物袋无法代替的。

三、趣味购物袋设计的趋势与创新

（一）购物袋设计的趋同性

随着近年来企业对手提袋设计关注度的提高，大家都争相对手提袋投入更多心思，各种各样新式的设计层出不穷，但新的创意毕竟是有限的，由于人类思维的相似性，购物袋的设计也出现了趋于相同的情况。我认为原因有三点，首先是购物袋形状的限制。其次是设计的目的不尽相同，企业希望加强宣传效果，让他们的手提袋吸引更多人，所以他们会花更多精力在外观和视觉冲击力上。再次，手提袋的成本较低，二次使用率也很低，这就使得商家不可能在购物袋的开发上投入太多资金，所以手提袋的设计也很难出现巨大的突破。

（二）对手提袋趣味设计的思考与探索

手提袋的设计，从最早的太过注重功能而忽略了外观、再到过于注重外观使得创意趋于相同，使得我们的审美加速地疲劳。在快速的生活节奏和巨大的压力之下，我们对审美和创意的要求却在不断地提高，当下，我们该如何改善和创新我们的设计来迎合人们不断增加的精神需求呢？

首先，我认为设计应该回归于“功能”。我们可以将趣味购物袋的设计与产品设计相结合，赋予购物袋不同的功能，使趣味不止停留在视觉上，而是渗透到日常生活里，这样既可以增加购物袋的实际价值和用途，又能使得购物袋变成一件值得收藏的艺术品，或者是实用的生活用品，能够被人们收藏并反复利用。

在这里，本人进行了一些新的尝试，将购物袋与立体贺卡相结合，设计了这一款故宫主题纪念手提袋。设计灵感来源于御花园附近的建筑和花园内的盆景和植物，袋子表面的一些图案经过模切和压痕，让使用者可以比较轻松地将它们往里折，只需简单的操作就能变成一款立体贺卡，袋子的内壁也是有图案的，和翻折起来的图案正好形成一幅画面，手提袋的尺寸也和贺卡的大小相近，小巧可爱，在使用之余可以作装饰摆起来，一举两得。这个尝试在美感和操作性上还有待提升，但是给了我很大的启发，从中我体会到设计需要开放的思维，购物袋的设计还可以和更多的产品设计相结合，如明信片、便签、折纸甚至布艺等，只有多去尝试才能制造更多的可能性，使购物袋具有更多的功能并增加它的可玩性，使受众能够从中开发出更多的乐趣。

其次，设计师们还应该秉承低碳生活和循环使用的理念，尝试一些新颖的材质，加强环保和科学性的宣传。目前很多商家比较推崇纤维材质或者布料的手提袋，这些不同的材质既可以增加手提袋的耐久度，又能带给消费者不同的情感体验。举例来说，如图2-4这款环保降解袋采用了特殊的纤维，它的质感和颜色再配上简单的文字设计，带给人一种柔软舒适的感觉。且牢固耐用，可以反复使用多次，在使用6个月之后这款袋子会自然降解，即使进入土壤也不会对环境产生影响。

四、结论

本文通过对于趣味性手提袋设计的研究，概括和总结了趣味设计的概念、手提袋设计独有的特征，以及手提袋的趣味性设计引起消费者兴趣的方式和表达，在文章的后半部分总结了当今趣味手提袋设计的发展和趋势，同时结合了作者本人的设计，对趣味手提袋设计进行了一些不同的尝试和探索。

在这里，本文也要为今后趣味手提袋设计的发展提出一些建议：首先是顺应市场的趋势，研究和分析大众审美和精神需求，关注与受众的互动，及时了解消费者的反馈，以便于收集和掌控第一手资料，为接下来的设计提供参考。其次，设计师应注重趣味性的情感元素和文化内涵，功能与视觉相结合，意识、外形、实际价值都是重要的因素，直接决定着购物袋设计的整体品位，缺一不可。最后，设计者还需顺应低碳经济和可持续发展的社会潮流，探索新材质，注重环保理念，在设计中加强对环保的宣传。

参考文献：

[1] 王倩.手提袋趣味性设计的表达[D].河北:河北科技大学，2013.

[2] 王莉琴,王林.互动性手提袋的设计研究[J].包装工程，2012（08）.

评析

包装设计是平面设计专业较为常见的选题，作者选择包装设计中的购物袋设计作为选题，侧重对购物袋的趣味性设计进行了研究。作者通过“趣味性”“购物袋”等限定性词汇让选题的范围从“包装设计”缩小到自己熟悉的、能够把握的研究范围内，属于较为聪明的做法。“以小见大”是学位论文较为常见的选题方法，也是解决专业知识所涉不广、研究难以深入这类问题的一个捷径。论文的第一要务是要创新，学术领域的创新需要在他人研究基础上有所突破，这种突破必然是很小的一步，这也就是为什么越有价值的论文，选题范围越小的原因。恰如去评价一个人，若是整体评价，容易描述，若是单单去评价这个人的鼻子，要用丰富的语言来描述这个人鼻子异于他人的特点，就难得多。

论文首先论述了购物袋设计的特点及趣味性设计的魅力，随后从消费心理、视觉刺激、情感体验、行为互动等方面论述了趣味性购物袋引发消费者兴趣的方式和类型，最后结合自己的设计实践对趣味性购物袋的特征及设计方法提出了自己的看法。论文很多章节的论述采取“首先、其次、再次”之类连接词，反映出作者语言逻辑把握能力。在最后章节能够结合自身设计实践提出思考与探索，也是值得肯定的部分。当然，作为本科学位论文而言，尚有不完善处。论文里有很多口语化的语言，如果能够转化成客观性较强的“倒装句式”或者采取第三者语气，会更好。比如论文结论部分，“在这里，本文也要为今后趣味手提袋设计的发展提出一些建议”，可以改为“有关趣味手提袋设计的发展，笔者有以下建议”，就显得严谨一些。

浅谈魏晋南北朝袍衫款式在现代服装设计中的应用

作者 黄梓桐

摘 要：本论文通过对中国传统服饰文化的分析研究，以魏晋南北朝时间为线索记录魏晋南北朝时期服装的演变；阐述魏晋南北朝前、中、后各时期的袍衫款式特点，分析魏晋南北朝袍衫款式的演变过程。论文旨在经过对魏晋南北朝袍衫样式演变之社会时期背景的介绍，一方面从秦汉时期的服装样式与少数民族衣饰对魏晋南北朝服饰发生的影响，另一方面从等级意义对魏晋南北朝服饰所产生的影响等两方面，来对魏晋南北朝袍衫款式的演变情况来进行分析，达到从外到里的彻底了解，以便提取创作灵感进行现代时尚设计；表现出它潇洒魅惑的独特魅力，将之提升为具有中国民族服饰特色的品牌服装。

关键词：魏晋南北朝；少数民族；融合；演变；民族风

一 、魏晋南北朝的时代背景介绍

魏晋南北朝全称三国两晋南北朝。因为魏晋南北朝时期是在中国几千年历史上政权变更与朝代变换最频繁的时期之一，长期有着连绵不断的战争，人们苦不堪言。

（一）魏晋南北朝时期的服饰与信仰

魏晋南北朝时期，这一时期的文化呈现多元的发展特征。第一，“胡”文化与“汉”文化之间的相互碰撞和融合。少数民族统治者推广少数民族与汉族长期的胡汉杂居。成为“胡”文化“汉化”的两条主要渠道。第二,佛家、儒家、道家等思想的相互冲突与融合。在精神上崇尚虚无，放荡的不羁的文人理想主义与空谈风气就是由社会上广为流传的玄学与道教、佛教相互融合后“酿造”而出的；他们穿的衣衫宽松，袒胸露怀。

（二）魏晋南北朝服饰新景——魏晋风度

造成魏晋时期衣衫宽松，袒胸露怀的“魏晋风度”出现的主要原因是当时动荡的社会环境以及盛行的老庄、佛道等玄学思想;出于方便、实用的考虑也是魏晋文人宽衣博带的原因。

二、魏晋南北朝袍衫款式类别及其特点

魏晋南北朝时期因为三百余年战乱不息，社会动荡、民族交流的关系，发展过程大致可分为初期、中期和晚期三个阶段；在这之中，服饰也得到发展。

（一）初期秦汉服饰对魏晋南北朝袍衫款式的影响

秦朝和汉朝以政治上的凝聚力为手段，以传承商、周服制的服饰文化为基

础，并且吸取各方服饰文明中的精华部分，对其后封建服饰的文化，起到了非常大的影响。因此魏晋时代初期的服饰风格，基本来源于秦汉旧制中的服装款式。

（二）在时代交叠中碰撞并交融的中期袍衫

南北朝时， 服饰也得到改变发展，这是因为中国朔北的一些少数民族进入中原,与中原地区汉族人民相互杂居在一起，构成大融合局面。主要表现在：

传统的宽松衣衫已经不适应社会的现状了，而北方民族的紧身短衣的袴褶渐成主流。

（三）华美丰富交融的晚期袍衫

南北朝时期的胡人服饰与汉族服饰，是向着两种完全不同的方向发展的。

第一个方向是胡人中的一些少数民族的领导人在取得政权后，开始改穿了当时汉族统治者们所设定的奢华与繁复的服装。第二个方向是鲜卑服装向汉族劳动阶层传移，因从实用功能方面来考虑，鲜卑服装比当时汉族统治者们所穿的蓬松服装更加优越。

三、魏晋南北朝服饰应用于现代服装设计中的实践

中国文化有着悠长、博大而光辉瑰丽的历史。在历史上曾经是服装文化创造领先于国际的时尚大国。两千年前的魏晋风度流传至今，也已经是自由自在与洒脱不羁的代名词，从服装的角度来观察，我们就会强烈感受到，曾经辉煌在古老的东方蔓延到如今，正是独步当代的潇洒时尚。

（一）当今国际流行趋势收集与分析

2014年春夏时装流行关键词是民族风，专业的时装设计师们的惯用手法之一便是从多种多样的民族服饰中获取自己的灵感。

（二）魏晋南北朝服饰在国内服装设计中的应用

因为我国接受了上千年岁月的洗礼，有了深厚的传统文化的累积，对某些服装品牌的风格形成有着一定的影响。例如 “渔”牌女装的设计时尚中不失传统，突出个性。在设计中大胆运用有强烈视觉冲击力的魏晋南北朝服饰元素，将现代感十足的款式结构与传统工艺相结合，从局部的细小之处表现出魏晋南北朝传统服饰风韵。

（三）魏晋南北朝服饰运用于现代服装设计中的独特魅力

魏晋南北朝时期服饰一般也是民族文化的交融与融合所在，正因为这种独特的美才产生这优与劣、新与旧、传统与时尚的对话；在碰撞、交融中创新；于是乎演进、繁衍了朝代多元一体与少数民族多元交融的服饰文化根脉。它们是中华民族文化的表现和载体，是现代国际服装品牌劲刮中国风、诸多服装设计师进行时尚设计的创意源泉。

四、魏晋南北朝袍衫款式在现代服饰设计中的运用

（一）《蔻》主题设计灵感来源

作品《蔻》灵感来源于魏晋时期传统服饰，整体造型以右衽与对襟袍衫为设计之初，提取袍衫的大气婉约的特质，结合魏晋时期的传统服饰上衣紧身下身宽松的款式特点，将魏晋南北朝时期宽衣博带、飘逸豁达的风格与少数民族魅惑洒脱的风情融合性地表达出来。

（二）《蔻》主题设计系列分析

此系列将魏晋南北朝时期服饰特征融合起来，横跨朝代的更替，吸收各处的特色。以点为精，以廓为气、以品为质；以对魏晋南北朝时期的时代特征、社会风尚、服饰文化为范围进行系列服装设计，旨在表现当时的文化韵味、中国风格。面料上采用具有代表性的中国真丝绸缎面料，服装融入丰富的色彩，以淡雅为基调、烘托出细致丰富绚烂的视觉感受，透露出绚烂柔美的中国文化；也象征着微生命的涌动与蓬勃的生机。

（三）《蔻》主题设计制作手法

制作手法上以立体的裁剪再现当时传统服饰的结构廓形。使整体造型看起来潇洒大气的同时体现出女性的柔美曲线、更添女人味。

五、对发展具有中国民族特色的服装品牌的展望

国际顶级品牌他们都在成长中有个共同点，那就是极其重视品牌竞争的生态环境构建，都将品牌置身于其国家、民族或者地域的文化土壤之中，将文化融入对服装设计的时尚创意之中。中国人应当对中国文化有高度自信。能够用“中国的、国际的”视野与胸怀，用应有的智慧来担当中国服装业的责任，以及建设未来的中华文明的责任上。

我们肩负着建设服装品牌强国、振兴中国文化的历史使命，需要从世界文明的高度来看问题，中国的也就是国际的。任何民族都有责任与全世界分享自己的种种优秀成果，这样我们才能共同推进世界文明的发展与进步。

参考文献：

[1] 沈从文. 中国古代服饰研究[M].上海:上海书店出版社,2002:67-104.

[2] 张燕瑾, 赵敏俐. 20世纪中国文学研究论文卷——魏晋南北朝卷[M].北京：社会科学文献出版社,2010.

[3] 赵连赏. 中国古代服饰图典[M].昆明：云南人民出版社,2007.

[4] 周锡保. 中国古代服饰史[M].北京：中国戏剧出版社,1991.

[5] 陈寅恪. 魏晋南北朝史讲演录[M].贵阳：贵州人民出版社, 2007.

评析

该论文以“魏晋南北朝袍衫款式在现代服装设计中的应用”为选题，阐述魏晋南北朝前、中、后各时期袍衫款式特点，分析魏晋南北朝袍衫款式的演变过程，进而论述如何从魏晋南北朝袍衫款式中吸取艺术元素和创作灵感，进行现代服装时尚设计，以提升中国民族服饰的品牌特色。此类“古为今用”、“洋为中用”的选题侧重于对古今中外优秀文化广览博收、披沙拣金，寻找其中精华元素为我所用。选题时要求研究者对某一时期或地域的文化环境、社会观念、风俗习惯有深刻的理解，要求研究必须立足资料基础，做到言之有据。

该论文首先介绍了魏晋南北朝时期的时代背景及袍衫款式的特点，随后结合自身的设计实践论述了魏晋南北朝袍衫款式及审美元素在现当代服装设计中的应用情况。可以看出，作者对中国古代服饰史有深刻把握，同时对当代服装设计流行趋势有所了解，能够把二者结合起来，“借古开今”，借助自身设计实践表现中华传统优秀文化及东方特色，是值得肯定的。

思考与练习

1. 如何确立学位论文的选题？开题报告包括哪些主要内容？
2. 学位论文的正文写作要经过哪些环节？各个环节的要求分别是什么？
3. 找一篇艺术学论文，运用科学的评阅方法对其进行校改。
4. 学位论文评审与答辩环节需要注意的问题有哪些？

参考文献

[1] 陈池瑜：《林风眠、张仃与吴冠中水墨画创作的现代性之路》，《美术》，2011年第2期。

[2] 陈池瑜：《美术学的研究对象:兼论美术批评、美术史与美术理论的区别与联系》，《美苑》，2003年第2期。

[3] 陈池瑜：《现代艺术学导论》，北京：清华大学出版社，2005年。

[4] 陈池瑜：《艺术文章写作技巧》，济南：山东美术出版社，2002年。

[5] 陈池瑜：《中国艺术史学的发展历程及基本特征》，《艺术百家》，2005年第5期。

[6] 陈高华：《我与元史研究》，《学林春秋》三编，朝华出版社，1999年。

[7] [法]福柯：《知识考古学》，谢强等译，北京：生活·读书·新知三联书店，2007年。

[8] 顾跃：《“天地有大美而不言”:对祝大年先生艺术的再认识》，《美术观察》，2008年第2期。

[9] 杭间主编：《设计史研究：设计与中国设计史研究年会专辑》，上海书画出版社，2007年。

[10] 豪泽（Hazel Conway）：《设计史》，邹其昌译，高等教育出版社，2008年。

[11] 洪再新：《海外中国画研究文选》，上海人民美术出版社，1992年。

[12] 季羡林：《季羡林文集第九卷·糖史（一）》，南昌：江西教育出版社，1998年。

[13] 季羡林：《我这一生》，北京，中国青年出版社，2008年。

[14] 朱青生：《十九札——北大教授写给学生的信》，桂林，广西师范大学出版社，2001年。

[15] 教育部科学技术委员会学风建设委员会组编：《高等学校科学技术学术规范指南》，北京：中国人民大学出版社，2010年。

[16] 郎绍君、水天中编：《二十世纪中国美术文选》（上卷），上海：上海书画出版社，1999年。

[17] 李砚祖编著：《外国设计艺术经典论著选读》，北京：清华大学出版社，2006年。

[18] 李一：《中国古代美术批评史纲》，哈尔滨：黑龙江美术出版社，2000年。

[19] 梁漱溟：《这个世界会好吗：梁漱溟晚年口述》，[美]艾恺采访，一耽学堂整理，天津：天津教育出版社，2011年。

[20] 柳冠中编著：《事理学论纲》，长沙：中南大学出版社，2005年。

[21] [美] 大卫·卡里尔：《艺术史写作原理》，北京：中国人民大学出版社，2006年。

[22] [美]大卫·瑞兹曼（David Raizman）：《现代设计史》，[澳]王栩宁等译，北京：中国人民大学出版社，2007年。

[23] [美]方闻：《心印》，李维琨译，西安：陕西人民美术出版社，2006年。

[24] [美]哈特穆特·艾斯林格：《前瞻设计》，北京：电子工业出版社，2014年。

[25] [美]贾雷德·戴蒙德（Jared Diamond）《枪炮、病菌与钢铁：人类社会的命运》，上海：上海译文出版社，2011年。

[26] [美]罗伯特·文丘里《建筑的复杂性与矛盾性》，周卜颐译，北京：中国建筑工业出版社，1991年。
[27] [美]莫提默·J. 艾德勒、查尔斯·范多伦：《如何阅读一本书》，郝明义、朱衣译，北京：商务印书馆，2013年。
[28] [美]唐纳德·A. 诺曼：《设计心理学》，梅琼译，北京：中信出版社，2010年。
[29] [美]维克多·帕帕奈克（Victor Papanek）：《为真实的世界设计》，周博译，北京：中信出版社，2013年。
[30] [美]巫鸿：《经典作品与美术史写作》，《读书》，2006年第6期。
[31] [美]巫鸿：《时空中的美术：巫鸿中国美术史文集二集》，北京：生活·读书·新知三联书店，2010年。
[32] [美]约翰·赫斯克特：《设计，无处不在》，丁珏译，南京：凤凰出版传媒，2013年。
[33] 欧阳中石主编：《逻辑》，北京：北京大学出版社，1985年。
[34] 曲立氏：《景德镇"建国瓷"轶事》，《陶瓷研究》，2006年第1期。
[35] [日]刘宗悦：《工艺之道》，徐艺乙译，桂林：广西师范大学出版社，2011年。
[36] [日]田中一光：《设计的觉醒》，朱锷等译，桂林：广西师范大学出版社，2010年。
[37] [瑞士]沃尔夫林：《艺术风格学》，潘耀昌译，沈阳：辽宁人民出版社，1987年。
[38] 尚刚：《设计史的"写法"》，《装饰》，2013年第10期。
[39] 卢辅圣主编，《中国画研究方法论》，上海书画出版社，2000年。
[40] 沈语冰：《何谓艺术批评：论现代艺术体系的形成与艺术批评的兴起》，《新美术》，2002年第4期。
[41] 王林：《美术批评方法论》，重庆：西南师范大学出版社，2006年。
[42] 王受之：《世界现代设计史》，中国青年出版社，2007年。
[43] 尉天骄主编：《基础写作教程》，北京：高等教育出版社，2010年。
[44] 吴冠中：《笔墨等于零》，《朵云》第54集，上海书画出版社，2001年。
[45] 夏燕靖编著：《艺术设计专业毕业论文写作与答辩教程》，上海：人民美术出版社，2007年。
[46] 徐复观：《中国艺术精神》，上海：华东师范大学出版社，2001年。
[47] 薛永年：《反思中国美术史的研究与写作》，《美术研究》，2008年第2期。
[48] 殷会利主编：《中国民族美术发展论坛论文集》（第1集），石家庄：河北美术出版社，2014年。
[49] [英]贡布里希（ E.H.Gombrich）：《木马沉思录》，徐一维译，北京：北京大学出版社，1991年。
[50] [英]贡布里希：《木马沉思录》，徐一维译，北京大学出版社，1991年。
[51] [英]贡布里希：《艺术发展史》，范景中译，天津人民美术出版社，1998年。
[52] [英]拉克什米·巴斯科兰(Lakshmi Bhaskaran)：《世界现代设计图史》，甄玉等译，南宁：广西美术出版社，2007年。
[53] [英]罗森(Jessica Rawson)：《中国古代的艺术与文化》，孙心菲等译，北京大学出版社,2002年。
[54] 张夫也：《设计史的写法——以外国设计史为例》，《装饰》，2013年第10期。
[55] 张敢：《改革开放以来中国的外国美术史研究》，《美术》，2010年第3期。

[56] 张敢：《作为艺术家的批评家》，《美术观察》，2010年第5期。

[57] 赵健：《范式革命：中国现代书籍设计的发端（1862—1937）》，北京，人民美术出版社，2011年。

[58] 肇文兵：《关于建国瓷的点滴记忆——访建国瓷亲历者金宝升先生》，《装饰》，2009年第9期。

[59] 周梦：《黔东南苗族侗族女性服饰文化比较研究》，北京，中国社会科学出版社，2011年。

[60] 朱光潜：《西方美学史》（上卷），北京，人民文学出版社，1979年。

[61] 朱青生：《没有人是艺术家，也没有人不是艺术家》，上海，商务印书馆，2000年。

后记

古人著文，言必有据，无一字无来历，把写作当成“高大上”的事业。每一落笔，必然前思后想，捻断数茎须。其时，有“三不朽”的说法，“立言”居其一。又云，“盖文章，经国之大业，不朽之盛事”（曹丕《典论》），把文章写作上升到治国安邦的高度。古人这种为文的认真态度，值得我们当代人学习。现代网络发达，电子资料铺天盖地，远非古代汗牛塞栋可及，小小一个硬盘，就可以容纳图书百万。当代学人，即使皓首穷经，估计也只能望洋兴叹，不能得九牛之一毛。对于艺术学专业的同学而言，更是如此。此种境况下，如何搜集、筛选、组织有效文献信息，如何运用一定的理论方法和学术语言，顺利完成一篇创新性较强的论文，成为艺术专业同学迫切关心的问题。

笔者一直从事艺术学专业研究工作，在读硕、博期间，对艺术学的写作有一些心得。工作以后，在高校从事艺术学专业《论文写作》的课程，同时负责毕业生的学位论文指导工作。在这一过程中，有了编著一本适合美术学、设计学专业同学参考的论文写作教程的想法。本书以艺术学论文写作为论述对象，侧重于介绍美术学论文、设计学论文、艺术学学位论文在研究和写作过程中，需要运用什么样的方法，需要注意什么问题等。特别是最后一章，按照时间的先后顺序，讲述了学位论文写作必经的几个阶段，包括论文的选题与开题、论文的构思与写作、论文的校阅与修改、论文的评审与答辩等，让大家能够对学位论文写作的方法与步骤，有一个清晰的认识。为了便于读者了解各章的主体内容，在每章最前面专门设计了一个导示图，显示该章的基本提纲目录及主要内容。在各章每一小节的后面，附加了与该小节论述内容有对应性的案例。这些案例皆采录自专业著作及期刊，具有较高学术性和典型性，能够形成对正文内容的有效补充，让读者对学术论文写作有一个直观的认识。在美术学论文写作、设计学论文写作、学位论文写作三章，专辟一节列举了具有典型性的学术论文、学位论文，并对这些论文进行了简要评析。需要说明的是，这些论文因篇幅所限进行了大量删减，难以全面反映原作者的学术水平，仅为读者提供研究思路和写作参照。

学术论文写作，不同于杂文和散文，具有自身的特点和规范，是严谨的科学创造活动。研究者只有经过长时间的写作练习，不断积累，才能得心应手，顺利开展写作工作。在当前，高等院校艺术学科专业众多，学生数量庞大，每年写作的课程论文、毕业论文数量以百万计，打印用纸总和足以毁掉一座森林。这就提醒我们，要认真对待每一篇论文，要保证它不是千篇一律的粘贴复制，也不是鸣呼哀哉的无病呻吟，而是有思考、有创新、有突破、有见地的黄钟大吕，使其体现出作者的时代责任感与专业使命感。

这本书的写作，立足于为广大艺术学专业同学提供论文写作参照。写作过程中，凝注了作者的研究心得，也采录了很多同行专家的学术成果。在书稿付梓之际，对该书选编、摘录、转引的著作、论文作者，以及慷慨提供范文的师友、同学们，表示由衷的谢意。还要感谢在资料搜集、版式设计方面提供帮助的高宗帅、叶宝岩、王偲、张楠、袁峰等诸位研究生同学。谢谢你们！

赵盼超 博士

2014年9月